GYMNASIUM BAYERN

FOKUS BIOLOGIE 5

NATUR UND TECHNIK

Cornelsen

FOKUS BIOLOGIE

Herausgeber:	Thomas Freiman, Lauf; Wolf Kraus, Lauf
Autorinnen und Autoren:	Thomas Freiman, Lauf; Wolf Kraus, Lauf; Dr. Michael Dreyer, Nürnberg; Claudia Schneider, Nürnberg; Stefan Grabe, Lauf; Nadja Nikol, Lauf; Iris Angermann, Mannheim; Roland Biernacki, Nüdlingen/OT Haard; Markus Drechsel, Heideck; Robert Raßhofer, Feldkirchen; Rainer Dieckmann, Inzell; Tanja Berthold, Dillingen
Berater:	Winfried Schnorrer, Heinersreuth; Thomas Gerl, Prien; Roland Biernacki, Fachdidaktik Biologie, Universität Würzburg; Dr. Heike Kramer (ÄGGF e.V.), Spardorf
Redaktion:	Jutta Waldow, Dirk Boehme, Aljoscha Metz
Illustration und Grafik:	biologiegrafik, diGraph Medienservice Maryse Forget & Robert Fontner-Forget, Jörg Mair, Karin Mall, Gregor Mecklenburg, newVISION! GmbH – Bernhard A. Peter, Ingrid Schobel
Umschlaggestaltung:	EYES-OPEN, Berlin
Gestaltung und technische Umsetzung:	Miriam Bussmann

Begleitmaterial zum Lehrwerk für Lehrerinnen und Lehrer

Lösungen zum Schülerbuch	ISBN 978-3-06-011932-5
Kopiervorlagen	ISBN 978-3-06-011922-6
Begleitmaterial auf USB-Stick Klasse 5	ISBN 978-3-06-010854-1

www.cornelsen.de

Soweit in diesem Lehrwerk Personen fotografisch abgebildet sind und ihnen von der Redaktion fiktive Namen, Berufe, Dialoge und Ähnliches zugeordnet oder diese Personen in bestimmte Kontexte gesetzt werden, dienen diese Zuordnungen und Darstellungen ausschließlich der Veranschaulichung und dem besseren Verständnis des Inhalts. Dieses Werk enthält Vorschläge und Anleitungen für Untersuchungen und Experimente. Vor jedem Experiment sind mögliche Gefahrenquellen zu besprechen. Beim Experimentieren sind die Richtlinien zur Sicherheit im Unterricht einzuhalten.

1. Auflage, 1. Druck 2017

Alle Drucke dieser Auflage sind inhaltlich unverändert und können im Unterricht nebeneinander verwendet werden.

Druck: Firmengruppe APPL, aprinta Druck, Wemding

ISBN 978-3-06-011917-2 (Schülerbuch)

ISBN 978-3-06-011933-2 (E-Book)

PEFC
PEFC/04-32-0928

PEFC zertifiziert
Dieses Produkt stammt aus nachhaltig bewirtschafteten Wäldern und kontrollierten Quellen.
www.pefc.de

Inhaltsverzeichnis

Ökosystem

Covermotiv

Finger-Kuhschelle (Pulsatilla patens)

Die Finger-Kuhschelle ist eine mehrjährige, krautige Pflanze mit einer Wuchshöhe von etwa 20 bis 25 Zentimetern. Ihre Blätter sind handförmig und grundständig. Die großen, sternenförmigen Blüten sind violett gefärbt und blühen je nach Standort von März bis in den Mai hinein. Als Frucht bildet die Finger-Kuhschelle ein Nüsschen aus. Das Verbreitungsgebiet der Pflanze erstreckt sich von Mitteleuropa bis nach Sibirien. In Deutschland ist die Finger-Kuhschelle jedoch vom Aussterben bedroht und steht auf der Roten Liste der gefährdeten Arten. Man findet sie heute nur noch an einem Ort in Bayern.

Liebe Schülerin, lieber Schüler,

dein neues Biologiebuch ist ein Arbeits-, Informations- und Lernbuch. Im Unterricht wirst du es oft benutzen. Manchmal hast du vielleicht Lust, allein darin zu lesen oder einen Versuch auszuprobieren. Hier erfährst du, wie das Buch aufgebaut ist und wozu seine einzelnen Teile dienen.

Einstiegsseiten

Jedes Kapitel beginnt mit einer solchen Übersicht. Auf der linken Seite findest du ein großes Einstiegsbild sowie einen kurzen Text, der in ein neues Thema einführt. Schon neugierig auf das Kapitel geworden? Auf der rechten Seite findest du mehrere kleine Bilder und erste Aufgaben dazu.

Infoseiten

Das sind die „normalen" Seiten des Kapitels.
Manchmal findest du auf Infoseiten auch grüne Praktikum-Kästen mit kleinen Versuchen zum Inhalt. In orangefarbenen Nachgehakt-Kästen kannst du spannende Zusatzinformationen nachlesen.

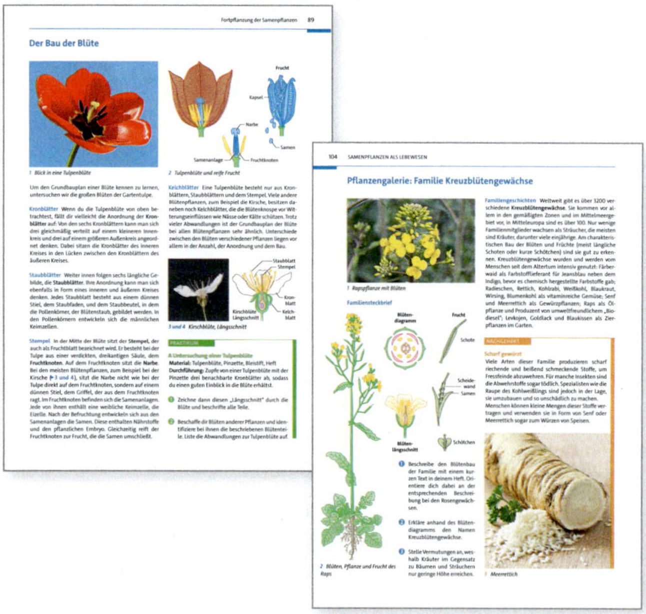

▸ Verweis auf Bilder oder andere Seiten im Buch

Die Verweise sind als Lernhilfe gedacht. „Vernetzt" lernt es sich erfahrungsgemäß besonders gut.

Aufgaben für Profis

Das sind Zusatzaufgaben für Leute, die keine Angst vor harten Nüssen haben und gern auch einmal „über den Tellerrand" des Fachs schauen.

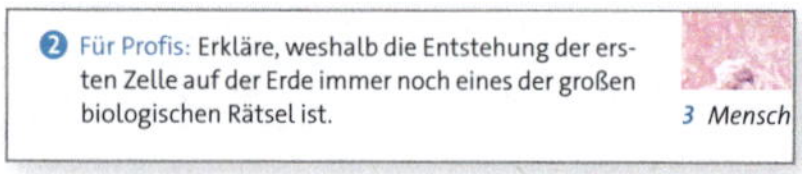

Praktikum-Seiten

Hier lernst du wichtige biologische Methoden kennen und wendest sie im Unterricht an. Manchmal wird es ganz schön knifflig und du musst selbst überlegen, wie man etwas durch einen Versuch herausbekommen kann. Um mögliche Gefahren zu vermeiden, musst du dich beim Experimentieren an die Anweisungen der Lehrkraft halten. Gehe zudem immer sorgsam mit den Geräten um. Wenn du gerne zusätzlich zu Hause experimentieren willst, informiere dich im Vorfeld bei deiner Lehrkraft und sprich dies mit deinen Eltern ab.

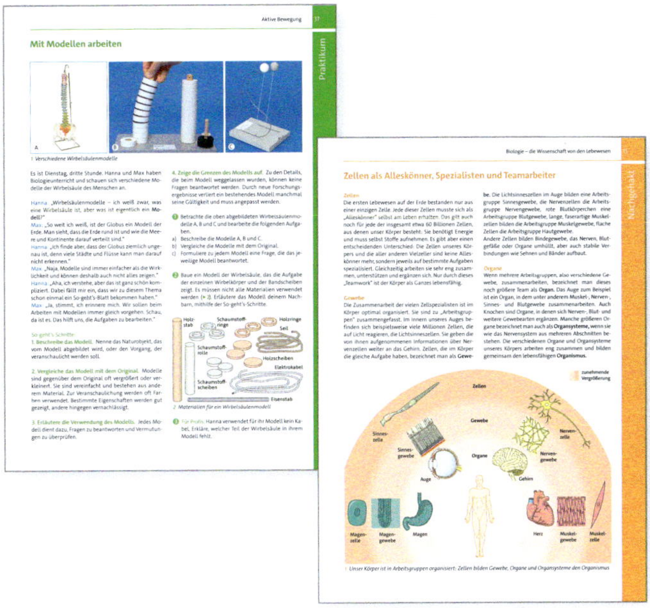

Nachgehakt-Seiten

Zellen, Teilchen, Energie – das sind Stichwörter, die auf Infoseiten fallen. Auf den Nachgehakt-Seiten werden solche allgemein interessierenden Themen aufgegriffen und vertieft.

Lexikon-Seiten

Wie in einem Lexikon gibt es hier kurze Artikel zu den einzelnen Stichwörtern, natürlich mit Bildern. Damit bekommst du rasch eine Übersicht über ein Thema.

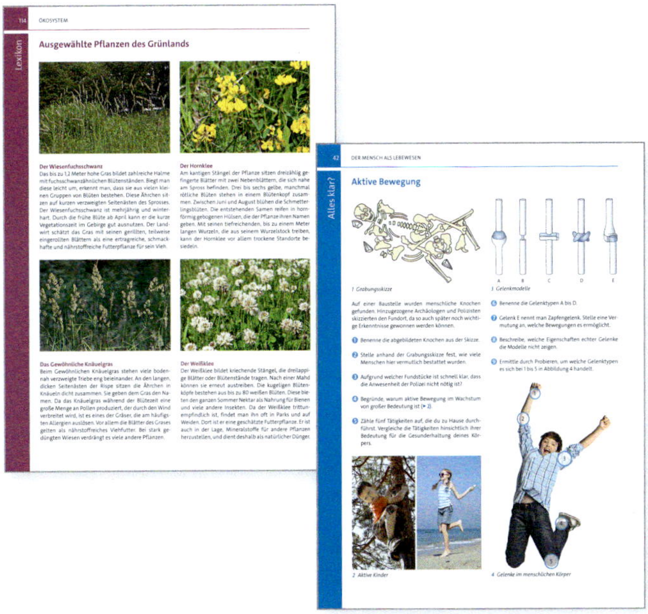

Alles klar? – Seiten

Auf der letzten Seite (oder Doppelseite) eines Kapitels findest du übergreifende Aufgaben zum vorangegangenen Thema. Du musst also dein Wissen aus dem ganzen Kapitel parat haben (manchmal sogar aus einem vorangegangenen Kapitel). Dafür merkst du gleich, ob du im Thema wirklich fit bist.

Grundwissen

Besonders wichtige biologische Fachbegriffe und ihre Erklärungen sind am Schluss des Buchs, ab Seite 123, zusammengestellt. Über dieses Grundwissen solltest du am Schuljahresende verfügen. Du benötigst es auch in den folgenden Jahrgangsstufen.

Biologie – die Wissenschaft von den Lebewesen

Menschen sind neugierig. Sie wollen etwas über sich selbst und ihre Umwelt erfahren. Deshalb betreiben sie Forschung und haben viele verschiedene Wissenschaften entwickelt. Zu den Naturwissenschaften gehört auch die Biologie (von griechisch bios: Leben und logos: Lehre), die Wissenschaft von den Lebewesen. Wie alle Wissenschaften arbeitet die Biologie mit speziellen Fragestellungen, Methoden und Werkzeugen. Die Forschungsergebnisse der Biologie beantworten aber nicht nur viele spannende Fragen, sondern tragen auch zur Erhaltung unserer Umwelt und Gesundheit bei.

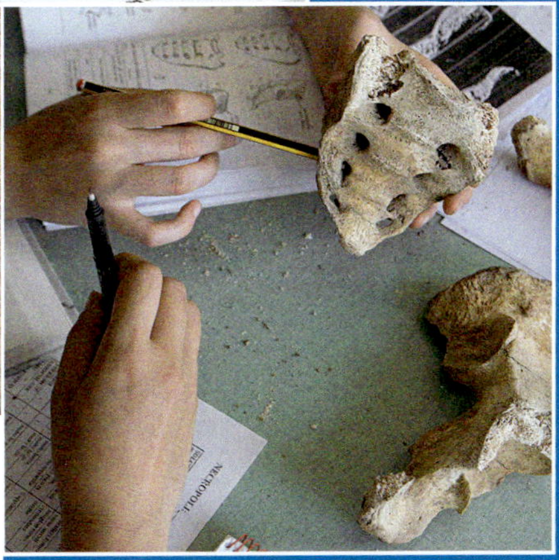

❶ Die Bilder zeigen verschiedene biologische Arbeitssituationen. Beschreibe diese Tätigkeiten und stelle Vermutungen an, welche Fragestellungen, Methoden (Vorgehensweisen) und Werkzeuge dabei jeweils eine Rolle spielen.

❷ Stelle Vermutungen an, ob es in Zukunft möglich sein wird, in einem Museum alle ausgestorbenen Tier- und Pflanzenarten zu präsentieren.

Naturwissenschaft Biologie

Beobachten, vergleichen und untersuchen Wollen Biologen herausfinden, welche Vogelarten in einem bestimmten Gebiet leben, müssen sie die Tiere **beobachten**. Dabei benötigen sie Hilfsmittel, wie beispielsweise ein Fernglas, eine Kamera oder auch ein Mikrofon. Ihre **Ergebnisse** halten sie in einem sorgfältigen **Protokoll** fest, das auch Zeichnungen, Fotos oder Ton- und Filmaufnahmen enthalten kann. Nur mithilfe solcher genauen Aufzeichnungen kann man beispielsweise einander sehr ähnliche Vogelarten sicher vergleichen und auseinanderhalten. Wollen Biologen wissen, wie eine Vogelfeder oder eine Blüte aufgebaut ist, müssen sie diese oft „behutsam" zerlegen. Bei diesem Vorgehen, das man als **Untersuchen** bezeichnet, setzen sie beispielsweise Pinzetten oder auch sehr scharfe Schneidwerkzeuge ein. Anschließend werden die einzelnen Bauteile mit einer Lupe, einem Binokular oder einem Mikroskop betrachtet (▶1).

Das Experiment als „Schiedsrichter" Fledermäuse können bei ihren nächtlichen Jagdflügen zielsicher kleine Insekten fangen. Adler oder Störche steigen ohne Flügelschlag in große Höhen auf. Samen keimen, wenn es Frühjahr wird. Der Spross einer keimenden Bohne wächst immer nach oben aus der Erde heraus. Solche Beobachtungen führen zu **Fragen** wie: „Orientieren sich Fledermäuse beim Beutefang mit den Augen?" oder: „Woher ‚weiß' der Bohnenspross in welche Richtung er wachsen soll?" Solche Fragen, die man nicht mehr nur durch Beobachten allein beantworten kann, versuchen Naturwissenschaftler durch ein **Experiment** (von lateinisch experimentum: Versuch, Beweis, Probe) zu klären. Als ersten Schritt stellen sie dabei immer eine Vermutung oder **Hypothese** an. Beispielsweise: „Der Spross des Bohnenkeimlings wächst zum Licht hin." Anschließend müssen sie sich eine Versuchsanordnung ausdenken, mit der sich die Vermutung zuverlässig testen lässt. Die **Durchführung** des Versuchs führt zu **Beobachtungen**, die in der **Auswertung** auf die anfängliche Vermutung bezogen werden. Die Beobachtungen können diese Vermutung bestätigen oder zeigen, dass sie falsch ist. In diesem Fall muss eine andere Vermutung angestellt und mit einer neuen Versuchsanordnung getestet werden.

Die Naturwissenschaften ergänzen sich Physiker beschäftigen sich zum Beispiel mit Elektrizität, Wärme oder Bewegung. Chemiker sind dem Aufbau, den Eigenschaften und der Umwandlung von Stoffen auf der Spur. Da alle diese Forschungsgebiete auch bei Lebewesen eine wichtige Rolle spielen, arbeitet die Biologie eng mit der Physik und der Chemie zusammen. Beispielsweise kann man mit physikalischen Methoden feststellen, wie alt Fossilien, also Reste ausgestorbener Lebewesen, sind. So ist es möglich herauszufinden, wann das Leben auf der Erde entstanden ist und zu welcher Zeit welche Lebensformen vor uns auf der Erde gelebt haben.

1. Formuliere anhand von Abbildung 2 weitere Fragen zur Wachstumsrichtung von Spross und Wurzel. Stelle Vermutungen an und entwirf Experimente, mit denen sie überprüft werden können. Tipp: Keimungsversuche wurden auch in der Weltraumstation unter Schwerelosigkeit durchgeführt.

2. Das Experiment hat die Aufgabe eines Schiedsrichters. Erkläre diese Aussage.

1 Mikroskope sind wichtige Hilfsmittel in der Biologie

2 Keimende Bohnensprosse

Die Geschichte des Lebens auf der Erde

Etwa 1,5 Millionen heute lebende Arten von Lebewesen kennt man derzeit. Das ist nur ein ganz kleiner Teil all der Arten, die im Lauf der knapp vier Milliarden Jahre seit dem Auftreten der ersten Lebensspuren irgendwann auf der Erde gelebt haben. Von ihnen sind die meisten inzwischen wieder verschwunden. Die ausgestorbenen Lebewesen haben jedoch manchmal Spuren hinterlassen. Diese Spuren helfen uns herauszufinden, wann, wie und in welcher Umwelt diese Lebewesen gelebt und wie sie vielleicht ausgesehen haben. Solche Spuren oder Reste ausgestorbener Lebewesen bezeichnet man als **Fossilien** (von lateinisch fossilis: ausgegraben). Jedes Fossil erzählt eine Geschichte. Ständig sind Biologen auf der Suche nach neuen Spuren. Sie versuchen dann die Puzzleteile zur erstaunlichsten Geschichte, die man sich vorstellen kann, zusammenzusetzen: der Geschichte des Lebens auf der Erde, der **Evolution.** Die folgende Zeitleiste zeigt daraus einige wichtige Stationen.

1 Fossil eines Dinosauriers

1. Setzt man die 3800 Millionen Jahre von Beginn des Lebens auf der Erde bis heute mit den 24 Stunden eines Tages von 00:00 Uhr bis 24:00 Uhr gleich, erscheint der Mensch erstmals um 23:55 Uhr. Erkläre, wie man zu dieser Aussage kommt.

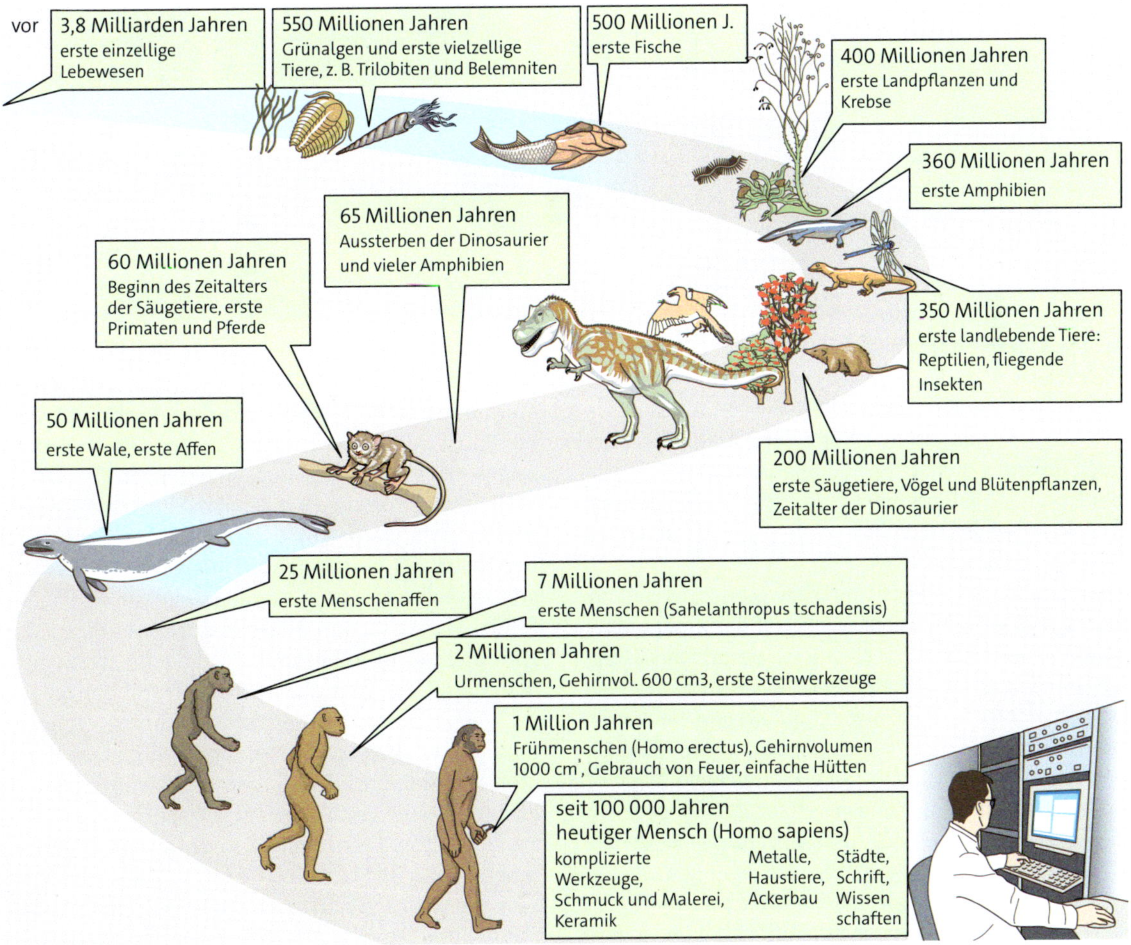

2 Entwicklung des Lebens auf der Erde

Lebewesen haben einzigartige Fähigkeiten

WACHSTUM
Der Körper von Lebewesen kann an Größe und Masse zunehmen.

BEWEGUNG
Lebewesen können aktiv Körperteile bewegen oder ihren Aufenthaltsort verändern.

STOFFWECHSEL
Lebewesen können Stoffe aufnehmen, nutzen, zu anderen Stoffen umwandeln und Stoffe abgeben. (▶ Stoffe, Energie)

INFORMATION
Lebewesen können Informationen aufnehmen, verarbeiten, speichern, auf sie reagieren und sie weitergeben.

1 Fähigkeiten von Lebewesen

Lebewesen und ihre Fähigkeiten Ein Elefant ist natürlich lebendig, das sieht jeder sofort. Aber sind Pilze auch lebendig, genauso wie Elefanten? Und was verbindet einen Wal mit einer Tulpe oder die Singdrossel mit der Venusfliegenfalle, einer fleischfressenden Pflanze?

In vielen Fällen ist es leicht, Lebewesen zu erkennen. Manchmal gelingt das aber nicht auf den ersten Blick. Alle Lebewesen besitzen eine Reihe besonderer Fähigkeiten, die sie von unbelebten Dingen unterscheiden (▶1). Die Fotos zeigen jeweils Situationen bei Tieren oder Pflanzen, in denen man eine bestimmte Fähigkeit von Lebewesen besonders gut erkennen kann.

So lässt sich die Bewegung bei Pflanzen nicht so leicht beobachten. Nur wenige Pflanzen, darunter die Venusfliegenfalle, können so auffällige Bewegungen wie Tiere ausführen und so schnell wie diese Informationen aufnehmen, verarbeiten und darauf reagieren. Zudem bestehen alle Lebewesen zum größten Teil aus den gleichen Stoffen. Dies kann man nicht sehen, sondern nur durch Untersuchungen aufdecken. Die Pferdefotos zeigen, dass alle Lebewesen, Tiere und auch Pflanzen, Stoffe aufnehmen und wieder abgeben. Die aufgenommenen Stoffe werden für verschiedene Zwecke genutzt und dabei zu anderen Stoffen umgewandelt. Zum größten Teil verwenden die Lebewesen sie als Baustoffe für das Wachstum oder als Energiespeicher. Dass zum Beispiel in Pflanzenöl viel Energie steckt, sieht man daran, dass manche Autos statt mit Benzin auch mit Rapsöl fahren können. Die Aufnahme, Umwandlung und Abgabe von Stoffen und Energie nennt man Stoffwechsel. Genau wie Tiere besitzen Pflanzen die Fähigkeit, neue Lebewesen, also Nachkommen, zu erzeugen. Diese Nachkommen wachsen im Laufe ihres Lebens heran und ändern dabei oft ihr Aussehen. Wenn sie ausgewachsen sind, ähneln die Nachkommen dann meist ihren Eltern. Jedes Lebewesen besitzt alle in Abbildung 1 dargestellten Fähigkeiten.

Lebewesen

ENERGIE

Lebewesen benötigen Energie und können Energie umwandeln.

FORTPFLANZUNG

Lebewesen können Nachkommen erzeugen.

ENTWICKLUNG

Lebewesen verändern sich im Laufe ihres Lebens oft stark.

STOFFE

Lebewesen bestehen zum großen Teil aus typischen Stoffen: Eiweißen (Proteinen), Kohlenhydraten und Fetten sowie Wasser.

1. Lege in deinem Heft eine Gedankenlandkarte, eine Mindmap, von den Fähigkeiten der Lebewesen an. Du benötigst eine ganze Heftseite.
   Das Bild rechts zeigt den Anfang einer solchen Mindmap. An jeden Hauptast schreibst du den passenden Oberbegriff für eine Fähigkeit (ein Hauptast bleibt noch frei). Lass den Ast sich dann verzweigen und schreibe an die Zweige die dazugehörigen Unterbegriffe. An den Enden kannst du eigene Beispiele hinzufügen.

2. Prüfe bei Katze, Mensch, Forelle, Kirschbaum, Bakterien, Dinosaurier, welche Fähigkeiten der Lebewesen für dich gut (+), weniger gut (0), gar nicht (–) überprüfbar sind. Lege dazu eine Tabelle an.

3. Finde Gründe dafür, weshalb du bestimmte Fähigkeiten gut, weniger gut oder gar nicht überprüfen kannst.

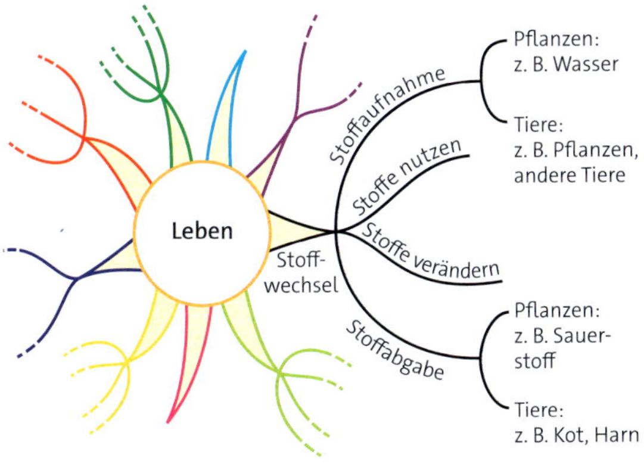

2 Gedankenlandkarte

Zellen – Bausteine des Lebens

1 HOOKEs Mikroskop und betrachtete Korkenzellen

Niemand konnte sich früher vorstellen, dass es so kleine Lebewesen gibt, dass man sie nicht sehen kann. Erst die Erfindung des **Mikroskops** ermöglichte den Zugang zur Welt der Kleinstlebewesen.

Entdeckung der Zellen Im Jahr 1665 – das Mikroskop war gerade erfunden – untersuchte der Engländer ROBERT HOOKE Flaschenkorken, die aus der dicken Rinde von Korkeichen stammen. Er schabte mit einem Messer winzige Stückchen ab und legte sie unter sein einfaches Mikroskop (▶1). Bei 30-facher Vergrößerung sah er, dass der für das bloße Auge einheitlich erscheinende Kork in Wirklichkeit aus vielen kleinen Kammern zusammengesetzt war. Er nannte die Kammern **Zellen** (von lateinisch cellula: kleine Kammer).
In der Folgezeit wurden die Mikroskope immer weiter verbessert. Bei stärkeren Vergrößerungen bis 1000-fach (▶2) konnte man innerhalb der Zellen deren typischen Bestandteile wie den Zellkern oder die Chloroplasten bei Pflanzenzellen erkennen. Moderne Mikroskope, die nicht mit Licht arbeiten, besitzen eine bis zu 250000-fache Vergrößerung (▶3). Damit werden noch feinere Details sichtbar, die Aufschlüsse über die Funktion der Zelle geben. Man entdeckte, dass es Lebewesen gibt, die nur aus einer einzigen Zelle bestehen. Solche Lebewesen werden **Einzeller** genannt. Aber auch die Blätter von Pflanzen oder die Haut eines Menschen sind vollständig aus Zellen aufgebaut. Man kam zu der Erkenntnis, das alle Lebewesen aus **Zellen** bestehen. Man bezeichnet Lebewesen, deren Körper aus vielen Zellen besteht, als **Vielzeller.**
Die Zellen, aus denen Tiere und Pflanzen bestehen, sind etwa gleich groß. Große und kleine Lebewesen, zum Beispiel eine Stubenfliege und ein Blauwal, unterscheiden sich nur durch die Zahl ihrer Zellen, nicht durch deren Größe. Typische Zellen sind so klein, dass auf einen Millimeterabschnitt eines Lineals fast 1000 von ihnen Platz finden würden. Zu Beginn ihres Lebens bestehen alle Vielzeller, auch der Mensch, aus nur einer einzigen Zelle.

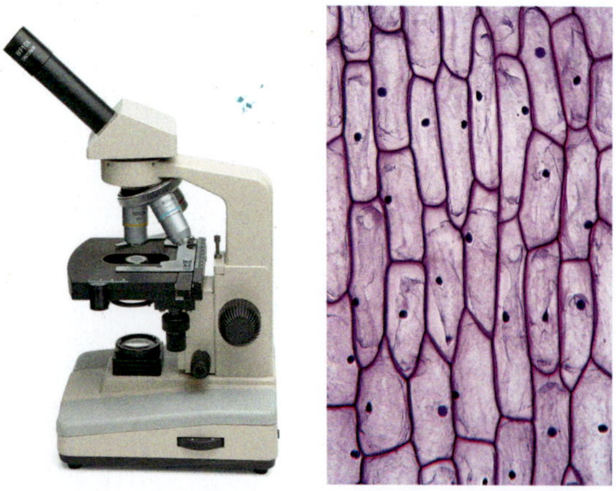

2 Modernes Mikroskop und betrachtete Zwiebelzellen

❶ Ergänze die Mindmap aus Aufgabe 1 auf Seite 13 zu den Fähigkeiten der Lebewesen in deinem Heft.

3 Elektronenmikroskop

Zellen als Alleskönner, Spezialisten und Teamarbeiter

Zellen

Die ersten Lebewesen auf der Erde bestanden nur aus einer einzigen Zelle. Jede dieser Zellen musste sich als „Alleskönner" selbst am Leben erhalten. Das gilt auch noch für jede der insgesamt etwa 60 Billionen Zellen, aus denen unser Körper besteht: Sie benötigt Energie und muss selbst Stoffe aufnehmen. Es gibt aber einen entscheidenden Unterschied: Die Zellen unseres Körpers und die aller anderen Vielzeller sind keine Alleskönner mehr, sondern jeweils auf bestimmte Aufgaben spezialisiert. Gleichzeitig arbeiten sie sehr eng zusammen, unterstützen und ergänzen sich. Nur durch dieses „Teamwork" ist der Körper als Ganzes lebensfähig.

Gewebe

Die Zusammenarbeit der vielen Zellspezialisten ist im Körper optimal organisiert. Sie sind zu „Arbeitsgruppen" zusammengefasst. Im Innern unseres Auges befinden sich beispielsweise viele Millionen Zellen, die auf Licht reagieren, die Lichtsinneszellen. Sie geben die von ihnen aufgenommenen Informationen über Nervenzellen weiter an das Gehirn. Zellen, die im Körper die gleiche Aufgabe haben, bezeichnet man als **Gewebe.** Die Lichtsinneszellen im Auge bilden eine Arbeitsgruppe Sinnesgewebe, die Nervenzellen die Arbeitsgruppe Nervengewebe, rote Blutkörperchen eine Arbeitsgruppe Blutgewebe, lange, faserartige Muskelzellen bilden die Arbeitsgruppe Muskelgewebe, flache Zellen die Arbeitsgruppe Hautgewebe.

Andere Zellen bilden Bindegewebe, das Nerven, Blutgefäße oder Organe umhüllt, aber auch stabile Verbindungen wie Sehnen und Bänder aufbaut.

Organe

Wenn mehrere Arbeitsgruppen, also verschiedene Gewebe, zusammenarbeiten, bezeichnet man dieses noch größere Team als **Organ.** Das Auge zum Beispiel ist ein Organ, in dem unter anderem Muskel-, Nerven-, Sinnes- und Blutgewebe zusammenarbeiten. Auch Knochen sind Organe, in denen sich Nerven-, Blut- und weitere Gewebearten ergänzen. Manche größeren Organe bezeichnet man auch als **Organsysteme,** wenn sie wie das Nervensystem aus mehreren Abschnitten bestehen. Die verschiedenen Organe und Organsysteme unseres Körpers arbeiten eng zusammen und bilden gemeinsam den lebensfähigen **Organismus.**

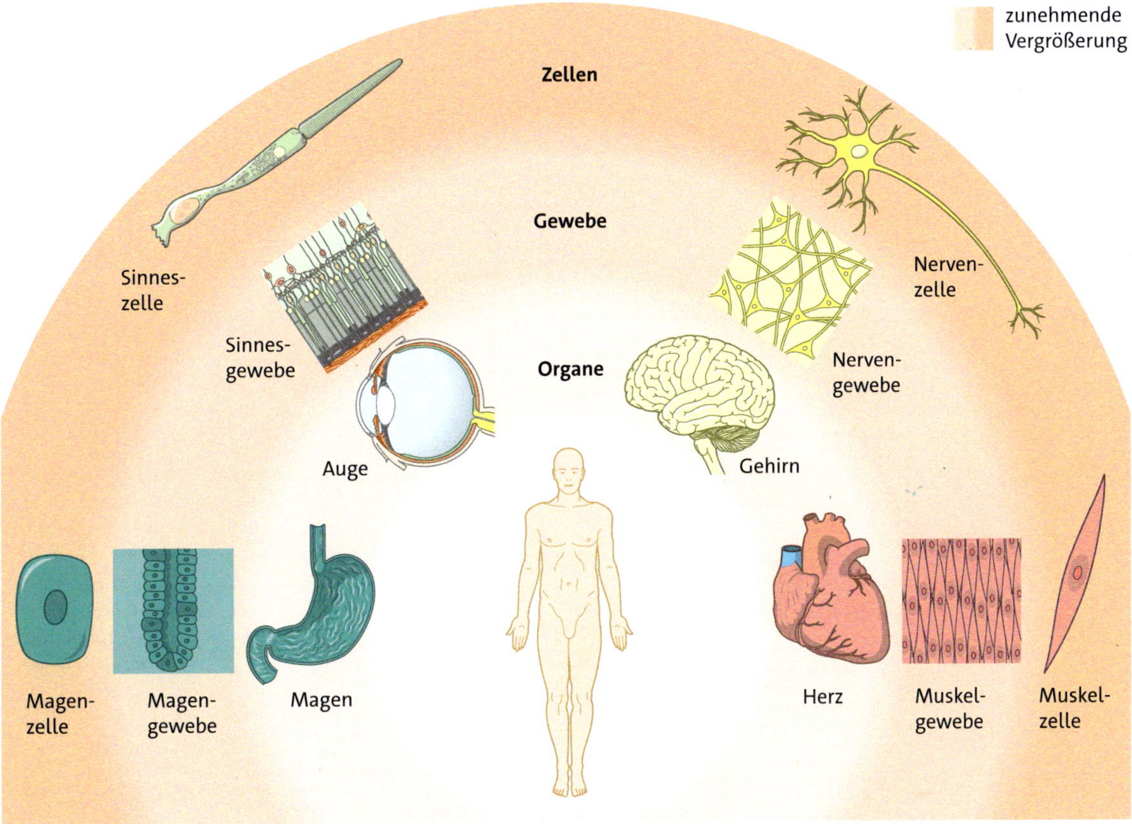

1 Unser Körper ist in Arbeitsgruppen organisiert: Zellen bilden Gewebe, Organe und Organsysteme den Organismus

Einführung in die Methode des Mikroskopierens

Das **Mikroskopieren** ist eine typische Untersuchungsmethode der Biologie, bei der du mit einem wertvollen und empfindlichen Gerät arbeitest. Damit du gute Ergebnisse erzielst, findest du hier alle notwendigen Informationen zu Bau und Funktion eines Mikroskops und nützliche Regeln zum Arbeiten mit dem Mikroskop.

A Wie ermittelt man die Vergrößerung des Mikroskops?

Die Zahl auf dem **Objektiv** (▶ 1) gibt an, wievielmal das Bild des untersuchten Objekts vergrößert wird. Nur durch die Objektivvergrößerung kann man neue Einzelheiten entdecken. Die Zahl auf dem **Okular** gibt an, wievielmal das Bild des Objekts zusätzlich durch das Okular vergrößert wird.

Die Gesamtvergrößerung ergibt sich, wenn man beide Zahlen miteinander multipliziert. Wenn zum Beispiel auf dem verwendeten Objektiv „40 ד und auf dem Okular „10 ד steht, ist die Gesamtvergrößerung 10 × 40, also 400-fach.

B Regeln für erfolgreiches Mikroskopieren

1. Fang mit dem schwächsten (kürzesten) Objektiv an.
2. Bewege durch Drehen am Grobtrieb den Tisch mit dem Präparat vorsichtig nach oben, bis sich Objektträger und Objektiv fast (!) berühren.
3. Schau durchs Okular und bewege den Tisch mit dem Grobtrieb nach unten, bis ein Bild sichtbar wird.
4. Stelle das Bild mit dem Feintrieb scharf ein.
5. Betrachte oder zeichne das Objekt.
6. Fahre dann den Objekttisch mit dem Grobtrieb nach unten und bring durch Drehen am Objektivrevolver das nächststärkere Objektiv über das Präparat.

❶ Mikroskopiere ein Haar. Lege es dazu auf einen Objektträger und klebe es mit Klebestreifen auf. Beschreibe das Aussehen des Haares und zeichne es.

C Herstellen eines Präparats

Nur wenige, durchsichtige Objekte kann man einfach auf den Objektträger legen und betrachten. Abbildung 2 zeigt dir, wie man ein mikroskopisches Präparat herstellt.

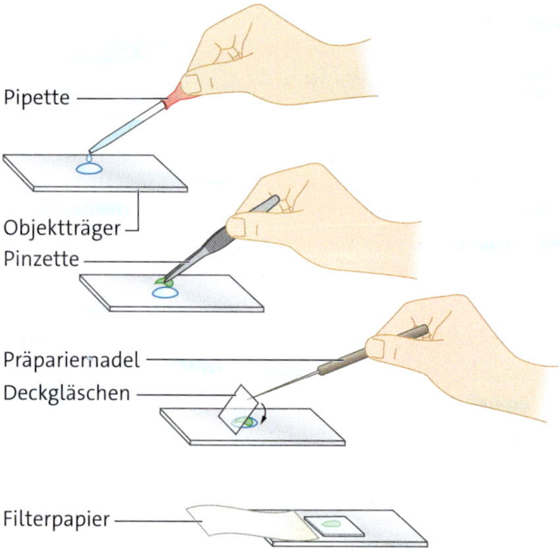

2 Herstellen eines Präparats (Blättchen der Wasserpest)

❷ Stelle mithilfe von Abbildung 2 ein Präparat her, jedoch ohne ein Deckglas aufzulegen. Mikroskopiere dein Präparat. Lege anschließend das Deckglas auf, mikroskopiere erneut und beschreibe den Unterschied.

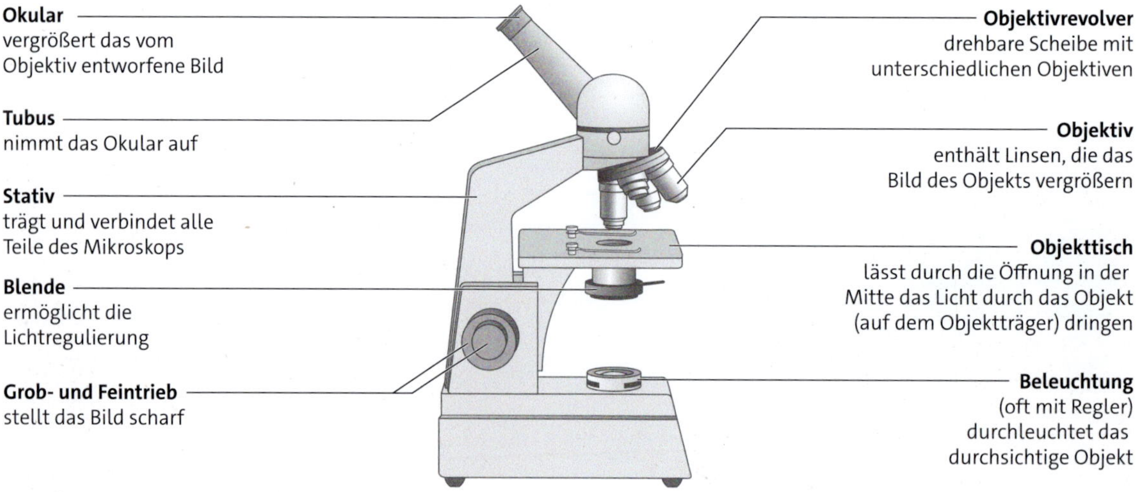

1 Aufbau eines Mikroskops

Untersuchung von Zellen

Die Zellen verschiedener Lebewesen oder verschiedener Organe eines Lebewesens unterscheiden sich in vielen Einzelheiten, haben aber einen ähnlichen Grundbauplan. Alle besitzen eine Abgrenzung nach außen und enthalten im Innern verschiedene kleinere Bestandteile. Die einzelnen Bestandteile sind aber allein nicht lebensfähig. Nur durch ihre Zusammenarbeit in der Zelle ist Leben möglich. An zwei Beispielen wollen wir die mit dem Lichtmikroskop sichtbaren Bestandteile von Zellen kennen lernen. Dazu untersuchen wir Pflanzenzellen und menschliche Zellen.

A Bau einer Pflanzenzelle

Material: Mikroskop, Objektträger, Deckglas, Pinzette, Pipette; Wasserpest, Wasser, Einmalhandschuhe

Durchführung: Fertige von einem Blättchen der Wasserpest ein Präparat an und mikroskopiere es. Fertige eine Zeichnung deines Präparats an. Beschrifte darin alle auf dem Foto sichtbaren und in der Grafik dargestellten Bestandteile der Pflanzenzelle (▶ 1).

B Bau einer menschliche Zelle

Material: Mikroskop, Objektträger, Deckglas, Wasser, Pipette

Durchführung: Schabe mit der Fingerkuppe des ausgestreckten Zeigefingers unter leichtem Druck an der Innenseite deiner Wange entlang. Stelle von diesem Abstrich ein Präparat her und betrachte es mithilfe des Mikroskops. Versuche die im Foto (▶ 2) sichtbaren Bestandteile der Mundschleimhautzellen im Mikroskop zu identifizieren. Fertige eine Zeichnung an und beschrifte sie. Ziehe dazu als Hilfe die Grafik in Abbildung 2 heran.

1. Für Profis: Die Chloroplasten in den „echten" Zellen und den Zellen der Schemazeichnung (▶ 1) scheinen unterschiedlich verteilt zu sein. Beschreibe den Unterschied und erkläre ihn. Tipp: Stell dir die Zelle räumlich vor.

2. Vergleiche in einer Tabelle wie der unten, welche Zellbestandteile bei Pflanzenzellen und menschlichen Zellen vorhanden (+) oder nicht vorhanden (–) sind.

Bestandteil	Pflanze	Mensch und Tier
Zellwand	+	–
...	?	?

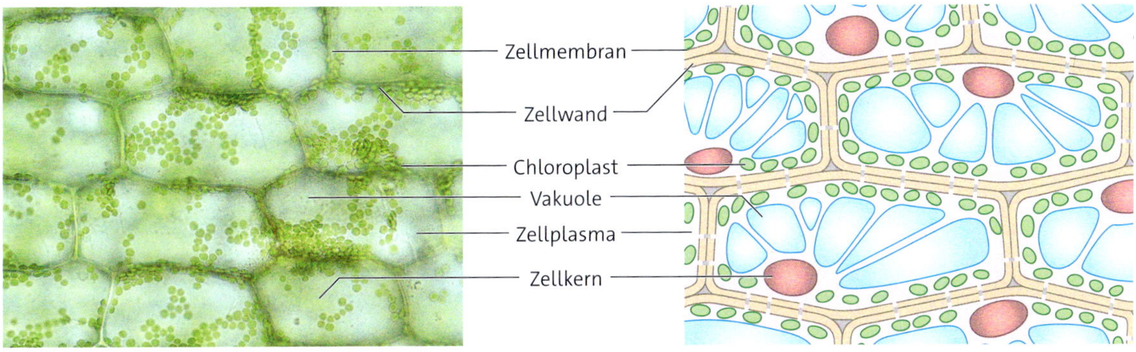

1 Pflanzenzellen mithilfe des Mikroskops betrachtet und als Grafik

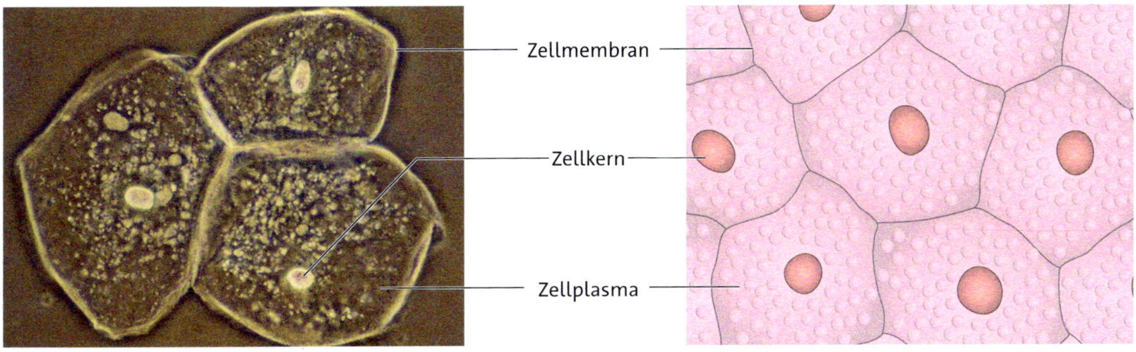

2 Menschliche Zellen mithilfe des Mikroskops betrachtet und als Grafik

Der Mensch als Lebewesen

Der Mensch in der Biologie Biologische Forschung beschäftigt sich mit allen Lebewesen. Menschen sind nur eine von Millionen Arten auf der Erde. Dennoch ist der menschliche Körper einer der interessantesten und wichtigsten Untersuchungsgegenstände für Biologen. In enger Zusammenarbeit mit anderen Naturwissenschaftlern und Ärzten versuchen Biologen zum Beispiel herauszufinden,

- wie die einzelnen Zellen unseres Körpers arbeiten,
- woher sie wissen, was sie wann tun sollen,
- wie die Zusammenarbeit der Zellen und Gewebe in den Organen funktioniert,
- wie unser Gehirn funktioniert,
- was genau bei der Aufnahme von Reizen aus der Umwelt geschieht,
- warum und wie wir altern und sterben ...

Solche Untersuchungen geben uns einen Einblick in das komplizierte Zusammenspiel der verschiedenen Zellen, Gewebe und Organe unseres Körpers. Sie lassen uns besser verstehen, wie Krankheiten entstehen und wie man diese vermeiden oder heilen kann.

Ausblick In den nächsten vier Kapiteln geht es vor allem um das Teilgebiet der Biologie, das sich mit dem Menschen befasst: die **Menschenkunde** oder **Humanbiologie**. Hier kannst du deinen Körper, seine Organe und deren Arbeitsweise genauer kennen lernen. Die Beschäftigung mit der Humanbiologie hat einen großen Vorteil: Viele Lebenserscheinungen lassen sich hautnah, am eigenen Körper untersuchen und so besser verstehen. Das kann dir dabei helfen, deinen Körper gesund zu erhalten und als deinen wertvollsten Besitz schätzen zu lernen.
Auch wenn sich die Menschenkunde zuweilen mit medizinischen Fragen beschäftigt, ist sie Teil der Naturwissenschaft Biologie, in der grundlegende Lebensvorgänge bei Lebewesen im Vordergrund stehen. So helfen die Kenntnisse aus der Humanbiologie dabei, auch uns ferner stehende Lebewesen wie Pflanzen mit ihren vielen Unterschieden (und den dennoch vorhanden Gemeinsamkeiten) zu begreifen.

1 – Übertrage die Nummern von Abbildung 1 in dein Heft und benenne die Organe, die du kennst.
– Recherchiere die noch fehlenden Organe und überprüfe deine Ergebnisse mithilfe der Aufgabenlösungen auf der Seite 128.

2 Formuliere Fragen, die dich zu Bau und Funktionsweise deines Körpers interessieren.

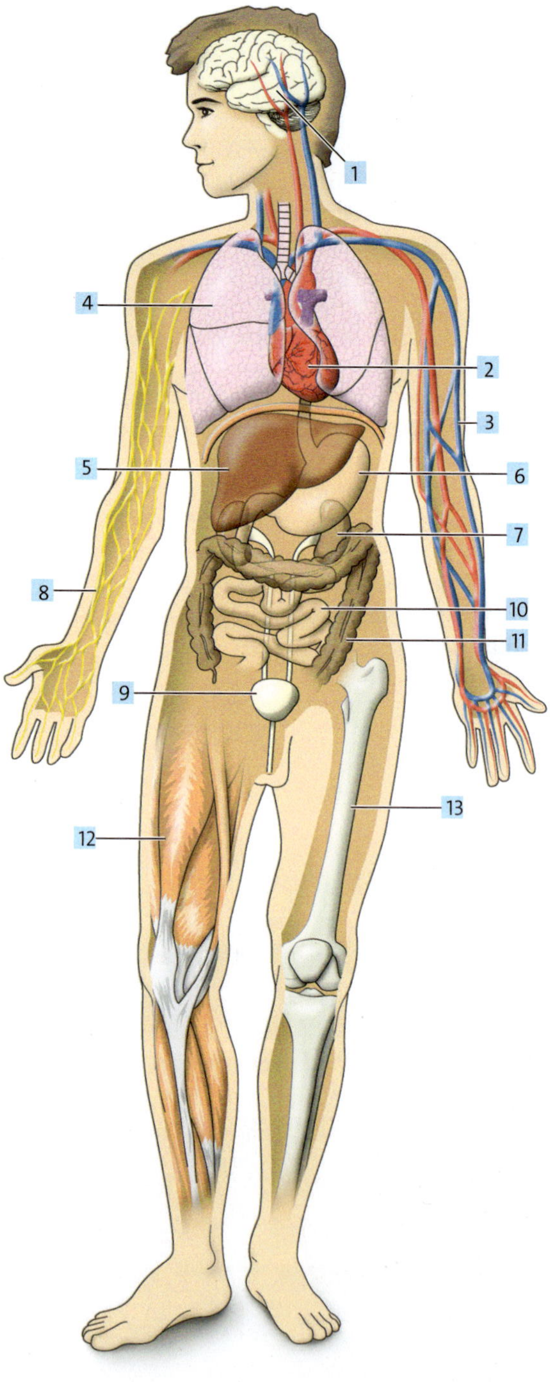

1 Der Bau des menschlichen Körpers. Wichtige Organe sind eingetragen. Von Organsystemen, die den ganzen Körper durchziehen, werden nur Ausschnitte gezeigt.

Biologie – die Wissenschaft von den Lebewesen

1 Ausschnitt aus einer Aufzeichnung eines Wissenschaftlers

In der Abbildung 1 ist eine Skizze aus einem Protokoll eines Wissenschaftlers, der Pflanzen untersucht hat.

1 Formuliere verschiedene Fragestellungen, die der Wissenschaftler womöglich beantworten wollte.

2 Nenne Hilfsmittel, die zum Untersuchen der in Aufgabe 1 aufgestellten Fragestellungen nötig sind.

3 Für Profis: Erstelle zu einer Fragestellung aus Aufgabe 1 eine Anleitung, wie genau du bei der Untersuchung vorgehen würdest.

Junge Igel, die in der Obhut des Menschen überwintern, müssen ausreichend gefüttert werden.

2 Junger Igel

4 Stellt im Team Vermutungen an, was die jungen Igel fressen könnten, und listet das mögliche Futter auf.

5 Entwickelt einen Versuch, mit dem sich eure Vermutungen überprüfen ließen.

6 Informiert euch im Internet auf Naturschutzseiten, wann und wie man Igeln im Winter helfen kann.

7 Gib an, welches der Fotos in Abbildung 3 ein Lebewesen zeigt und welches nicht. Begründe deine Entscheidung.

3 Vier Lebewesen?

Informationsaufnahme, Informationsverarbeitung und Reaktion

Die Fotos zeigen Menschen in verschiedenen Situationen. Alle nehmen etwas wahr. Einige müssen sich – vielleicht in Sekundenbruchteilen – für oder gegen etwas entscheiden.
Um reagieren zu können, müssen sie Informationen aus ihrer Umwelt aufnehmen und verarbeiten.
Doch welche Informationen können wir überhaupt aufnehmen?
Und wie erfolgt deren Verarbeitung?

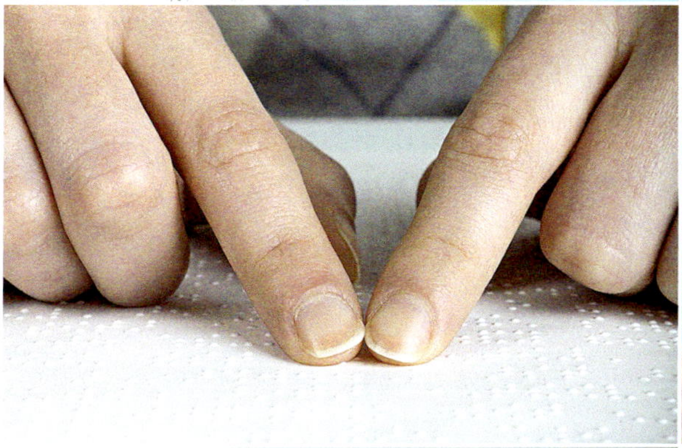

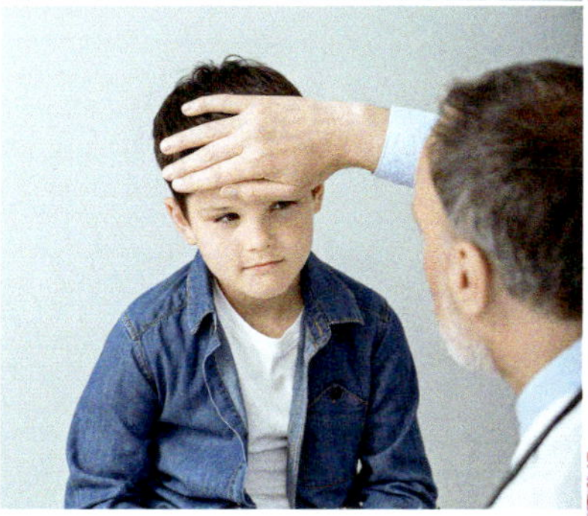

1. A oder B? Zu hoch, ...? Zu ...? Formuliere passende Fragen zu den Bildern und nenne das jeweils entscheidende Sinnesorgan.

2. „Die Aufnahme und Verarbeitung von Information ist für uns überlebenswichtig!“ Beschreibe Situationen, auf die dieser Satz zutrifft.

Unsere Sinne

1 Karussel

Erinnerst du dich an den letzten Besuch eines Jahrmarktes? Sicher war es dort sehr laut. Vielleicht bist du auch mit einem Karussell gefahren oder du hast an einem Stand mit Süßigkeiten Zuckerwatte gekauft. In diesen beschriebenen Situationen prasseln sehr viele, verschiedene Informationen auf den Körper ein. Um diese aus der Umwelt aufnehmen zu können, besitzt der Körper Sinnesorgane. Genauer gesagt, sind es spezielle Sinneszellen in den Sinnesorganen, welche die Information aufnehmen. Jedes Sinnesorgan ist dabei auf eine ganz bestimmte Information aus der Umwelt spezialisiert. Diese Fähigkeit ist für uns in unserem Alltag überlebenswichtig.

Sinnesorgane

AUGEN

Unsere Augen nutzen als Informationsträger das Licht aus der Umgebung. Sie sind unser wichtigstes Sinnesorgan.

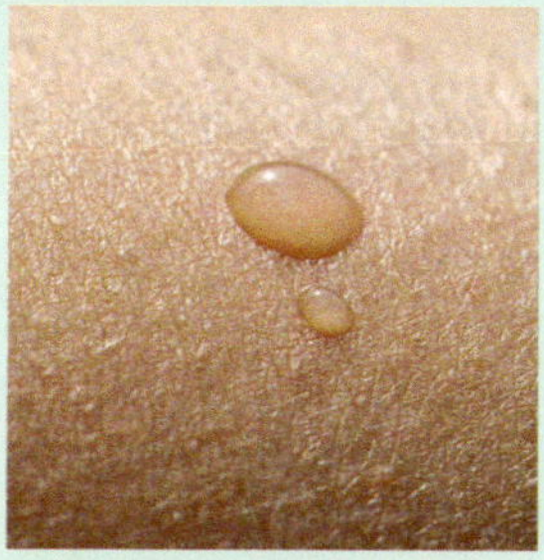

HAUT

Spezielle Sinneszellen in unserer Haut reagieren auf Berührung. Als speziellen Informationsträger nutzen sie den dabei entstehenden Druck. Die meisten dieser Sinneszellen findest Du in den Fingerspitzen (siehe Seite 26).

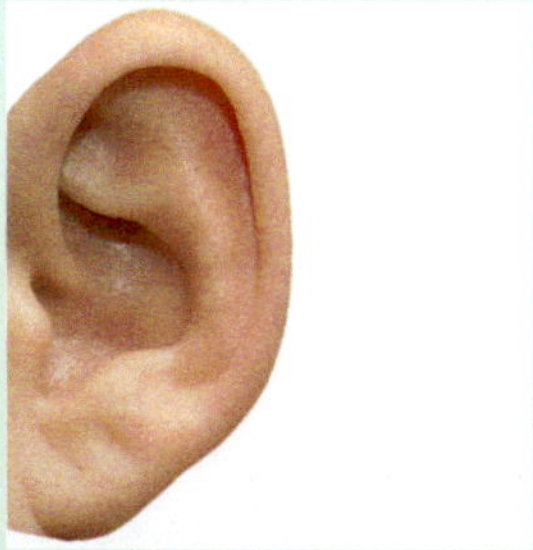

OHREN

Unsere Ohren nutzen als Informationsträger den Schall. Durch unsere zwei Ohren können wir genau unterscheiden, woher der Schall kommt.

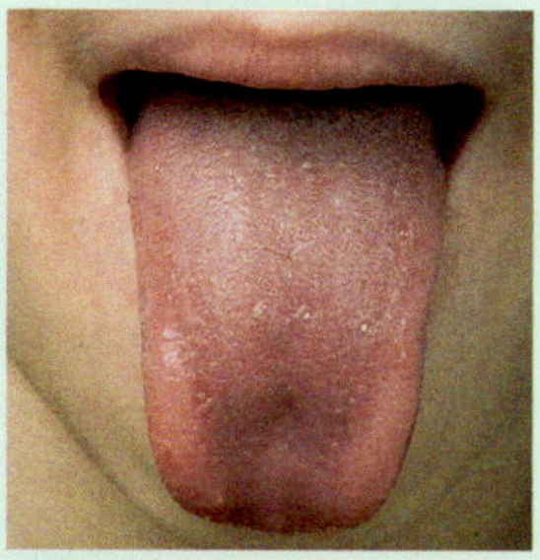

ZUNGE

Unsere Zunge informiert uns über Eigenschaften von in Wasser gelösten Stoffen. Wir können salzig, sauer, süß, bitter und fleischig unterscheiden. Fleischig nennen die Fachleute auch umami.

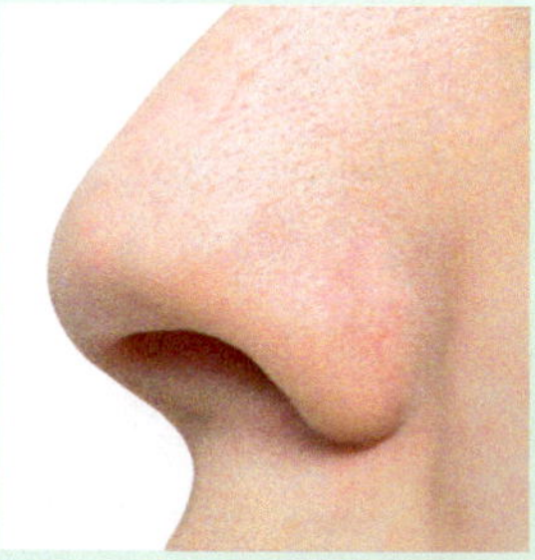

NASE

Als Informationsträger nutzt unsere Nase gasförmige Stoffe. Wir können mit unserer Nase tausende verschiedene Stoffe unterscheiden.

2 Die Sinnesorgane des Menschen

Wahrnehmung durch unsere Sinne

Sinnesorgane Für Menschen und Tiere ist es lebenswichtig, Informationen aufzunehmen und zu verarbeiten, um auf Änderungen in der Umwelt reagieren zu können. Nur so können sie Gefahren ausweichen, Nahrung finden, sich verständigen oder sich zielgerichtet von einem Ort zum anderen bewegen. Der Mensch besitzt Organe, die auf die Aufnahme von Informationen spezialisiert sind, die **Sinnesorgane**. Die Verarbeitung und Speicherung der Informationen erfolgt in größeren Ansammlungen von Nervenzellen, dem **Gehirn**.

Reize Jedes Sinnesorgan kann nur eine ganz bestimmte Informationsart aufnehmen, es reagiert nur auf „passende" **Reize**. Das Gleichgewichtssinnesorgan im Schädelinnern reagiert beispielsweise nur auf die Anziehungskraft der Erde, das Ohr nur auf Schall, also auf Töne oder Geräusche. Je nach Sinnesorgan und der von ihm aufgenommenen Informationsart unterscheidet man verschiedene **Sinne**, wie den **Hörsinn** oder den **Sehsinn**. Starke Reize können ein Sinnesorgan schwer beeinträchtigen, wenn sie längere Zeit darauf einwirken. Der intensive Schall beim Gebrauch von Kopfhörern oder bei einem lauten Konzert kann zum Beispiel dem Gehör schaden. Sehr starke Reize können in einigen Sinnesorganen sogar ein Schmerzgefühl auslösen, beispielsweise ein sehr lauter Knall.

Sinnesorgane und Lebensweise Sinnesorgane ermöglichen die Aufnahme von wichtigen Informationen. Ihre Empfindlichkeit ist der Lebensweise angepasst. So ist beispielsweise unser Gehör im Tonhöhenbereich der menschlichen Sprache am empfindlichsten.

Viele Tiere haben die gleichen Sinnesorgane wie der Mensch, doch sie können eine andere Empfindlichkeit aufweisen. Manche Tiere nehmen ganz andere Informationsarten als der Mensch auf. Sie besitzen daher Sinnesorgane, die dem Mensch fehlen. So können manche Fische mit speziellen Sinnesorganen die elektrischen Signale, die von einem anderen Lebewesen ausgehen, aufspüren. Auf diese Weise können sie in trüben Gewässern leichter Beute finden oder ihren Feinden ausweichen.

1. Lege in deinem Heft eine Tabelle mit vier Spalten an. Wähle aus den unten stehenden Begriffen drei als Überschriften aus und trage sie in die Tabelle ein. Ergänze dann die drei Spalten mit den restlichen Begriffen. Schreibe in der vierten Spalte passende Beispiele dazu.
   Begriffe: Tastsinn, Reiz, Sehsinn, Licht, Sinnesorgan, Haut (2x), Sinn, Auge, Geschmacksstoffe, Temperatursinn, Töne, Zunge, Geruchsstoffe, Geruchssinn, Berührung, Nase, Hörsinn, Wärme und Kälte, Geschmackssinn, Ohr.

2. Ordne die Reize in Abbildung 1 den entsprechenden Sinnesorganen zu.

3. Für Profis: In jedem Labor, in dem mit dem explosiven Gas Wasserstoff gearbeitet wird, befindet sich ein technischer Fühler. Er löst Alarm aus, sobald er Wasserstoffgas registriert. Erkläre, weshalb der Einsatz eines solchen Geräts im Labor sinnvoll ist.

1 Die Sinnesorgane des Menschen mit den entsprechenden Reizen

Sinnesorgane und Nervensystem arbeiten zusammen

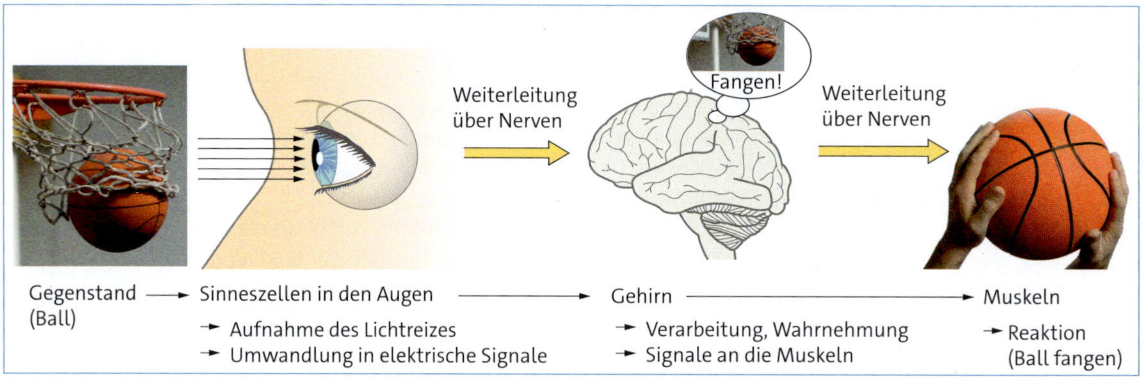

1 Vom Reiz zur Reaktion

Sinneszellen Jedes Sinnesorgan besitzt **Sinneszellen**. Sie nehmen die zu ihnen „passenden" Informationen auf und wandeln sie in elektrische Signale um. Diese werden über Nerven zum **Gehirn** geleitet. Dort werden die Signale verarbeitet. Erst das Gehirn macht die von einem Sinnesorgan aufgenommene Information für uns nutzbar und lässt in uns Empfindungen und Vorstellungen entstehen. In vielen Fällen gibt das Gehirn dann über die Nerven wieder ein elektrisches Signal an die Muskeln und wir können eine sichtbare **Reaktion** unseres Körpers beobachten, zum Beispiel eine Bewegung.

Nervensystem Das **Rückenmark** liegt wie ein dickes Kabel im Innern der Wirbelsäule. In ihm verlaufen Nerven, die Informationen von den Sinneszellen an das Gehirn weiterleiten, und Nerven, die Signale des Gehirns an die Muskeln, zum Beispiel in Armen und Beinen übermitteln. Werden bei einer Verletzung des Rückenmarks Nerven durchtrennt, treten Lähmungen auf, da die Weiterleitung der Signale unterbrochen ist.
Neben dem Gehirn ist das Rückenmark auch eine wichtige „Schaltzentrale". Es kann selbstständig einige sehr schnelle Bewegungen auslösen, die **Reflexe**. Sie dienen dem Schutz unseres Körpers. So schnellen zum Beispiel die Arme „automatisch" nach vorn, wenn wir stolpern. Dadurch können wir uns bei einem Sturz abstützen.
Nerven, Gehirn und Rückenmark zusammen bilden das Nervensystem.

❶ Das ist dir bestimmt schon einmal passiert: Du schaust einer Mannschaft beim Ballspielen zu. Plötzlich fliegt der Ball in deine Richtung und du duckst dich unwillkürlich. Erkläre das Verhalten mithilfe von Bild 1 und 2.

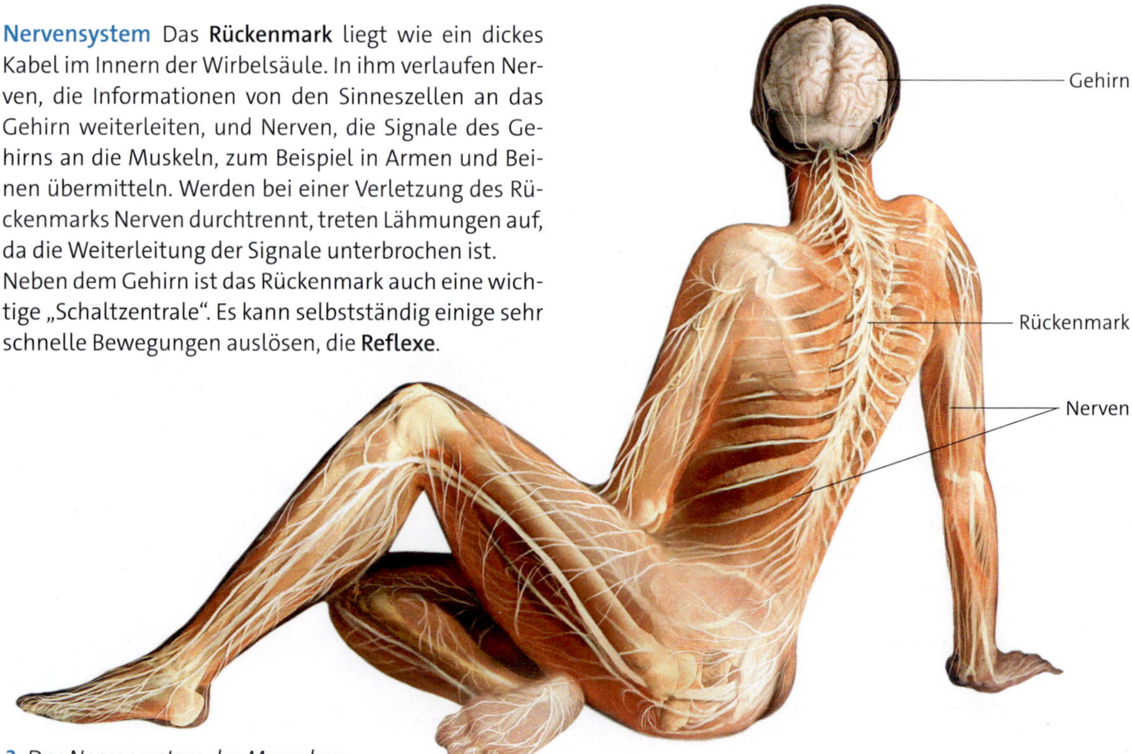

2 Das Nervensystem des Menschen

Reaktionszeit Zwischen der Aufnahme einer Information und einer Reaktion verstreicht immer eine bestimmte Zeit, die **Reaktionszeit**. Das erklärt, warum zum Beispiel ein Fußballtorwart einen scharf geschossenen Ball aus kurzer Entfernung nicht halten kann, selbst wenn der Ball direkt neben ihm vorbeifliegt. Die Reaktionszeit verlängert sich durch Müdigkeit sowie durch Alkohol, Medikamente und andere Drogen. Dabei sinkt die Geschwindigkeit der Informationsweiterleitung in den Nerven sowie der Verarbeitung der Information im Gehirn. Aus diesem Grund sollten Autofahrer keinen Alkohol trinken und bei langen Fahrten regelmäßig eine Pause einlegen. Mit zunehmendem Alter verschlechtern sich auch der Seh- und der Hörsinn.

Schneller geht's nicht Lisa und Tom haben sich mit der Zusammenarbeit von Sinnesorganen und Nervensystem beschäftigt. In ihrem Biologiebuch finden sie den Versuch zur Reaktionszeit (siehe unten).

Tom: „Komm, Lisa, lass uns den Versuch durchführen. Ich komme bestimmt auf höchstens 10 Zentimeter."
Tom ist nach dem Versuch enttäuscht.
Tom: „Mist! Ich habe mich so angestrengt und trotzdem das Lineal erst bei 17 Zentimeter fangen können."

2 Erkläre, weshalb Tom nicht schneller sein kann. Mache dir zunächst klar, was zwischen Reiz und Reaktion abläuft. Übernimm dazu das Diagramm unten in dein Heft und trage die passenden Begriffe ein.

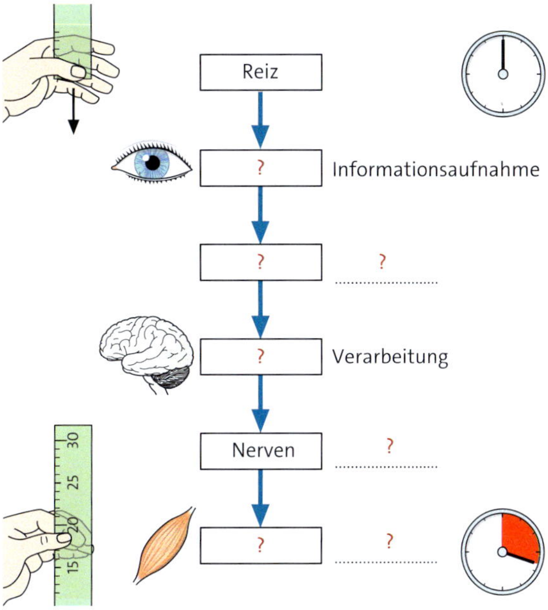

3 Vom Reiz zur Reaktion

3 Um Fehlstarts zu verhindern, wird bei einem 100-Meter-Lauf die Zeit gemessen, die vom Startschuss bis zu dem Moment vergeht, in dem der Läufer seinen Startblock gerade nicht mehr berührt. Wenn diese Zeit kürzer als 0,10 Sekunden ist, hat der Läufer einen Fehlstart begangen. Erkläre, weshalb diese Regelung sinnvoll ist.

PRAKTIKUM

A Die Reaktionszeit

Material: Lineal (30 cm lang), Schreibzeug
Durchführung: Führt den Versuch zu zweit durch. Einer hält das Lineal mit der Nullmarke nach unten. Die Versuchsperson hält Daumen und Zeigefinger geöffnet an die Nullmarke des Lineals ohne es zu berühren. Das Lineal wird nun plötzlich fallen gelassen und die Versuchsperson versucht es möglichst schnell zu fangen.

4 Lies die Fallstrecke an der Oberseite der Hand am Lineal ab und notiere den Wert. Wiederhole den Versuch mindestens dreimal. Bilde dann den Durchschnittswert und ermittele mithilfe der Tabelle eure Reaktionszeit.

Fallstrecke in Zentimetern	Reaktionszeit in Sekunden
5	0,10
8	0,13
10	0,14
13	0,16
15	0,17
18	0,19
20	0,20
22	0,21
25	0,22
27	0,23

Die Haut ist ein wichtiges Sinnesorgan

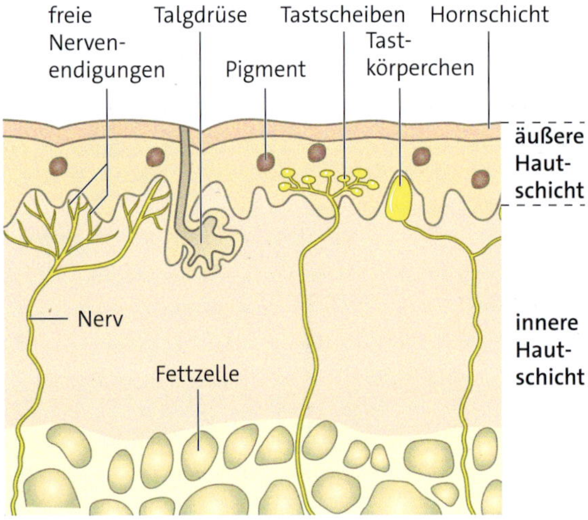

1 Schemazeichnung zum Aufbau der Haut

Die **Haut** ist unser größtes Organ. Würde man sie ausbreiten, wäre sie ungefähr zwei Meter lang und ein Meter breit. Die Haut als Sinnesorgan nimmt mit spezialisierten Sinneszellen Informationen aus der Umwelt auf. Gleichzeitig schützt sie den Körper des Menschen vor schädlichen Umwelteinflüssen.

Haut als Sinnesorgan In unserer Haut befinden sich spezielle Sinneszellen, die Tastkörperchen und Tastscheiben, mit denen wir Druckänderungen bei Berührungen wahrnehmen können. Diese Sinneszellen sind jedoch nicht gleichmäßig in der Haut verteilt. An den Fingerkuppen oder den Lippen sind pro Flächeneinheit besonders viele Sinneszellen nebeneinander, an anderen Stellen wie der Unterarmoberseite sind eher weniger zu finden. In dem Praktikum kannst du selbst herausfinden, wie empfindlich die verschiedenen Stellen der Haut sind. Weitere Sinneszellen der Haut sind die freien Nervenendigungen. Mit ihnen kann man sowohl die Temperatur in Form von Heiß- und Kaltempfindungen als auch Schmerz wahrnehmen.

Selbstschutz der Haut Die Haut kann uns vor leichten Verletzungen schützen, da ihre äußerste Schicht viele abgestorbene, verhornte Zellen besitzt. Diese sogenannte **Hornschicht** schuppt leicht ab und muss deswegen dauernd erneuert werden. Dafür sind die darunter liegenden Zellen verantwortlich. Außerdem können diese Zellen einen braunen Farbstoff, sogenannte **Pigmente**, bilden. Dieser Farbstoff verhindert, dass die energiereichen Strahlen der Sonne in tiefere Hautschichten eindringen und dort Zellen schädigen. Die Menge an braunem Farbstoff ist von Mensch zu Mensch verschieden, sodass es unterschiedliche Hauttypen von hellhäutig bis tief schwarz gibt. Je mehr brauner Farbstoff vorhanden ist, desto größer ist der Schutz vor energiereicher Strahlung. Die Haut kann im gewissen Maße bei starker Sonneneinstrahlung, vermehrt braunen Farbstoff bilden. Dies sieht man daran, dass man im Sommer brauner wird. Reicht dieser eigene Schutz der Haut nicht aus und wird nicht auf ausreichend **Sonnenschutz** geachtet, kann die Folge ein **Sonnenbrand** oder bei dauerhafter Schädigung sogar Hautkrebs sein.
Damit die Hautoberfläche nicht austrocknet und rissig wird, befinden sich in der Haut zudem Talgdrüsen. Sie produzieren ein besonderes Fett, den Talg, das nach außen abgegeben wird und die Hautoberfläche einfettet. Als Polster für Stöße von außen und als Isolation vor Kälte enthält die Haut zusätzlich viele Fettzellen.

PRAKTIKUM

A Tastempfindlichkeit der Haut

Material: zwei Zahnstocher, ein Lineal
Durchführung: Führt diesen Versuch zu zweit durch. Einem von euch werden die Augen verbunden. Der andere wählt drei verschiedene Stellen auf der nackten Haut, zum Beispiel die Innenseite des Unterarms, die Fingerspitze des Zeigefingers und eine weitere Stelle. Zunächst wird mit dem Unterarm begonnen. Im Abstand von acht Zentimetern werden die beiden Zahnstocher gleichzeitig auf die Haut gedrückt. Die Versuchsperson muss sagen, ob sie eine oder zwei Berührungen merkt. Der Versuch wird an derselben Hautstelle mit immer kleinerem Abstand der Zahnstocher wiederholt.

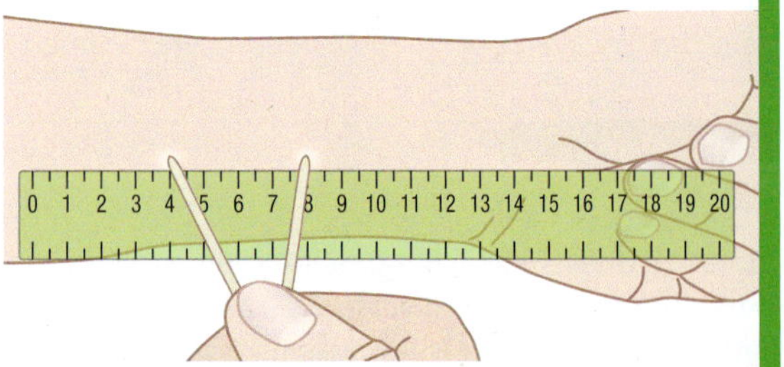

2 Durchführung des Versuchs

1. Notiere die Ergebnisse in Form einer Tabelle.
2. Erkläre das Versuchsergebnis unter Zuhilfenahme der Abbildung 1 zum Aufbau der Haut.
3. Finde den biologischen Sinn dafür, dass die Fingerspitzen viel empfindlicher sind als der Unterarm.

Schutz unser Sinnesorgane

Schutz unserer Sinnesorgane Am 20. März 2015 konnte man in Deutschland am Himmel eine spektakuläre Sonnenfinsternis beobachten. Dabei wurde mehrmals davor gewarnt, ohne Spezialbrille direkt in die Sonne zu schauen. Das Licht der Sonne ist nämlich so hell, dass die Sehsinneszellen im Auge dadurch geschädigt würden. Auch die anderen Typen von Sinneszellen sind sehr empfindlich und müssen geschützt werden. Daher liegen sie in der Regel vor Stößen und Schlägen geschützt in knöchernen Höhlen unseres Schädels. Sie können jedoch durch zu helles Licht oder zu lauten Schall geschädigt werden. Davor kann man sich durch richtiges Verhalten schützen. Man schaut schnell weg, wenn eine Lichtquelle zu hell ist, oder hält sich die Ohren zu, wenn ein Geräusch zu laut ist. In vielen Situationen genügt dies jedoch nicht.

Hier ist ein äußerer Schutz unserer Sinnesorgane unbedingt notwendig, um einen bleibenden Schaden zu verhindern, beispielsweise durch Tragen einer **Sonnenbrille** oder einer speziellen Brille zum Schutz vor grellem Licht. Ebenso sind Geräusche von Maschinen oder Musik manchmal so laut, dass ein **Gehörschutz** getragen werden muss.

Im Alltag musst du dich vor der ultravioletten Strahlung der Sonne schützen, die abgekürzt auch als UV-Strahlung bezeichnet wird. Ohne hinreichenden Schutz entsteht ein Sonnenbrand, der sogar zu Hautkrebs führen kann. Besonders Menschen mit heller Hautfarbe sind dafür anfällig. Wenn man sich längere Zeit der Sonne aussetzt, ist es deshalb unbedingt notwendig, die Haut mit **Sonnencreme** einzureiben oder geeignete Bekleidung zu tragen.

1 Nur durch eine solche Spezialbrille durfte die Sonnenfinsternis beobachtet werden.

2 Sonnencremes schützen die Haut vor UV-Strahlung.

3 Bei sehr lauten Geräuschen muss ein Gehörschutz getragen werden.

4 Zu lautes Musikhören mit dem MP3-Player

❶ Beschreibe, welches Sinnesorgan in Abbildung 4 geschädigt werden könnte und wie man es schützen kann.

❷ Fertige eine zweispaltige Tabelle zu den Sinnesorganen und den entsprechenden Schutzmaßnahmen an.

Praktikum

Sinne

A Entfernungen abschätzen

Material: zwei Bleistifte

Durchführung: Du und dein Partner halten jeweils einen Bleistift so vor sich, dass die Spitzen der Bleistifte aufeinander zu zeigen. Bewege deinen Bleistift nun in einem Zug auf den anderen zu, sodass sich die Spitzen treffen. Wiederhole den Versuch mit einem geschlossenen Auge.

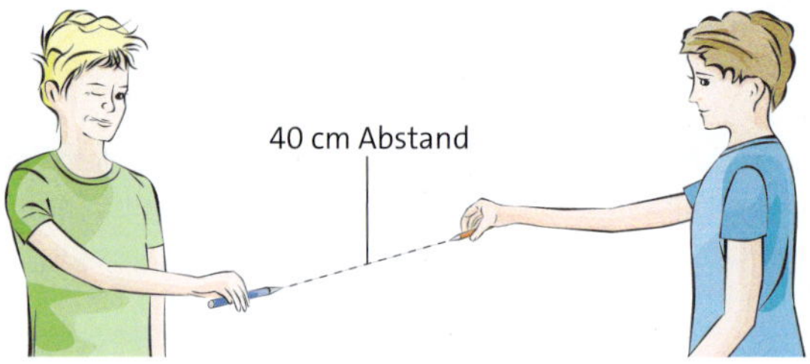

1 Versuch zum Abschätzen von Entfernungen

1. Beschreibt die Unterschiede bei geöffneten Augen und bei einem geschlossenen Auge.

2. Stellt eine Vermutung an, welche Vorteile Lebewesen, die Entfernungen abschätzen können, haben.

B Richtungshören

Material: Du benötigst einen etwa einen Meter langen Schlauch. Die Mitte des Schlauches wird markiert.

Durchführung: Eine Versuchsperson wird auf einen Stuhl gesetzt und hält je ein Schlauchende an ein Ohr. Der Schlauch wird dabei hinter der Versuchsperson entlang geführt. Jetzt klopfst du mit einem Bleistift irgendwo gegen den Schlauch. Die Versuchsperson soll entscheiden, ob rechts oder links von der Schlauchmitte geklopft wurde. In folgenden Versuchen wird der Abstand von der Mitte immer weiter verringert.

3. Notiere, bei welchem Abstand die Versuchsperson die Richtungen nicht mehr unterscheiden konnte.

4. Viele Fluchttiere wie Pferde haben im Laufe ihrer Entwicklung ein ausgeprägtes Richtungshören entwickelt. Erkläre, weshalb dies ein großer Vorteil ist.

C Was wir sehen und schmecken

Material: verschiedene Fruchtjoghurtsorten, verschiedene Lebensmittelfarben, Probierlöffel

Durchführung: Verbinde deinem Versuchspartner die Augen. Färbe dann die Joghurtsorten mit wenigen Tropfen der Lebensmittelfarben in möglichst ungewöhnlicher Kombination. Zum Beispiel einen grünen Erdbeerjoghurt. Notiere, welcher Joghurt wie eingefärbt wurde. Die Versuchsperson testet nun mit verbundenen Augen die einzelnen Joghurtsorten und versucht über den Geschmack die Sorte zu bestimmen. Im Anschluss wiederholt man den Test ohne verbundene Augen.

5. Werte aus, wie viele Sorten richtig bestimmt wurden. Nenne Unterschiede zwischen der Durchführung mit und ohne verbundene Augen.

6. Erkläre, welche Rückschlüsse sich über das Zusammenspiel von Sehen und Schmecken aufgrund der Versuchsergebnisse ziehen lassen?

D Haben wir einen Temperatursinn?

Material: Drei Schüsseln werden mit Wasser unterschiedlicher Temperatur gefüllt: 5 °C, 20 °C und 35 °C.

Durchführung: Die Versuchsperson streckt eine Hand in das 35 °C warme Wasser, die andere in das 5 °C kalte Wasser. Nach 30 Sekunden werden beide Hände in das 20 °C kalte Wasser gestreckt.

7. Notiere deine Beobachtungen.

8. Bewerte die Aussage: „Menschen können die Temperatur wahrnehmen." mithilfe der Ergebnisse des Versuches.

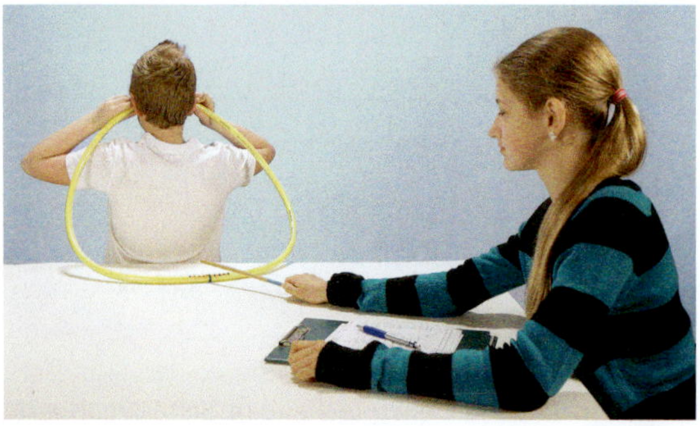

2 Versuch zum Richtungshören

3 Versuch zur Temperaturwahrnehmung

Informationsaufnahme, Informationsverarbeitung und Reaktion

1 Achterbahnfahrt

Vielleicht bist du auf einem Rummel schon einmal mitgefahren: Achterbahn! Zuerst geht es aufwärts, ganz langsam. Du genießt die schöne Aussicht auf dem höchsten Punkt bevor es plötzlich mit über 100 Stundenkilometern nach unten geht. Eine Kurve rechts, der erste Looping, eine Steilkurve links und nach wenigen Minuten ist alles vorbei.

1. Nenne die Reize, die in der Achterbahn auf den Körper einwirken.

2 Glanzparade

Eine Sportreporterin kommentiert während eines Fußballspiels einen vereitelten Torschuss: „Wieder einmal hat Manuel Neuer eine Glanzparade hingelegt und seine herausragenden Reflexe unter Beweis gestellt!"

2. Bewerte die Aussage der Sportreporterin zu Manuel Neuers Parade.

3. Beschreibe die Reiz-Reaktions-Kette von Manuel Neuer bei dieser Glanzparade.

3 Astronaut im Weltall

Ein Astronaut schwebt schwerelos durch das Weltall. Als Menschen sind wir aber an die „Schwere" gewöhnt. Auf der Erde wirkt die Schwerkraft auf unser Gleichgewichtsorgan in unserem Ohr ein. Dadurch kann uns dieses angeben, wo oben und unten ist. Ganz gleich ob wir liegen, stehen oder einen Kopfstand machen.

4. Stelle Vermutungen an, wie ein Astronaut in der Schwerelosigkeit erkennen kann, wo oben und unten ist.

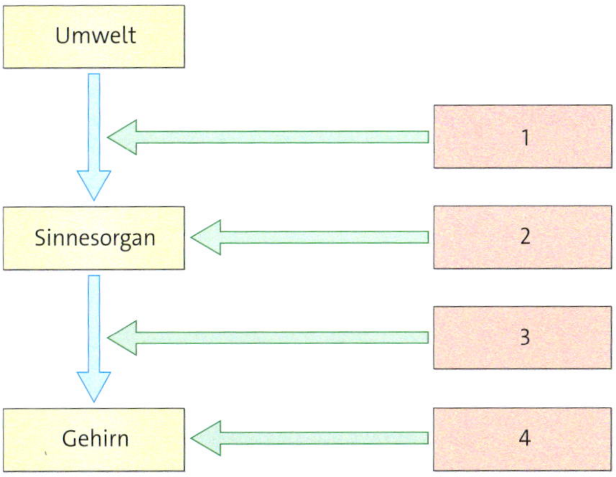

4 Schema zur Reizverarbeitung

5. Übertrage das Schema in dein Heft und ordne die folgenden Begriffe zu: Wahrnehmung und Verarbeitung, Weiterleitung als elektrisches Signal, Reiz, Umwandlung in elektrische Signale.

6. Jemand ist bei einem Unfall auf den Hinterkopf gefallen und gibt bei der Untersuchung an, dass er nichts mehr sehen kann. Der Arzt kann allerdings keinen Defekt am Auge und Sehnerv erkennen. Finde eine Erklärung für die Erblindung.

Aktive Bewegung

Die Fähigkeit, sich bewegen zu können, ist aus unserem Leben nicht wegzudenken. Wenn man einmal darauf achtet, zeigt sich, dass wir die meiste Zeit des Tages in Bewegung sind: Wenn wir arbeiten, in der Freizeit, beim Sport und selbst im Schlaf bewegen wir den Körper. Ärzte meinen sogar, dass ausreichend Bewegung vor vielen Krankheiten schützt. Was Bewegung für uns bedeutet, wird uns oft erst richtig bewusst, wenn zum Beispiel ein Arm gebrochen oder ein Teil des Körpers gelähmt ist und wir ihn nicht mehr bewegen können.

❶ Benenne die Bedeutung, die die Bewegung für Lebewesen hat. Nimm hierzu die abgebildeten Fotos zur Hilfe.

❷ Stelle Vermutungen an, weshalb hier die Mittagsblume, eine Pflanze, abgebildet ist.

❸ Stelle einen Zusammenhang des Themas „Bewegung“ mit dem Bild einer Schinkenplatte her.

❹ Damit Bewegung möglich wird, müssen mehrere Organsysteme in unserem Körper zusammenarbeiten. Skizziere den Umriss der Skaterin in dein Heft. Zeichne dann mit verschiedenen Farben alle Bauteile ein, die deiner Meinung nach für Bewegung benötigt werden. Vergiss nicht, die Bauteile zu beschriften. Falls Sätze als Erklärung helfen, schreibe auch diese in dein Heft.

Bau und Aufgaben des Skeletts

Der Mensch besitzt über 200 **Knochen**, die zusammen mit den weicheren und elastischen Knorpeln das Skelett bilden. Das **Skelett** hat mehrere Aufgaben: Es macht uns beweglich und stützt unseren Körper. Außerdem schützt es die inneren Organe und bestimmt die Form des Körpers.

Kopfskelett Das **Kopfskelett** besteht aus dem Gehirnschädel, der das innen liegende Gehirn schützt, und dem Gesichtsschädel. Im Gesichtsschädel befinden sich einige unser wichtigsten Sinnesorgane.

Rumpfskelett Die Wirbelsäule bietet Stabilität und Halt und ist der zentrale Teil des **Rumpfskeletts**. Sie trägt den Kopf und ist der Ansatzpunkt für zwölf Paar Rippen, die zusammen mit dem Brustbein und den Brustwirbeln den Brustkorb bilden.
Über die Schulterblätter und die Schlüsselbeine, dem so genannten Schultergürtel, sind die Arme mit dem Rumpfskelett verbunden. Die Beine sitzen an den Hüftknochen an. Die flachen Schulterblätter und Hüftknochen sind, wie viele andere Knochen, Ansatzstellen für die Muskeln.

Arm- und Beinskelett Arme und Beine zusammen bezeichnet man als **Gliedmaßen**. Das Skelett der Gliedmaßen besteht aus vielen einzelnen Knochen und ist deshalb besonders beweglich. So besteht zum Beispiel das Armskelett aus 30 verschiedenen Knochen. Die wichtigsten sind der Oberarmknochen, die sich anschließenden Unterarmknochen Elle und Speiche und die Knochen des Handskeletts. Dazu gehören die Handwurzelknochen, die Mittelhandknochen und die Fingerknochen.
Das Beinskelett sitzt am Hüftknochen an und beginnt mit dem Oberschenkelknochen. Im Bereich des Knies befindet sich die flache Kniescheibe und danach folgen im Unterschenkel das Schienbein und das Wadenbein. Das Fußskelett setzt sich aus den Fußwurzelknochen, den Mittelfußknochen und den Zehenknochen zusammen.

1 Übernimm die Zahlen 1 bis 25 aus Abbildung 1 ins Heft und beschrifte die einzelnen Bauteile des menschlichen Skeletts. Strukturen, die du nicht kennst, kannst du im Text nachlesen.

2 Die Abbildung rechts zeigt das Röntgenbild von Paul, der vor drei Tagen vom Baum gestürzt ist. Benenne das verletzte Körperteil und die Knochen 1, 2 und 3. Beschreibe die Art der Verletzung und die Maßnahme des Arztes.

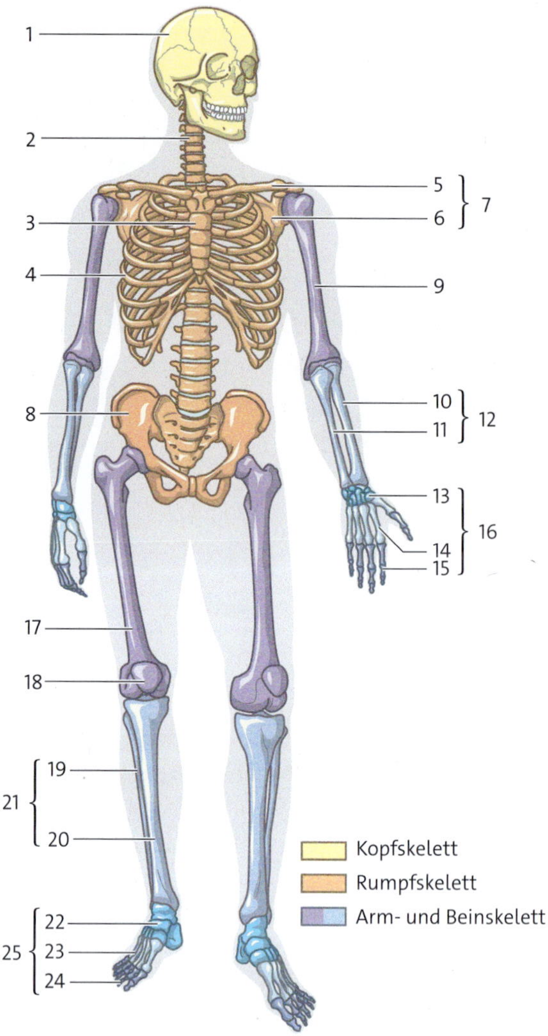

1 Das Skelett des Menschen

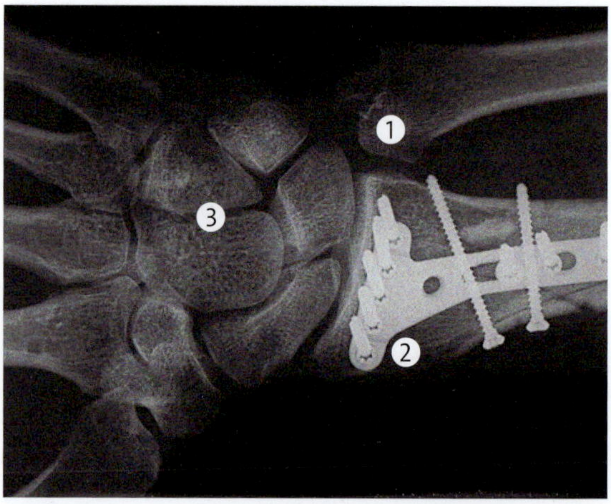

2 Röntgenbild eines operierten Knochens

Knochenuntersuchung

Mit den Versuchen und dem Infotext auf dieser Seite kannst du herausfinden, wie die Knochen aufgebaut sind.
Material: Marmorstückchen, Eierschalen, gekochtes Eiklar, sauberer Hühnerknochen, fünfprozentige Salzsäure, großes Becherglas, Tiegelzange, Schutzbrille, (Schutz-)Handschuhe

A Untersuchung der Bestandteile des Knochens mit dem Bunsenbrenner

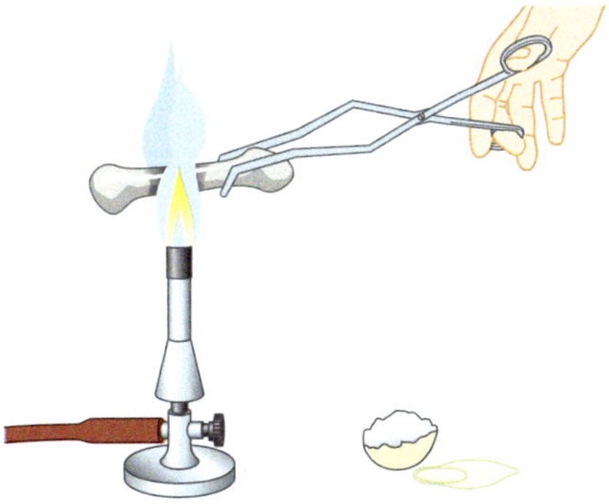

1 Versuchsdurchführung

Durchführung: Mit einer Tiegelzange werden nacheinander ein Kalkstückchen, ein Stück gekochtes Eiklar und ein sauberer Hühnerknochen einige Zeit unter dem Abzug in die Flamme des Bunsenbrenners gehalten. Anweisung der Lehrkraft beachten!

1. Zeichne eine Skizze der Versuchsdurchführung in dein Heft und protokolliere deine Beobachtungen. Notiere dabei nicht nur die Wahrnehmungen der Augen, sondern auch die anderer Sinnesorgane.

2. Überlege, welche Folgerungen du aus diesen Versuchen ziehen kannst und schreibe diese in dein Heft.

B Untersuchung der Bestandteile des Knochens mit Salzsäure

Informiere dich auf Seite 122 über das abgebildete Gefahrensymbol. Die Chemikalien nach Anweisung der Lehrkraft entsorgen.
Durchführung: In ein größeres Becherglas werden ein Kalkstückchen, ein Stück gekochtes Eiklar und ein Knochenstück gelegt und mit der Salzsäure (verdünnt) bedeckt. Achtung: Salzsäure ist ätzend, trage deshalb unbedingt eine Schutzbrille und (Schutz-)Handschuhe!

3. Zeichne die Versuchsdurchführung von Versuch B in dein Heft und protokolliere die Beobachtungen.

Leitet man das entstehende Gas in klares Kalkwasser ein, dann wird es milchig trüb.

4. Leite daraus eine Folgerung ab und recherchiere den Stoff des Knochens, den du damit nachgewiesen hast. Tipp: Geologen weisen mit diesem Versuch nach, dass ein Gesteinsstück aus Kalk besteht.

C Prüfung der Festigkeit und Biegsamkeit

Durchführung: Zwei Knochen wurden folgendermaßen vorbehandelt: Ein Knochen wurde vollständig ausgeglüht und der andere Knochen mindestens zwei Tage in fünfprozentige Salzsäure gelegt und danach gründlich gewaschen.

5. Prüfe die Festigkeit und die Biegsamkeit der beiden Knochen, indem du die Schnittfestigkeit mit einem kleinen Messer überprüfst.

6. Leite daraus eine Folgerung ab. Hinweis: Beim Ausglühen verbrennen alle Proteine.

Infotext: Ein Knochen ist lebendig! Meist verbinden wir mit Knochen die Vorstellung von totem Material. Tatsächlich sind die Knochen aber Zeit unseres Lebens in der Lage, sich durch Ab- und Aufbau zarter Knochenbälkchen in ihrem Innern an veränderte Belastungen anzupassen. In der Markhöhle liegt das weiche Knochenmark. Man unterscheidet das rote Knochenmark, in dem die roten Blutkörperchen gebildet werden und das gelbe Knochenmark, das viel Fett enthält.

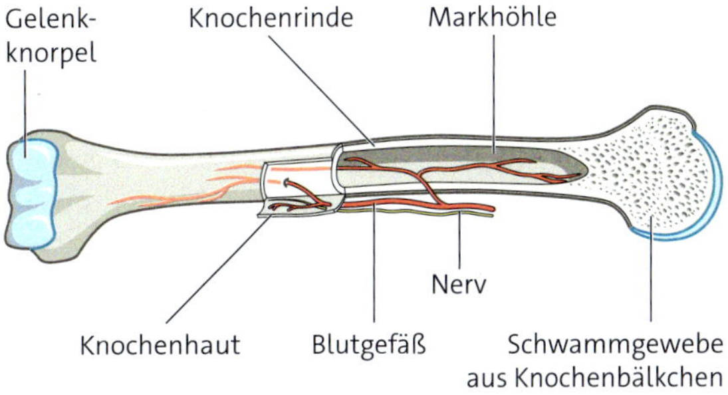

2 Aufbau eines Röhrenknochens (Längsschnitt)

7. Betrachte den Längsschnitt durch einen Röhrenknochen, wie dem Oberarmknochen, in der Abbildung. Erkläre dann, wie der Knochen versorgt wird.

8. Jeder hat schon die Erfahrung gemacht, dass Knochen, genau genommen die Knochenhaut, schmerzempfindlich sind. Leite davon die „Bauteile" ab, die demnach vorhanden sein müssen.

Das Skelett ist stabil und zugleich beweglich – wie ist das möglich?

Unser Skelett sorgt zum einen für Stabilität und zum anderen für Beweglichkeit. Wie werden diese gegensätzlichen Ansprüche erfüllt? Die folgende Abbildung zeigt drei Vorschläge für ein Bauelement des Skeletts.

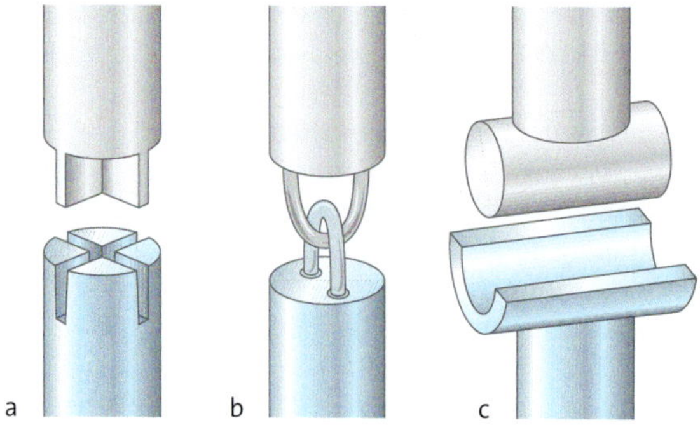

1 Mögliche Bauelemente des Skeletts

❶ Beurteile bei jedem Vorschlag, wie gut oder schlecht die Forderung nach Stabilität und Beweglichkeit erfüllt ist. Wähle das beste Modell aus.

❷ Baue ein Gelenkmodell, das möglichst die Eigenschaften eines echten Gelenks aufweist. Verwende dazu Gegenständen oder Dinge, die du zu Hause hast, beispielsweise eine Überraschungseikapsel, einen Lolli, Holzlatten, Gummi- oder Stoffbänder, Plastiktüten und so weiter.

❸ Nenne drei Unterschiede zwischen deinem Modell und der Wirklichkeit, zum Beispiel deinem Kniegelenk.

Gelenke Das Beste der drei Modelle aus Aufgabe 1 ist auch in unserem Skelett zu finden. Die Knochen sind durch die Gelenke so verbunden, dass unser Skelett zwar beweglich ist, aber trotzdem noch stabil bleibt. Obwohl es verschiedene Gelenktypen für unterschiedliche Aufgaben gibt, haben alle Gelenke denselben Grundaufbau.

Grundaufbau eines Gelenks Meist sind zwei Knochen miteinander verbunden, die im Gelenkbereich so geformt sind, dass sie, ähnlich wie eine Form und ihr Abdruck im Sand, genau zueinander passen. Man bezeichnet das gewölbte Ende eines Knochens als **Gelenkkopf** und die dazu passende Vertiefung des anderen Knochens als **Gelenkpfanne**. Damit die Knochenverbindung stabil wird, ist sie von einer straffen **Gelenkkapsel** umhüllt. Zusätzlich verbinden elastische Bänder die Knochen. Die Berührungsflächen der beiden Knochen sind mit einer **elastischen Knorpelschicht** überzogen. Zwischen den zwei Knochen befindet sich der **Gelenkspalt**. Er ist mit einer **Gelenkflüssigkeit**, die man Gelenkschmiere nennt, gefüllt. Diese wird von der Gelenkkapsel produziert.

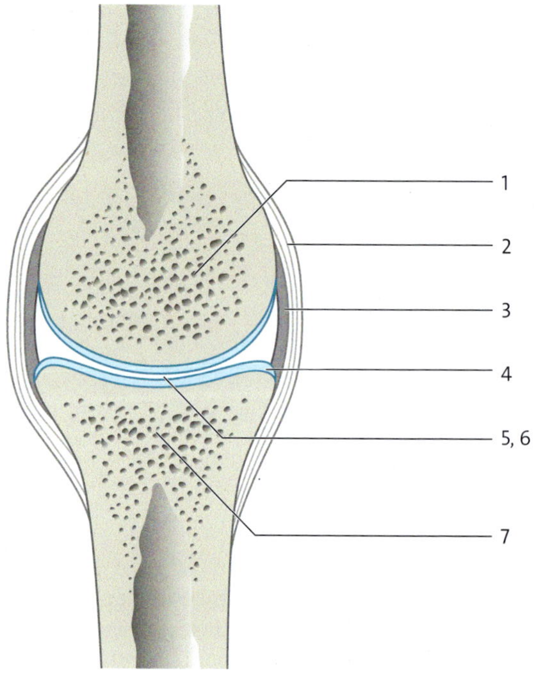

2 Schematischer Grundaufbau eines Gelenks

❹ Übertrage die Zeichnung in dein Heft und ordne den nummerierten Bauteilen die im Text fett gedruckten Begriffe zu.

❺ Ordne den einzelnen Bauteilen eines Gelenks die entsprechenden Aufgaben zu. Verwende dazu die blau und grün markierten Begriffe aus dem Wortfeld. Auch Mehrfachzuordnungen sind möglich.

Gelenkkopf | Gelenkspalt | stabilisiert | Gelenkpfanne | Gelenkkapsel | Gelenkflüssigkeit (Gelenkschmiere) | fängt Stöße ab | verringert die Reibung | Knorpelschicht | elastische Bänder

Verschiedene Gelenktypen Verschiedene Gelenke lassen sich nicht in alle Richtungen gleich gut bewegen. Je nach Form, Lage und Anordnung der Knochen sind nur bestimmte Bewegungsrichtungen möglich. Man unterscheidet vier Grundtypen von Gelenken, die in der folgenden Abbildung zu sehen sind. Im Körper des Menschen gibt es aber noch viele weitere Gelenktypen und häufig treten auch Kombinationen auf.

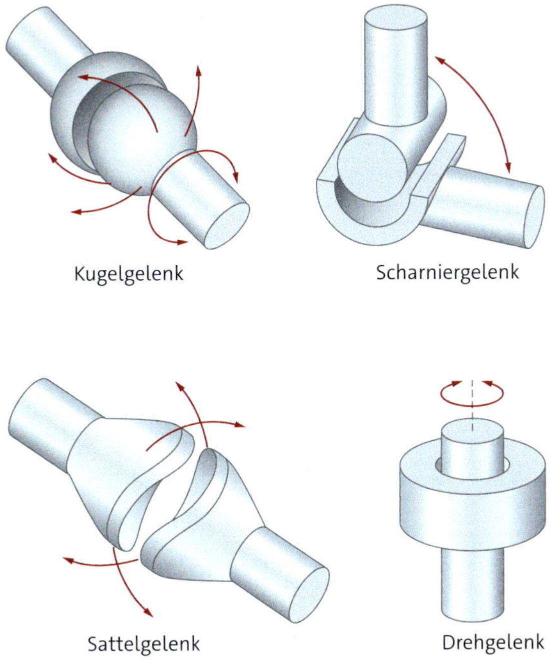

3 Die vier Grundtypen von Gelenken

Das Hüftgelenk erlaubt Bewegungen des Beines nach rechts und links, nach vorne und hinten, außerdem kann das Bein nach innen und außen gedreht werden. Diese Bewegungen sind durch die Kugelform von Gelenkkopf und Gelenkpfanne möglich. Man spricht von einem **Kugelgelenk**. Das Ellenbogengelenk erlaubt aufgrund der Form der Gelenkpfanne nur das Beugen und Strecken des Armes. Man bezeichnet diesen Gelenktyp als **Scharniergelenk**, da man das Gelenk mit einem Türscharnier vergleichen kann. Beim Daumen haben die beiden Knochen eine Form, die an einen Reiter im Sattel erinnert. Durch dieses **Sattelgelenk** kann der Daumen nach rechts und nach links sowie nach oben und unten bewegt werden. Aufgrund dieses besonderen Daumengelenks kann der Mensch mit dem Pinzettengriff seine Finger besonders geschickt als „Präzisionswerkzeug" einsetzen. Das **Drehgelenk** zwischen dem ersten und zweiten Halswirbel ermöglicht die Drehung des Kopfes.

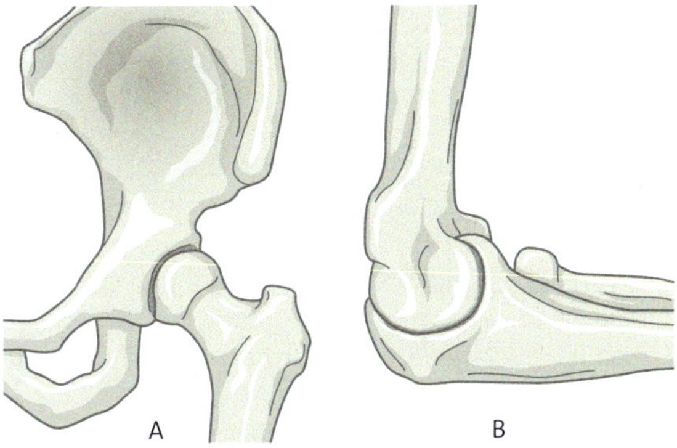

4 Zwei Gelenke des menschlichen Körpers

6 Betrachte die beiden Ausschnitte aus dem Skelett (▶ 4). Überlege, wo sie in deinem Körper zu finden sind, und benenne sie. Vereinfache die beiden abgebildeten Gelenke auf ihre jeweilige Grundform und zeichne diese in dein Heft. Zeichne die möglichen Bewegungsrichtungen der Gelenke mit Pfeilen ein.

7 Teste die Bewegungsmöglichkeiten deines Unterkiefers und stelle eine Vermutung an, welcher Gelenktyp beim Kiefergelenk vorliegt. Überprüfe deine Vermutung am Skelett- oder am Schädelmodell.

8 Durch einen Sturz hat sich dieser Patient die linke Schulter ausgekugelt. In Kurznarkose wurde das Gelenk wieder „eingerenkt".

a) Benenne die Knochen 1 bis 3 des Schultergelenks (▶ 5).
b) Das Schultergelenk ist am häufigsten von „Gelenkauskugelungen" betroffen. Betrachte den Bau des Schultergelenks und finde die Ursache dafür heraus. Nutze wenn möglich das Skelettmodell.
c) Erkläre in diesem Zusammenhang die Aussage „Kein Vorteil ohne Nachteil."

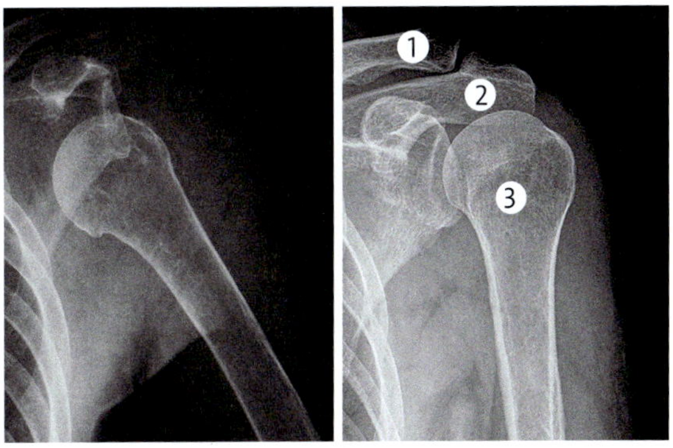

5 Röntgenaufnahmen des Schultergelenks vorher und nachher

Die Wirbelsäule

Unsere Wirbelsäule muss starke Krümmungen zulassen und trotzdem Stabilität gewährleisten. Wie gelingt das?

Bau der Wirbelsäule Die **Wirbelsäule** setzt sich aus 24 einzelnen Wirbeln sowie dem Kreuzbein und dem Steißbein zusammen. Fast alle Wirbelkörper besitzen ein Wirbelloch und bilden gemeinsam den Wirbelkanal. Durch diesen Wirbelkanal laufen die Nervenbahnen. Alle Nervenbahnen zusammen nennt man **Rückenmark**. Das Rückenmark leitet die Informationen vom Gehirn zum Körper und zurück und wird von der knöchernen Wirbelsäule geschützt.

Dadurch, dass die vielen einzelnen Wirbel gegeneinander beweglich sind, ist die gesamte Wirbelsäule nach vorne, nach hinten, nach links und nach rechts sowie um die Längsachse beweglich.

Von vorne gesehen ist die gesunde Wirbelsäule fast ganz gerade. Betrachtet man sie jedoch von der Seite, zeigt sie eine charakteristische Krümmung. Diese Krümmung wird doppelt S-Form genannt.

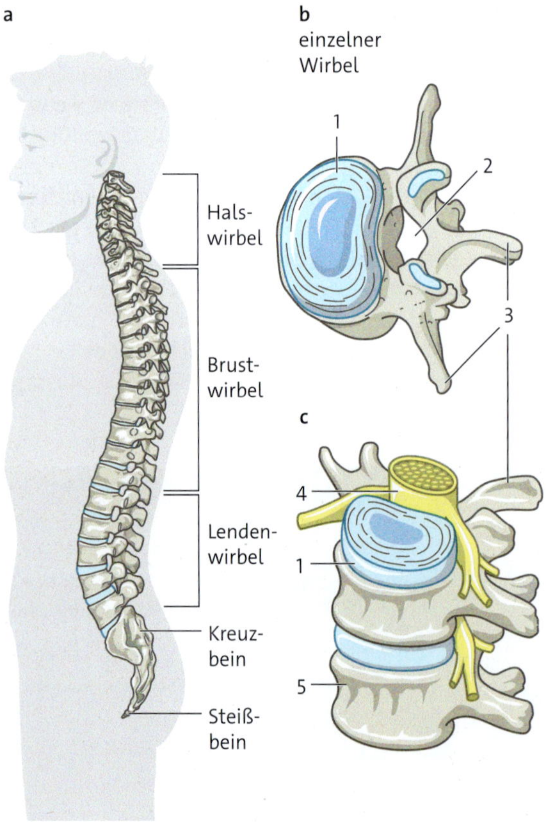

1 Bau der Wirbelsäule und Bandscheiben

Die Bandscheiben Zwischen den einzelnen Wirbeln sitzen die **Bandscheiben**. Sie bestehen aus einem elastischen Stoff, dem Gallertkern, der von einem festeren Knorpelring umgeben ist.

1 Betrachte die Abbildung 1. Übernimm die Nummern in dein Heft, ordne die im Wortfeld angegebenen rot markierten Begriffe den richtigen Nummern zu. Schreibe zudem die richtige Aufgabe aus den grünen Kästen daneben.

Rückenmark

federt Stöße ab und verhindert die Reibung der einzelnen Wirbel aneinander

Wirbelkörper

trägt das Gewicht

Bandscheibe

Wirbelkanal

Wirbelfortsatz

schützt das darin befindliche Rückenmark

die Nervenstränge geben Befehle vom und Informationen zum Gehirn weiter

ist eine Ansatzstelle für die Muskeln

2 Die Abbildung 2 zeigt die Aufnahme eines Patienten im Krankenhaus, der über starke Rückenschmerzen klagt sowie über ein starkes Kribbeln am rechten Knie. Zusätzlich berichtet er von einer Muskelschwäche im rechten Bein.

a) Benenne die Strukturen mit den Nummern 1 bis 3.

b) Beschreibe die Veränderungen am roten Pfeil und stelle eine Vermutung an, wodurch die Beschwerden verursacht werden könnten.

c) Mache Vorschläge für denkbare Behandlungsmöglichkeiten durch einen Arzt.

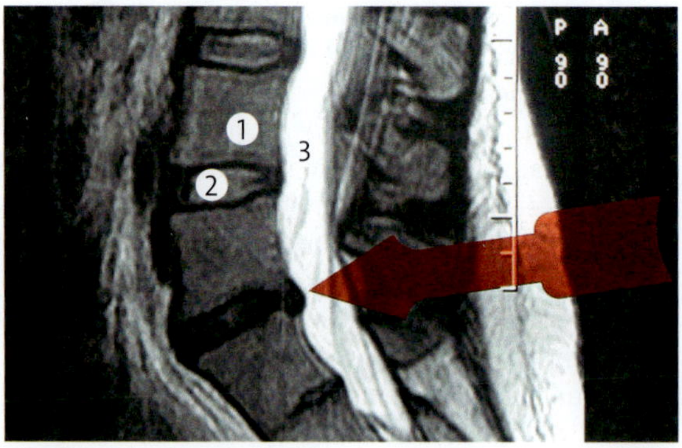

2 Rückenschmerzen

Mit Modellen arbeiten

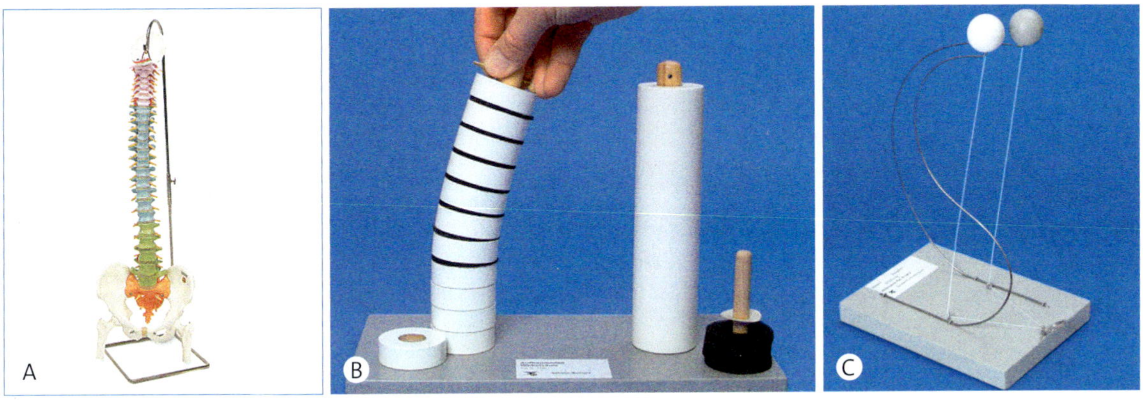

1 Verschiedene Wirbelsäulenmodelle

Es ist Dienstag, dritte Stunde. Hanna und Max haben Biologieunterricht und schauen sich verschiedene Modelle der Wirbelsäule des Menschen an.

Hanna: „Wirbelsäulenmodelle – ich weiß zwar, was eine Wirbelsäule ist, aber was ist eigentlich ein **Modell**?“
Max: „So weit ich weiß, ist der Globus ein Modell der Erde. Man sieht, dass die Erde rund ist und wie die Meere und Kontinente darauf verteilt sind.“
Hanna: „Ich finde aber, dass der Globus ziemlich ungenau ist, denn viele Städte und Flüsse kann man darauf nicht erkennen.“
Max: „Naja, Modelle sind immer einfacher als die Wirklichkeit und können deshalb auch nicht alles zeigen.“
Hanna: „Aha, ich verstehe, aber das ist ganz schön kompliziert. Dabei fällt mir ein, dass wir zu diesem Thema schon einmal ein So-geht's-Blatt bekommen haben.“
Max: „Ja, stimmt, ich erinnere mich. Wir sollen beim Arbeiten mit Modellen immer gleich vorgehen. Schau, da ist es. Das hilft uns, die Aufgaben zu bearbeiten.“

So-geht's-Schritte:

1. Beschreibe das Modell. Nenne das Naturobjekt, das vom Modell abgebildet wird, oder den Vorgang, der veranschaulicht werden soll.

2. Vergleiche das Modell mit dem Original. Modelle sind gegenüber dem Original oft vergrößert oder verkleinert. Sie sind vereinfacht und bestehen aus anderem Material. Zur Veranschaulichung werden oft Farben verwendet. Bestimmte Eigenschaften werden gut gezeigt, andere hingegen vernachlässigt.

3. Erläutere die Verwendung des Modells. Jedes Modell dient dazu, Fragen zu beantworten und Vermutungen zu überprüfen.

4. Zeige die Grenzen des Modells auf. Zu den Details, die beim Modell weggelassen wurden, können keine Fragen beantwortet werden. Durch neue Forschungsergebnisse verliert ein bestehendes Modell manchmal seine Gültigkeit und muss angepasst werden.

1 Betrachte die oben abgebildeten Wirbelsäulenmodelle A, B und C und bearbeite die folgenden Aufgaben.
a) Beschreibe die Modelle A, B und C.
b) Vergleiche die Modelle mit dem Original.
c) Formuliere zu jedem Modell eine Frage, die das jeweilige Modell beantwortet.

2 Baue ein Modell der Wirbelsäule, das die Aufgabe der einzelnen Wirbelkörper und der Bandscheiben zeigt. Es müssen nicht alle Materialien verwendet werden (▶ 2). Erläutere das Modell deinem Nachbarn, mithilfe der So-geht's-Schritte.

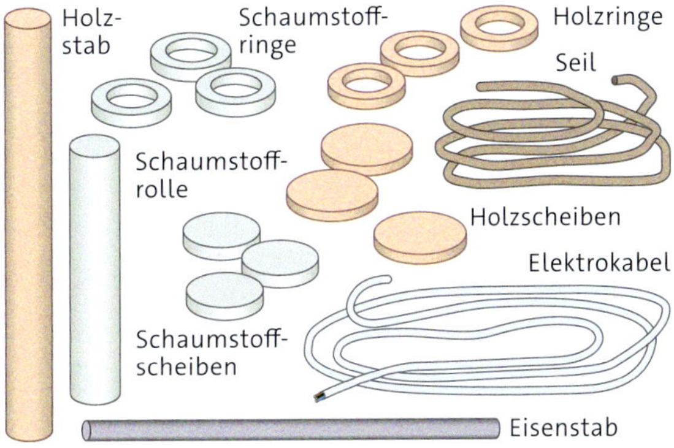

2 Materialien für ein Wirbelsäulenmodell

3 Für Profis: Hanna verwendet für ihr Modell kein Kabel. Erkläre, welcher Teil der Wirbelsäule in ihrem Modell fehlt.

Wissenschaftler arbeiten mit System

Die Klasse 5b führt die folgenden Experimente zur Form und Funktion der menschlichen Wirbelsäule durch: Vier Drähte werden, wie in der Abbildung gezeigt, geformt und an Holzplatten befestigt. Anschließend wird an das obere Ende jeden Drahtes ein Gewicht mit der gleichen Masse befestigt. Es wird notiert, wie stark sich die Drähte dabei verbiegen.
In einem zweiten Versuch wird auf das obere Ende der Drähte je ein Schlauchstück gestülpt, dessen Öffnung durch ein dünnes Seidenpapier verschlossen ist. Jedes Modell wird dann angehoben und mit einer schnellen, festen Bewegung auf den Tisch aufgesetzt.

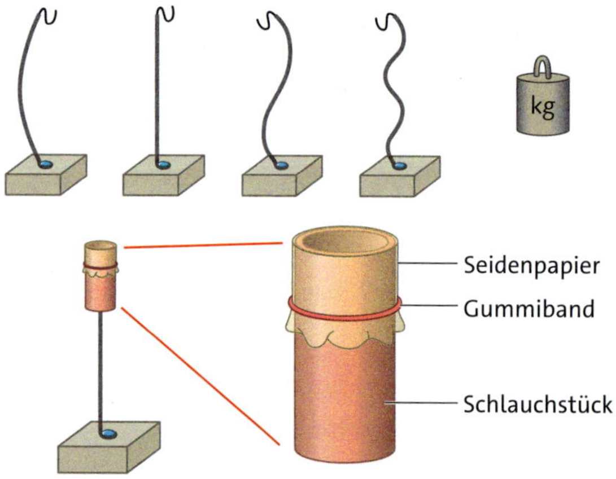

1 Modellexperimente zur Form der Wirbelsäule

Wissenschaftler notieren die Ergebnisse ihrer Experimente häufig in Form einer Tabelle. Tabellen zeigen die Ergebnisse meist in einer knappen und sehr übersichtlichen Art und Weise. Im Folgenden sind die Ergebnisse der Modellexperimente zu der Form der Wirbelsäule in Lenas Heft dargestellt.

Drahtform	gerade	doppelt S-förmig	einfach S-förmig	gebogen
Wie stark biegt sich der Draht?	gar nicht	kaum	stark	am stärksten
Reißt das Seidenpapier?	ja	nein	ja	nein

2 Versuchsergebnisse

1 Werte das Experiment aus, indem du das Ergebnis in der Tabelle in Worte fasst, und ziehe eine Schlussfolgerung. Berichte deinem Nachbarn.

Bei diesen Experimenten war schon viel vorgegeben, im Regelfall arbeiten Wissenschaftler wie folgt:

So-geht's-Schritte

1. Naturbeobachtung Wenn man mit offenen Augen durch die Natur geht, kann man viele Dinge sehen. Jedoch musst du dazu genau hinsehen.

2. Fragestellung formulieren Leite aus deiner Naturbeobachtung eine Frage ab. Was soll herausgefunden oder untersucht werden?

3. Hypothesen aufstellen Überlege, welches Vorwissen du bereits hast. Versuche eine begründete Vermutung anzustellen. Diese nennt man Hypothese. Um eine Hypothese zu überprüfen, plant man ein Experiment.

4. Experimente planen, durchführen und Ergebnisse notieren Überlege, welche Materialien und Geräte du benötigst und wie das Experiment aufgebaut sein muss. Denke auch darüber nach, was du beobachten und messen musst und wie du Fehler dabei vermeiden kannst. Notiere alle, auch unwichtig erscheinende Beobachtungen und Sinneseindrücke, zum Beispiel Gerüche oder Geräusche. Wähle dafür eine geeignete Form, einen Text, eine Tabelle oder ein Diagramm.

5. Ergebnisse auswerten und Schlussfolgerungen ziehen Werte die Ergebnisse des Experimentes aus und ziehe eine Schlussfolgerung. Denke daran, dabei auch immer eine Fehleranalyse zu machen. Überprüfe als letztes, ob deine Ergebnisse die zuvor aufgestellte Hypothese bestätigen oder widerlegen.

Wende alle Schritte des Naturwissenschaftlichen Erkenntniswegs auf die Experimente in Abbildung 1 an. Bearbeite dazu die folgenden Aufgaben.

2 Schreibe die vorher gemachten Naturbeobachtungen für die Experimente ins Heft.

3 Formuliere die Fragestellung der Experimente.

4 Stelle die Hypothesen auf, die mit den Experimenten überprüft werden sollen.

5 Erkläre, weshalb es wichtig ist, dass die Drähte in den Experimenten immer gleich dick sein müssen.

6 Ein Wissenschaftler verwendet beim ersten Experiment jeweils unterschiedlich schwere Gewichte. Bewerte die Aussagekraft seiner Ergebnisse.

Gesunderhaltung des Skeletts

1 Junge mit Tablet und Mädchen mit Büchertasche

Gesunderhaltung der Wirbelsäule Früher hatten vor allem Erwachsene Rückenschmerzen, heute klagen zunehmend auch immer mehr Kinder darüber. Diese Schmerzen sind häufig der Büchertasche geschuldet. Die Büchertaschen von Fünftklässlern sind im Durchschnitt mindestens sieben Kilogramm schwer. Das Durchschnittsgewicht der Kinder beträgt ungefähr 35 Kilogramm und somit sind fünf Büchertaschen so schwer wie ein Kind. Zudem war es früher vollkommen normal, die meiste Zeit des Tages an der frischen Luft zu verbringen. Es wurde gespielt, getobt und geklettert. Dabei war die gesamte Muskulatur in Bewegung. Heutzutage verbringen Kinder und Jugendliche einen Großteil ihrer Zeit vor dem Fernseher und dem Computer. Dabei nehmen sie häufig eine sehr ungesunde Haltung ein. Sie sitzen in der Regel nicht aufrecht auf einem Stuhl, sondern kuscheln sich in die Sofakissen oder liegen auf dem Bett. Diese Positionen können auf Dauer nicht nur schwere **Haltungsschäden** bedingen, sondern führen auch dazu, dass sich die Muskulatur zurückbildet. Die Folgen sind oft **Rückenschmerzen**.

1. Formuliere in deinem Heft wichtige Regeln zur Vermeidung von Rückenschmerzen und Wirbelsäulenschäden. Verwende dazu diese Wortliste: Sport treiben, Rückenmuskeln, Rücken, beim Bücken, sich bewegen, trainieren, in die Hocke gehen, gerade halten, gleichmäßig verteilen, auf dem Rücken tragen.

2. Überlege dir drei Übungen, die du zwischendurch an deinem Schreibtisch machen kannst, um für einen Bewegungsausgleich zu sorgen.

3. Fertige eine beschriftete Skizze an, wie man richtig am Schreibtisch sitzen sollte.

Gesunderhaltung des Fußskeletts Auf dem **Fußskelett** ruht das ganze Körpergewicht. Als Angepasstheit ist es daher wie ein Gewölbe gebaut. Nur Zehen, Ballen, Ferse und der äußere Fußrand haben Bodenkontakt.

4. Führe den abgebildeten Modellversuch durch. Beobachte, wie sich der Zeichenkarton beim Aufsetzen verschiedener Massestückchen verhält. Erkläre anhand des Versuchsergebnisses, welcher der abgebildeten Füße den belastbareren, gesunden Fuß darstellt.

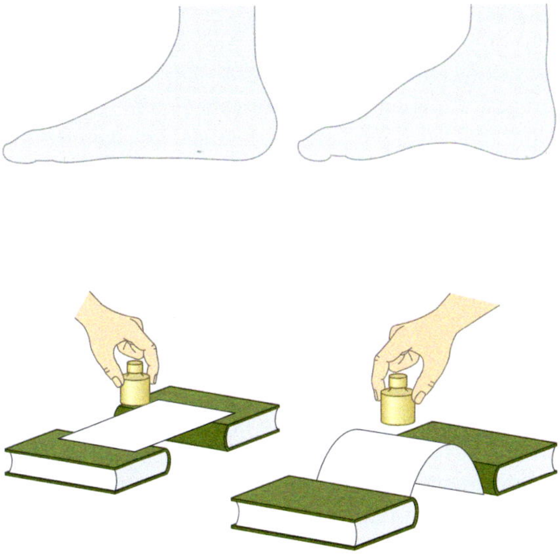

2 Modellversuch zum Fußgewölbe

5. Für die Gesunderhaltung unserer Füße spielen die Schuhe, die wir tragen, eine große Rolle. Bewerte die beiden Schuhe in Abbildung 3 hinsichtlich der Gesunderhaltung des Fußes. Beachte dabei die Verteilung des Körpergewichts.

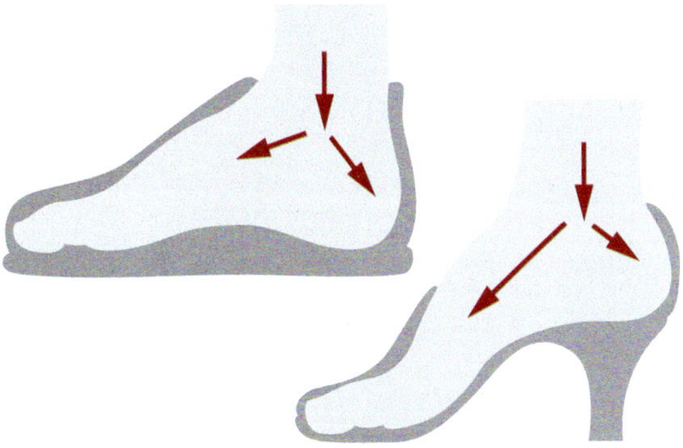

3 Verteilung der Masse in verschiedenen Schuhen

Die Arbeitsweise des Skelettmuskels

1 Fußball spielender Junge

Was sind eigentlich Muskeln? An jeder unserer Bewegungen ist neben den Knochen ein zweites Organsystem beteiligt, die Muskeln, genauer: die **Skelettmuskeln**. An den Händen und einigen anderen Teilen des Körpers lassen sich die Knochen unter der Haut leicht ertasten. Überall sonst sind sie von den Skelettmuskeln bedeckt. Die Skelettmuskeln bilden das „Fleisch" unseres Körpers. Die wichtigste Eigenschaft eines Muskels ist, dass er sich in Längsrichtung zusammenziehen und dabei Knochen bewegen kann.

Arbeitsweise von Skelettmuskeln beim Bewegen Die Skelettmuskeln sind von einer **Muskelhaut** umgeben. Diese wird an der Stelle, an der sie den Muskel mit dem Knochen verbindet, als zugfeste, nicht dehnbare **Sehne** bezeichnet. Unsere dickste Sehne ist die Achillessehne, die den Wadenmuskel mit dem Fersenknochen verbindet.

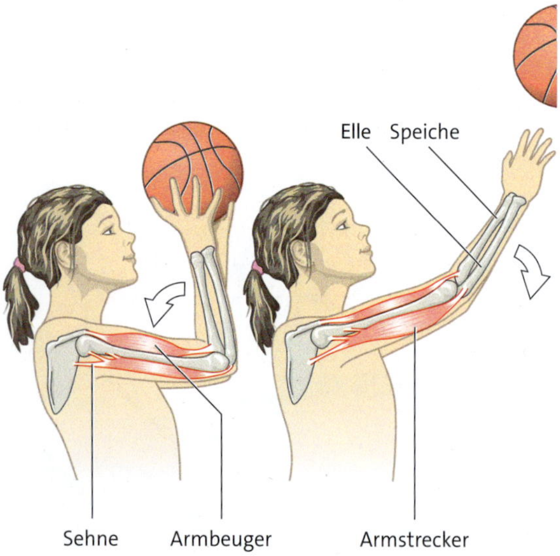

2 Armbeuger und Armstrecker als Gegenspieler

Beim linken Mädchen in Abbildung 2 zieht sich der Beugemuskel zusammen, wird dadurch kürzer und dicker und beugt den Arm. Ob wir kauen, schlucken, sprechen, atmen, Klavier spielen, lächeln oder die Stirn runzeln, immer wenn sich einzelne Körperteile aktiv bewegen, ist mindestens ein Skelettmuskel in Aktion. Auf ein Signal des Nervs hin zieht der Muskel sich zusammen und wird dadurch kürzer und dicker. Dadurch zieht er an der Sehne. Diese zieht am Knochen, mit dem sie verwachsen ist und bewegt diesen dadurch.

1 Beschreibe die Arbeit des Streckmuskels in der Abbildung 2 bei der Armstreckung.

Arbeit heißt für Muskeln also, dass sie sich zusammenziehen und dadurch etwas bewegen. Für ihre Arbeit benötigen die Muskelzellen wie jeder Motor ständig Energie, die sie den aufgenommenen Energieträgern, den Nährstoffen, entnehmen.

Gegenspielerprinzip Ein Muskel kann sich nur zusammenziehen, aber nicht selbstständig wieder strecken. Dazu benötigt der „**Spielermuskel**" einen zweiten Muskel, den man „**Gegenspieler**" nennt. Durch das Zusammenziehen des „Gegenspielers" wird der andere Muskel, der „Spielermuskel", in die Länge gezogen.

Haltearbeit ist auch Muskelarbeit Auch beim Stehen oder Sitzen, wenn nach außen keine Bewegung erkennbar ist, müssen bestimmte Skelettmuskeln arbeiten. Das kann man sich so vorstellen, als ob die beiden Gegenspieler sich abwechselnd im sehr schnellen Wechsel zusammenziehen, ohne dass man von außen eine Bewegung sehen kann.

2 Die Skizzen in Abbildung 3 zeigen den Fußball spielenden Jungen (▶1). Finde heraus, welche Skizze zu dem gezeigten Bewegungsablauf passt. Begründe deine Entscheidung.

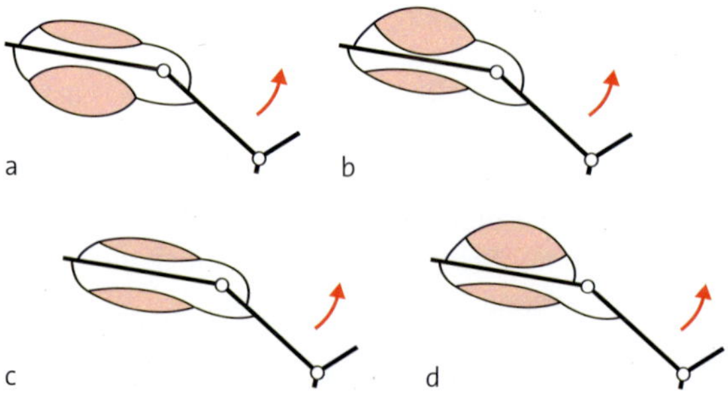

3 Finde den Fußballspieler

Wie arbeiten Skelettmuskeln?

Mithilfe einiger Versuche lässt sich die Arbeitsweise der Skelettmuskeln besser begreifen.

A Armbeugung

Material: schweres Buch

Durchführung: Nimm ein schweres Buch in die rechte Hand und führe die Bewegung des Strichmännchens aus. Fühle dabei mit der linken Hand, welcher Muskel am Arm arbeitet und wie er sich dabei verändert.

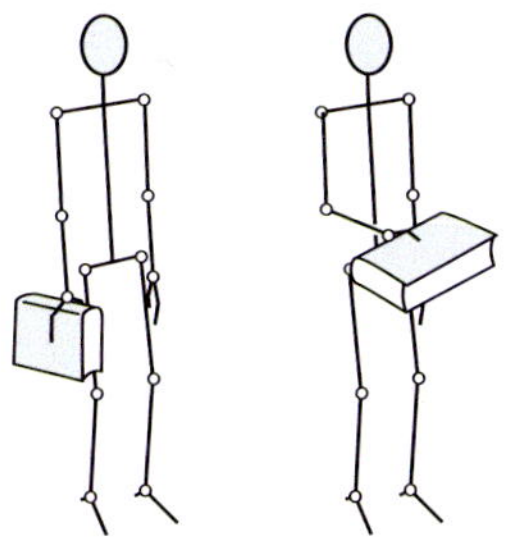

1 Armbeugeübung

❶ Übernimm die Zeichnung aus Abbildung 2 in dein Heft. Zeichne den bei Versuch A arbeitenden Muskel, den Armbeuger, im richtigen Zustand ein und beschrifte diesen. Achte dabei darauf, dass die Sehnen an der richtigen Stelle befestigt sind.

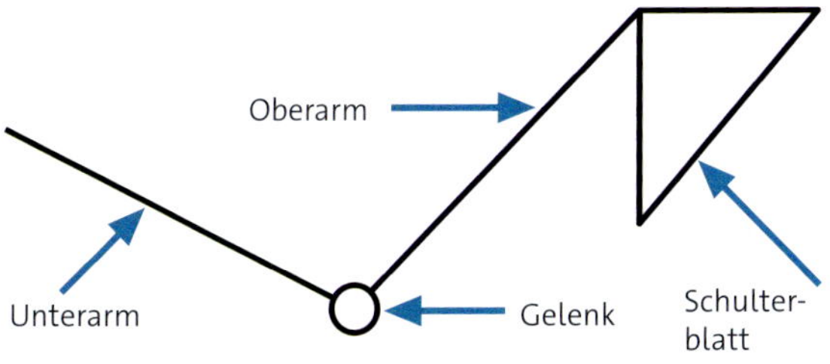

2 Schema des Armskeletts

❷ An deinem Oberarm gibt es einen zweiten Muskel, den Armstrecker. Finde mit deinem Partner heraus, in welchem Zustand dieser bei der Armbeugung in Aufgabe 1 ist, und zeichne die Ergebnisse in die Abbildung von Aufgabe 1 mit ein.

B Armstreckung

Durchführung: Führe wie das Strichmännchen die Liegestützübung durch. Lass einen Partner an deinem Arm fühlen, welcher Muskel arbeitet und wie er sich dabei verändert.

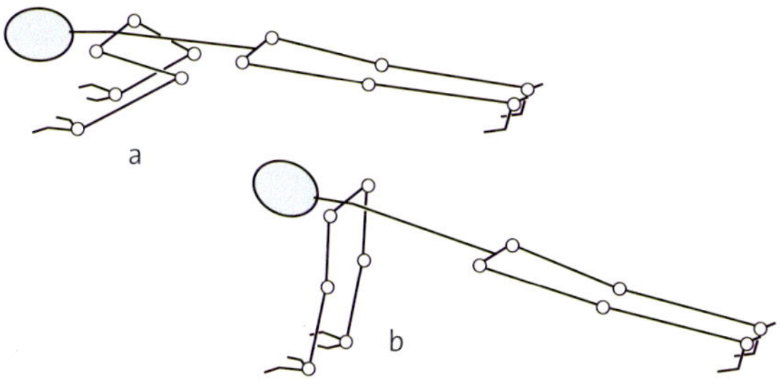

3 Liegestützübung

❸ Beschreibe den Zustand des Armstreckers und des Armbeugers für die Bewegung von Bild a nach b bei der Liegestützübung des Strichmännchens. Lege dazu in deinem Heft eine Tabelle wie die folgende an und nutze zum Beschreiben die Wortliste.

Der Beugemuskel...	Der Streckmuskel...
ist weich	ist hart
...	...

Wortliste: wird lang, wird kurz, arbeitet nicht, ist weich, ist hart, ist dünn, benötigt keine Energie, benötigt Energie, zieht nicht an den Sehnen, ist dick, ist entspannt, arbeitet, ist angespannt, zieht an den Sehnen

C Modellversuch zur Arbeitsweise der Muskeln

Material: zwei Holzleisten, verbunden mit Schraube und Mutter, zwei farbige Wollfäden, mindestens vier Schraubösen

Durchführung: Baue mit den Materialien das abgebildete Modelle eines Armes nach und befestige die Wollfäden entsprechend der Abbildung.

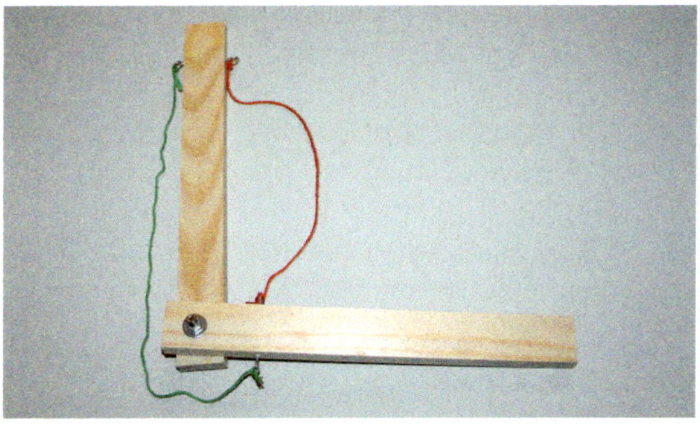

4 Modell des Gegenspielerprinzips

❹ Formuliere die Frage und den Vorgang, die dieses Modell veranschaulichen sollen.

❺ Vergleiche das Modell mit dem Original und erläutere, welches Bauteil im Modell welchem Körperteil des Menschen entspricht.

❻ Beurteile die Richtigkeit der folgenden Aussagen und stelle, falls nötig, richtig.

a) Der Schüler ersetzt im Modell durch Zug am Faden die Aufgabe des Muskels.
b) Die Verkürzung des einen Muskels erfolgt durch den Zug am Faden an der gegenüberliegenden Seite.
c) Ein Muskel braucht seinen Gegenspieler, um bewegt zu werden.

Aktive Bewegung

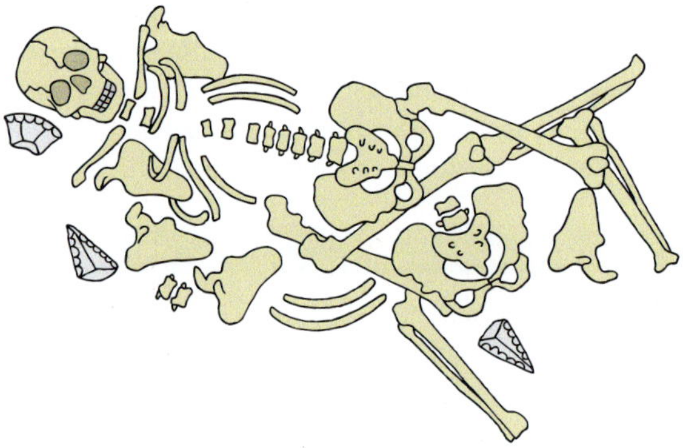

1 Grabungsskizze

Auf einer Baustelle wurden menschliche Knochen gefunden. Hinzugezogene Archäologen und Polizisten skizzierten den Fundort, da so auch später noch wichtige Erkenntnisse gewonnen werden können.

1 Benenne die abgebildeten Knochen aus der Skizze.

2 Stelle anhand der Grabungsskizze fest, wie viele Menschen hier vermutlich bestattet wurden.

3 Aufgrund welcher Fundstücke ist schnell klar, dass die Anwesenheit der Polizei nicht nötig ist?

4 Begründe, warum aktive Bewegung im Wachstum von großer Bedeutung ist (▸2).

5 Zähle fünf Tätigkeiten auf, die du zu Hause durchführst. Vergleiche die Tätigkeiten hinsichtlich ihrer Bedeutung für die Gesunderhaltung deines Körpers.

2 Aktive Kinder

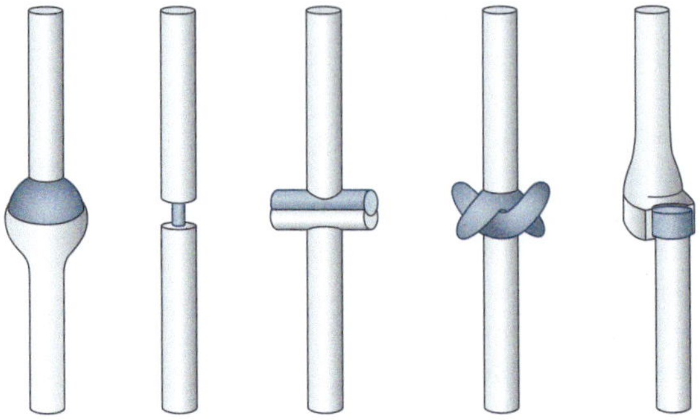

3 Gelenkmodelle

6 Benenne die Gelenktypen A bis D.

7 Gelenk E nennt man Zapfengelenk. Stelle eine Vermutung an, welche Bewegungen es ermöglicht.

8 Beschreibe, welche Eigenschaften echter Gelenke die Modelle nicht zeigen.

9 Ermittle durch Probieren, um welche Gelenktypen es sich bei 1 bis 5 in Abbildung 4 handelt.

4 Gelenke im menschlichen Körper

5 *Kreide reibt auf Kreide*

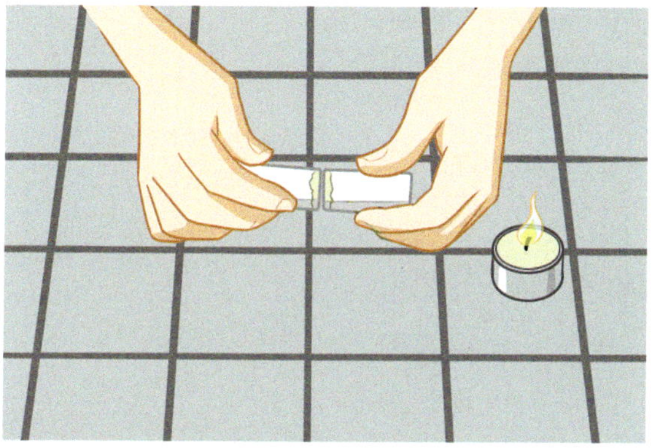

6 *Kreide mit Wachsschicht*

7 *Kreide mit Wachsschicht und Öl*

In einem Modellversuch wurden zwei Kreidestücken mit den Enden aneinander gerieben. Dabei bröselte von den Enden Kreidestaub herab. Im zweiten Schritt wurden die Kreideenden in flüssiges Kerzenwachs getaucht. Nach dem Erkalten des Wachses wurden sie wiederum aneinander gerieben, ohne dass dieses Mal Kreidestaub entstand, jedoch noch mit einem gewissen Widerstand. Im letzten Schritt wurden die mit Wachs überzogenen Kreideenden zusätzlich in Öl getaucht. Das erneute Reiben ging sehr leicht.

10 Beschreibe die Ergebnisse der drei Versuche.

11 Ordne der Kreide, dem Kerzenwachs und dem Öl die entsprechenden Bestandteile eines menschlichen Gelenks zu.

12 Formuliere mithilfe der Modellversuche Zusammenhänge zwischen Aufbau und Funktion eines Gelenks.

13 Ein Mitschüler sagt zur dir: „Das ist ein schlechter Modellversuch. Man kann ja gar nicht alle Eigenschaften eines echten Gelenkes zeigen." Nenne diese Eigenschaften und bewerte die Aussage des Mitschülers.

Ein Schüler eurer Klasse muss zum Arzt, weil er sein linkes Knie nicht mehr beugen kann.

14 Nenne möglichst viele Ursachen, die diese Einschränkung haben könnte.

In Abbildung 8 sind verschiedene alltägliche Haltungen und Bewegungen abgebildet.

15 Notiere die Buchstaben der Bewegungen, die für den Rücken besonders ungünstig sind. Finde jeweils die zugehörige Abbildung, die zeigt, wie man sich rückenschonender bewegt.

16 Erkläre deine Zuordnung aus Aufgabe 15.

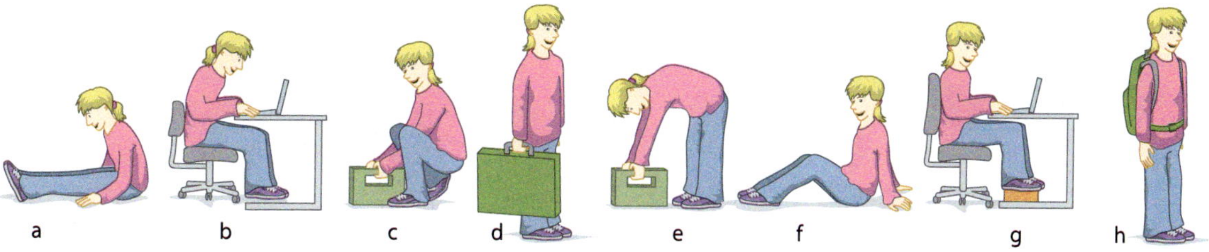

8 *Günstige und ungünstige Bewegungen*

Stoffwechsel: Stoff- und Energieumwandlung

Ohne Benzin im Tank fährt ein Auto nicht. Aber auch ohne Luftzufuhr funktioniert der Motor des Autos nicht mehr. Ein Mensch, der nicht atmet, würde nach kurzer Zeit sogar ersticken und sterben. Ohne Nahrung würde der Mensch verhungern. Interessant ist ein weiterer Vergleich: Autos sind aus verschiedenen Materialien zusammengesetzt. Auch Menschen können nur wachsen, wenn die richtigen Stoffe mit der Nahrung aufgenommen werden. Welche Stoffe das sind, wie sie aus der Nahrung herausgeholt werden und welche Rolle die Atmung dabei spielt – das sind interessante Fragen. Und die Antworten darauf sind ziemlich spannend.

1. Erkläre, was du unter gesunder Ernährung verstehst.

2. Begründe, was deiner Meinung nach gesünder ist – Fast Food oder ein Apfel.

3. Erkläre, weshalb auch Erwachsene ständig noch Baustoffe mit der Nahrung aufnehmen müssen.

4. Stelle Vermutungen an, warum wir mehrere Tage ohne Nahrung, aber nur kurze Zeit ohne Luft zum Atmen überleben können.

Unsere Nahrung

Herkunft unserer Lebensmittel Was in den verschiedenen Ländern der Erde gegessen wird, unterscheidet sich in Aussehen, Zubereitung und Geschmack. So sehen Lebensmittel in einem deutschen Supermarkt völlig anders aus als zum Beispiel auf einem orientalischen Markt (▶1). Eine Gemeinsamkeit lässt sich aber immer feststellen: Lebensmittel werden fast ausschließlich aus Pflanzen oder Tieren hergestellt. Manchmal sind sie allerdings so verarbeitet, dass man das nur noch schwer erkennen kann.
Zucker wird meist aus Zuckerrüben gewonnen, Käse aus der Milch von Kühen, Schafen oder Ziegen. Salami und andere Wurstwaren stellt man aus zerkleinerten Muskeln, also dem Fleisch und dem Fett von Tieren her. Brot backt man aus einem Teig aus Wasser und Mehl, also sehr fein zermahlenen Getreidekörnern. Spaghetti und andere Nudelsorten werden aus gröber zermahlenen Getreidekörnern und Wasser hergestellt. Schokolade enthält hauptsächlich Kakaobutter, ein Fett der Kakaobohne, Zucker aus Zuckerrüben und Bestandteile von Kuhmilch. Fruchtjoghurt wird aus Milch hergestellt. Zugesetzt sind Zucker, Fruchtstücke und meist Aroma- und Farbstoffe, die oftmals künstlich erzeugt sind.

1 Lebensmittel auf einem orientalischen Markt

Bestandteile der Nahrung Weil unsere Nahrung von anderen Lebewesen „geliefert" wird, bestehen Lebensmittel aus den Stoffen, aus denen diese Lebewesen und auch wir aufgebaut sind. Dies ist zu einem großen Teil **Wasser**. Weitere Anteile sind die **Kohlenhydrate**, **Fette** und **Proteine** oder Eiweiße. Man nennt sie Nährstoffe, weil sie die Hauptbestandteile der Nahrung bilden. Lebensmittel enthalten meist verschiedene Zusammensetzungen der Nährstoffe, wobei einer überwiegen kann.

1 Nenne fünf Lebensmittel, die du an einem Tag zu dir nimmst. Stelle Vermutungen an, aus welchen Lebewesen sie gewonnen werden.

2 Kohlenhydratreiche Lebensmittel

3 Fettreiche Lebensmittel

4 Proteinreiche Lebensmittel

Nährstoffe identifizieren

Einem Lebensmittel sieht man nicht ohne Weiteres an, welche Nährstoffe es enthält. Mit einfachen Experimenten lässt sich das aber prüfen. Wenn du die Experimente selbst durchführen willst, erkundige dich bei deiner Lehrkraft über die Sicherheitsbestimmungen und Entsorgungshinweise.

Nachweis von Kohlenhydraten Sämtliche Kohlenhydrate wie Stärke und Traubenzucker zeigen beim Erhitzen in einem Reagenzglas die gleiche Reaktion: Es entweicht Wasserdampf und zurück bleibt schwarzer Kohlenstoff (▸1). Hieraus erklärt sich der Name Kohlenhydrat (Hydrat von griechisch hydor: Wasser).
Stärke und Traubenzucker weist man auf unterschiedliche Weise nach:
Iodprobe: Bei Zugabe von brauner Iod-Kaliumiodid-Lösung zu farblosem Stärkepulver färbt sich dieses sofort blauviolett. Der Nachweis gelingt auch mit in Wasser gelöster Stärke.
Fehling-Probe: Anders als Stärke kann man deren Bausteine – wie Trauben- oder Malzzuckermoleküle – schon an ihrem süßen Geschmack erkennen. Sie ergeben zudem beim Kochen mit zwei Reagenzien, die man kurz Fehling I und II nennt, eine rotbraune Färbung.

Nachweis von Fetten Alle festen Fette wie Butter oder Bratfett sowie flüssige Fette wie Olivenöl lassen sich ganz einfach mithilfe von Papier nachweisen.
Fettfleckprobe: Während ein Wasserfleck auf Papier wieder verschwindet, hinterlässt Fett einen bleibenden durchscheinenden Fleck.

Nachweis von Proteinen **Hitzeprobe:** Proteine (Eiweiße) verbreiten beim Erhitzen einen charakteristischen Geruch nach verbrannten Haaren und werden braun.
Säureprobe: Manche Proteine kann man in Wasser lösen und mit Essig- oder Zitronensäure nachweisen. Nach kurzer Zeit bilden sich Flocken.

1. Begründe, weshalb es zum Nachweis von Zuckern, die zu den Kohlenhydraten gehören, nicht ausreicht, diese in einem Reagenzglas zu erhitzen.

2. Erkläre, wieso erhitztes Eiweiß „nach verbrannten Haaren" riecht.

3. Beschreibe, wie du zu Hause herausfinden kannst, ob Salami, Speck oder Erdnüsse Fett enthalten.

4. Erkläre, weshalb man bei der Fettfleckprobe einige Minuten warten muss, ehe man eine genaue Aussage machen kann.

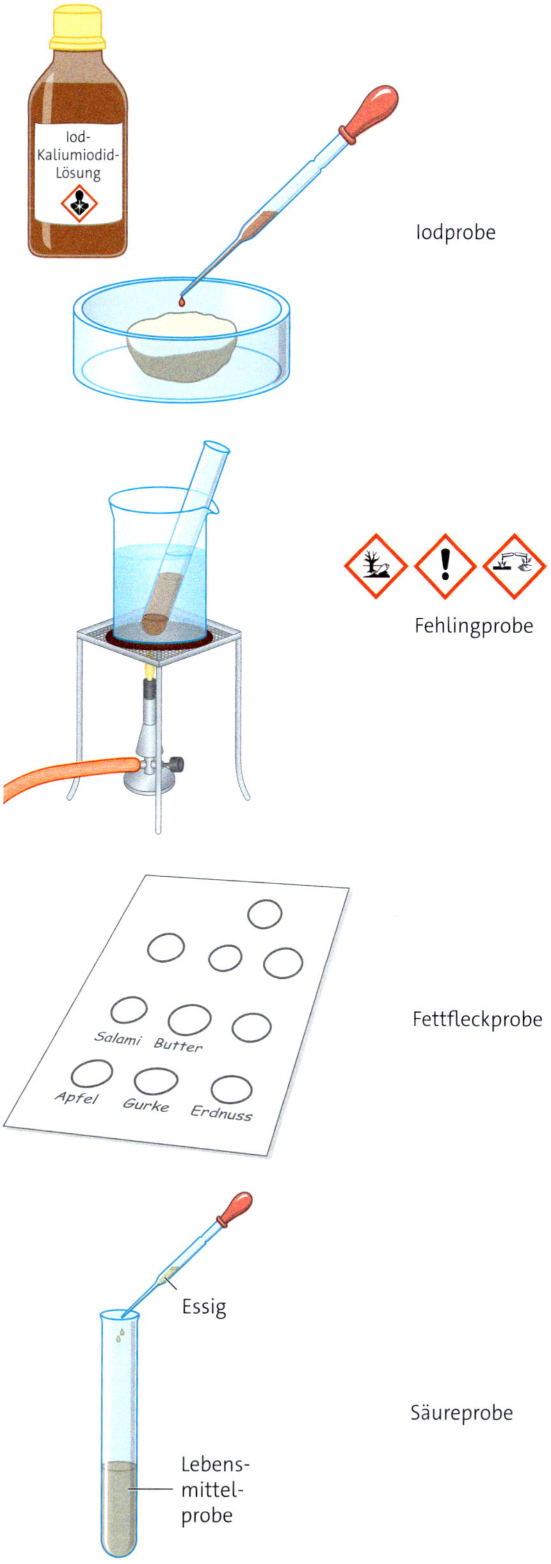

1 Nachweisverfahren für verschiedene Nährstoffe

Nährstoffe als Energieträger

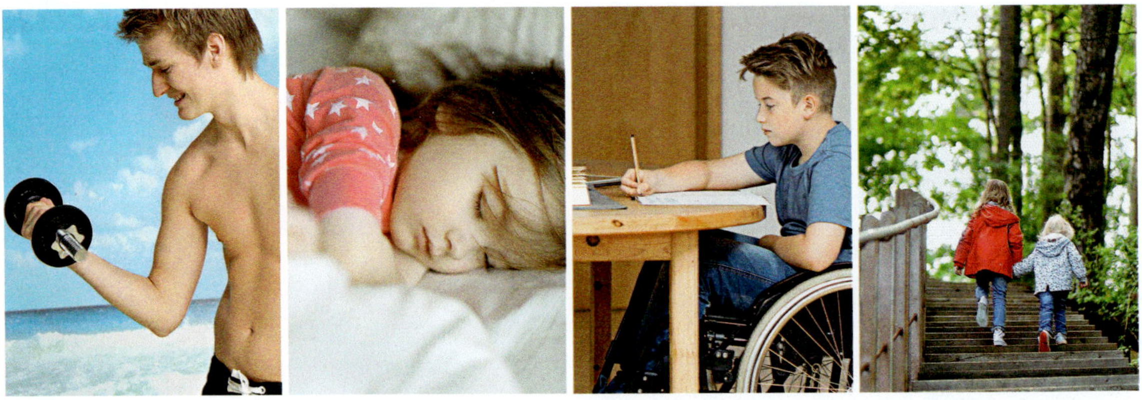

1 Für die verschiedenen Tätigkeiten braucht man unterschiedlich viel Energie.

Woher kommt die lebensnotwendige Energie? Leben ist nur möglich, wenn dem Körper ständig ausreichend **Energie** zur Verfügung steht. Der **Energiebedarf**, der in Kilokalorien oder Kilojoule angegeben wird, ist allerdings nicht immer gleich. Wenn man sich körperlich anstrengt, arbeiten die Muskeln stärker und ihr Energiebedarf wächst. Um Energie zu erhalten, müssen dem Körper energiereiche Stoffe zugeführt werden. Aber welche Stoffe enthalten Energie, die für uns verwertbar ist? Das lässt sich mithilfe eines einfachen Experiments aufklären. Um herauszufinden, ob beispielsweise Speiseöl energiehaltig ist, testet man, ob es sich verbrennen lässt. Hierbei müsste die im Öl enthaltene Energie in Wärme und Licht umgewandelt werden.

PRAKTIKUM

A Brenndauer

Material: Papiertaschentuch, Speiseöl, Tiegelzange, Stoppuhr, Feuerzeug

Durchführung: Halte mit der Tiegelzange das Papiertaschentuch fest. Zünde es dann im Freien oder unter dem Abzug im Labor mit dem Feuerzeug an. Ein Mitschüler misst mit der Stoppuhr die Brenndauer. Tränke ein weiteres gleich großes Papiertaschentuch mit Speiseöl und wiederhole den Versuch. Anweisung der Lehrkraft beachten!

1. Notiere deine Beobachtungen und deute das Versuchsergebnis.

In **Fetten** ist Energie enthalten. In Lebewesen sind neben den Fetten besonders **Kohlenhydrate** wichtige **Energieträger**. **Proteine** werden kaum zur Bereitstellung von Energie genutzt. Durch die Energiebereitstellung entstehen aus den energiereichen Nährstoffen neue, energiearme Stoffe.

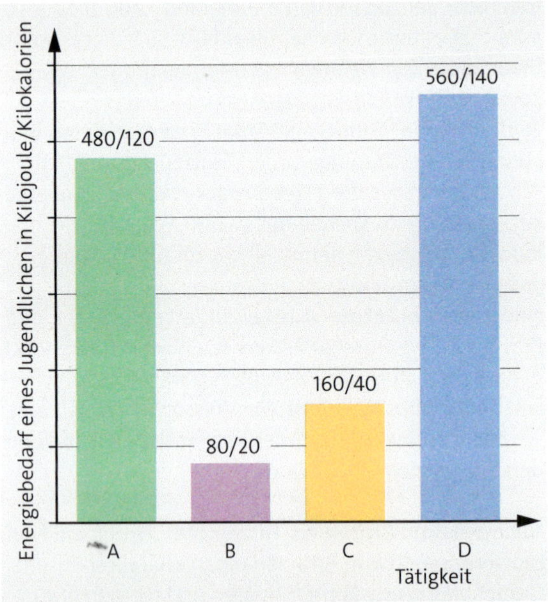

2 Der Energiebedarf/Nährstoffbedarf eines Menschen hängt von seiner Tätigkeit ab.

2. Ordne die Personen von Abbildung 1 nach ihrem Nährstoffbedarf und weise jeder Person eine Säule des Diagramms in Abbildung 2 zu.

3. Erkläre, weshalb die in Abbildung 1 dargestellten Personen unterschiedlich viele Nährstoffe benötigen.

4. Nenne möglichst viele Vorgänge in deinem Körper, die Energie benötigen.

5. Erkläre, weshalb es im Versuch zur Brenndauer möglich ist, von der Brenndauer des Taschentuchs auf den Energiegehalt zu schließen.

Was ist eigentlich Energie?

1 Energiequelle Sonne

Ohne **Energie** ist Leben nicht möglich. Die wichtigste **Energiequelle** für alles Leben auf der Erde ist die Sonne. Sie enthält so viel Energie, dass sie noch Milliarden von Jahren unseren Planeten erhellen und erwärmen kann.

Eigenschaften

Energie hat eine besondere Eigenschaft: Sie kann von einer Form in eine andere umgewandelt werden. Das geschieht zum Beispiel in einem Automotor. Das Benzin enthält Energie. Man sagt, die Energie ist darin gespeichert. Benzin wird deshalb auch als **Energieträger** bezeichnet. Die im Benzin enthaltene chemische Energie wird im Motor in Bewegungsenergie und Energie in Form von Wärme umgewandelt. Das Benzin verbrennt zwar bei diesem Vorgang, die darin enthaltene Energie geht jedoch nicht verloren. Sie wird umgewandelt in **Bewegungsenergie** und **Wärme**. Energie kann also ihre Form wechseln, ist aber selbst unzerstörbar und geht niemals verloren. Das ist eine weitere besondere Eigenschaft von Energie. In Nährstoffen steckt wie im Benzin chemische Energie. In den Körperzellen wird sie in Bewegungsenergie, Wärme und **elektrische Energie** umgewandelt.

Pflanzen als Energiewandler

Auch Pflanzen können Energie umwandeln. Mithilfe des **Lichts** der Sonne kann ein Baum wachsen und dabei beispielsweise Holz bilden. Dass im Holz Energie gespeichert ist, zeigt sich beim Verbrennen. Im Feuer wird die chemisch gespeicherte Energie des Holzes in Licht und Wärme umgewandelt. Im Gegensatz zu Menschen und Tieren können nahezu alle Pflanzen das Licht der Sonne als Energiequelle nutzen. Mithilfe des Lichts erzeugen sie aus energiearmen Stoffen energiereiche Nährstoffe, die auch die Lebensgrundlage für Menschen und Tiere darstellen.

Wie kann man Energie messen?

Das ist nicht so einfach. Deshalb wurde festgelegt: Die Energiemenge, die man benötigt, um ein Gewicht von 100 Gramm, beispielsweise eine Tafel Schokolade, einen Meter hochzuheben, wird als ein **Joule** (sprich: „dschul") bezeichnet. Häufiger verwendet man die größere Einheit **Kilojoule**, das sind 1000 Joule. Dafür benutzt man das Zeichen kJ. Das kleine k steht für Kilo (wie bei Kilogramm) und bedeutet 1000.

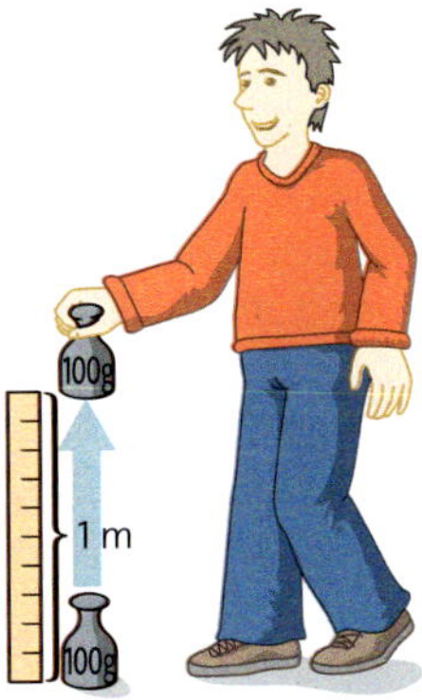

2 Energiemessung – 1 Joule

Auf vielen Lebensmittelpackungen gibt man die in dem Lebensmittel enthaltene Energiemenge noch in der veralteten „Portionsgröße" **Kilokalorie** (Abkürzung: kcal) an. Mit einer Kilokalorie kann man einen Liter Wasser um ein Grad Celsius erwärmen. Eine „Energieportion" von einer Kilokalorie enthält etwa so viel Energie wie eine „Portion" von vier Kilojoule.

1. Das Bild unten zeigt, wie Solarstrom gewonnen wird. Übernimm das Bild in dein Heft und ergänze es. Gib mit eigenen Worten die Aussage wieder.

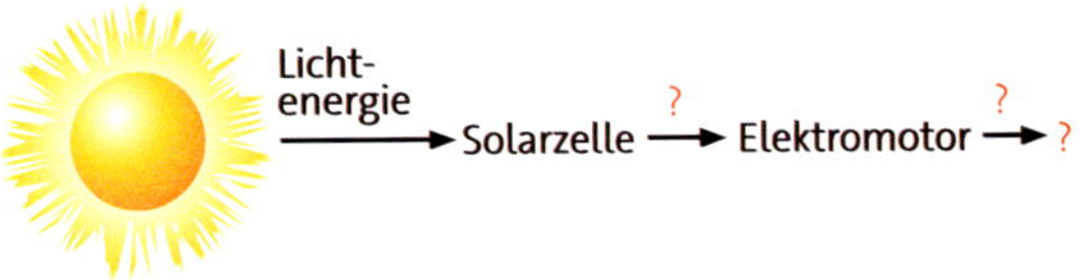

3 Von der Sonne zum Solarstrom

2. Verfasse mithilfe der im Wortfeld genannten Begriffe einen kurzen Text. Jeder Begriff soll vorkommen. Einige Begriffe können auch mehrfach genutzt werden.

Holz	Baum	Feuer	Sonne
speichern	wachsen	abgeben	
umwandeln	verbrennen		
Wärme	Licht	chemische Energie	

Nährstoffe als Baustoffe

Kurz nach der Geburt muss ein Baby zum ersten Mal gefüttert werden. Es bekommt anfangs nur **Muttermilch**, die neben Abwehrstoffen gegen Krankheitserreger auch alle notwendigen Nahrungsbestandteile enthält. Wie jedes Lebewesen wird der neugeborene Mensch nun sein Leben lang geeignete Stoffe als Nahrung aufnehmen. Nach wenigen Tagen erzwungenen Hungerns oder freiwilligen Fastens verliert der Körper deutlich an Masse und die Leistungsfähigkeit lässt nach. Maximal sieben Wochen kann ein Mensch ohne Nahrung mithilfe der im Körper gespeicherten **Reservestoffe** am Leben bleiben. Nimmt man kein Wasser oder wasserhaltige Flüssigkeiten wie Saft oder Tee zu sich, wird die Situation spätestens nach drei Tagen lebensbedrohlich.

Wozu essen wir? Welchen biologischen Zweck erfüllen die in der Nahrung enthaltenen Stoffe für den Körper? Zur Beantwortung dieser Frage wird das Wachstum von Robert beobachtet. Zum Zeitpunkt der Geburt wog er 3500 Gramm und war 50 Zentimeter groß. Seine Eltern haben jedes Jahr seine Körpergröße gemessen und die Werte in einer Tabelle festgehalten. Um herauszufinden, ob Robert jedes Jahr gleich viel gewachsen ist, haben sie die Zahlen der Tabelle in ein Diagramm (▸1) eingetragen.

1. Beschreibe mit eigenen Worten die Aussagen des Diagramms (▸1).

2. Erkundige dich bei deinen Eltern, wie sich dein Körpergewicht seit der Geburt verändert hat. Vielleicht haben sie Tagebuch über deine Entwicklung geführt. Lege für die Änderung deines Körpergewichts eine Tabelle an und zeichne ein Diagramm wie in Bild 1.

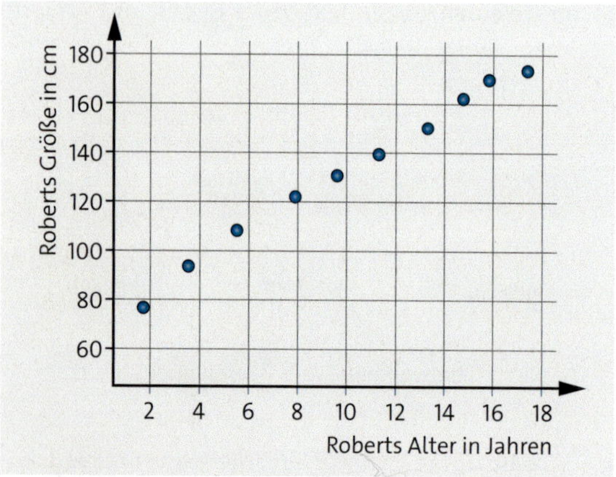

1 Wachstum von Robert nach der Geburt

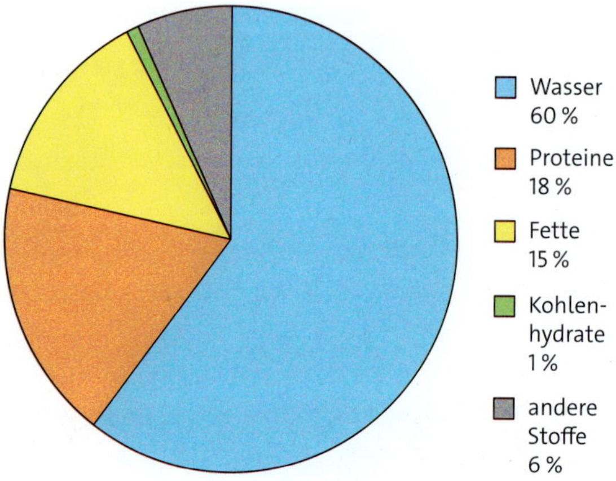

2 Stoffliche Zusammensetzung eines Erwachsenen

Wachstum durch Baustoffe **Wachstum** bedeutet, dass der Körper durch **Zellteilung** immer mehr Zellen erzeugt. Zellen bestehen vor allem aus Proteinen, Fetten, Kohlenhydraten und Wasser. Ähnlich wie bei einem Hausbau gilt: Für das Wachstum des Körpers müssen ständig **Baustoffe** geliefert werden. Aber auch als Erwachsener braucht jeder Mensch noch Baustoffe: Zum einen für die Heilung von Verletzungen, zum anderen werden fast alle Zellen des Körpers in einem Zeitraum von etwa fünf Jahren erneuert – ein Leben lang. Die notwendigen Baustoffe werden durch die Nahrungsmittel aufgenommen.

3. Beschreibe mithilfe des Textes und der Diagramme, welche wichtige Funktion Nährstoffe haben. Vergleiche dazu die Zusammensetzung des menschlichen Körpers mit der von Lebensmitteln.

4. Erkläre, weshalb gerade für Kinder und Jugendliche proteinreiche Nahrung wichtig ist.

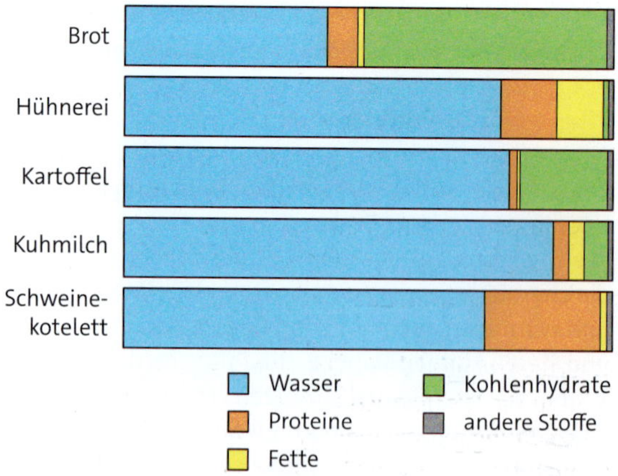

3 Zusammensetzung verschiedener Nahrungsmittel

Diagramme lesen

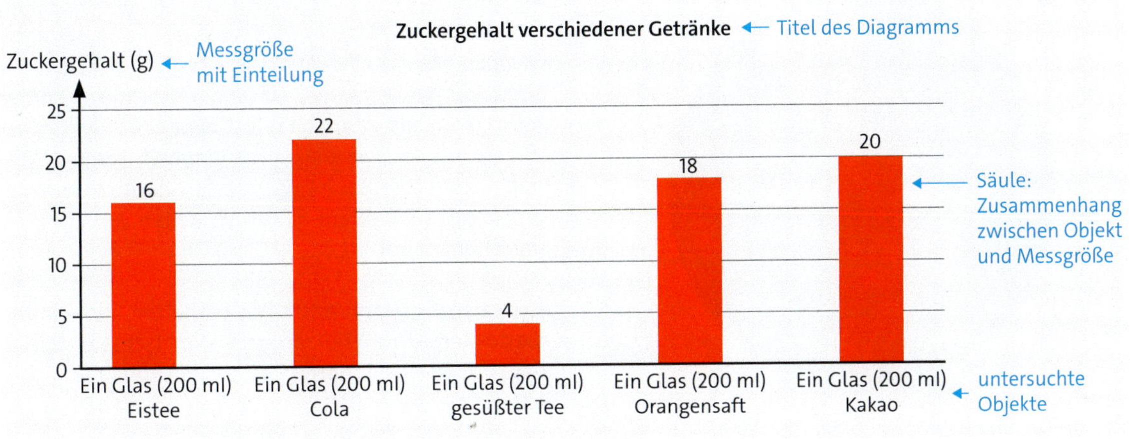

1 Aufbau eines Säulendiagramms

Wenn Wissenschaftler ein Experiment durchführen, bekommen sie oft eine große Anzahl an Messwerten als Ergebnis. Diese Messwerte allein sind jedoch sehr unübersichtlich. Der nötige Überblick fehlt. Aus diesem Grund werden aus den Werten Diagramme entwickelt. In Abbildung 1 ist ein solches Diagramm abgebildet. Doch wie gelingt es, den Inhalt eines solchen Diagrammes zu erfassen ?

So-geht's-Schritte:

1. Titel Die Überschrift oder Unterschrift eines Diagramms gibt an, was es zeigt. In Abbildung 1 geht es zum Beispiel um den Zuckergehalt verschiedener Getränke.

2. Diagrammtyp Daten können in verschiedenen Diagrammtypen dargestellt werden. Den Diagrammtyp in Abbildung 1 nennt man Säulendiagramm. Auf der senkrechten Achse wird die Messgröße aufgetragen. In diesem Beispiel ist dies der Zuckergehalt in Gramm. Die untersuchten Gegenstände werden auf der waagerechten Achse aufgetragen. Je höher die Säule, desto mehr Zucker ist im Getränk enthalten.

3. Aussagen formulieren Nun können Aussagen formuliert werden, die den Zusammenhang zwischen Messgröße und untersuchtem Gegenstand beschreiben. Beispiel: In einem Glas mit 200 Milliliter Orangensaft sind 18 Gramm Zucker enthalten.

4. Werte vergleichen Über das Beschreiben hinaus können die Werte auch untereinander verglichen und in Beziehung gesetzt werden. Auch hier bildet man Sätze nach dem Muster: Ein Glas Cola enthält 4 Gramm mehr Zucker als ein Glas Orangensaft.

Diagramme helfen, Fragen zu beantworten Möchte man ein Getränk für ein gesundes Frühstück auswählen, kann das Diagramm aus Abbildung 1 eine Hilfestellung sein. Jedoch benötigt man noch weitere Informationen zu den enthaltenen Nährstoffen, um zu einer Frühstücksempfehlung zu kommen. Diese findet man zum Beispiel in weiteren Diagrammen.

1. Formuliere weitere Zusammenhänge, die in Abbildung 1 enthalten sind.

2. Suche in diesem Kapitel weitere Diagramme und beschreibe sie nach der hier gezeigten Methode.

Folgende Werte für den Energieverbrauch je Stunde wurden gemessen: Schwimmen 1900 kJ, Laufen 1600 kJ, Fußball spielen 2200 kJ, Radfahren 3150 kJ. Hieraus wurde ein Diagramm entwickelt.

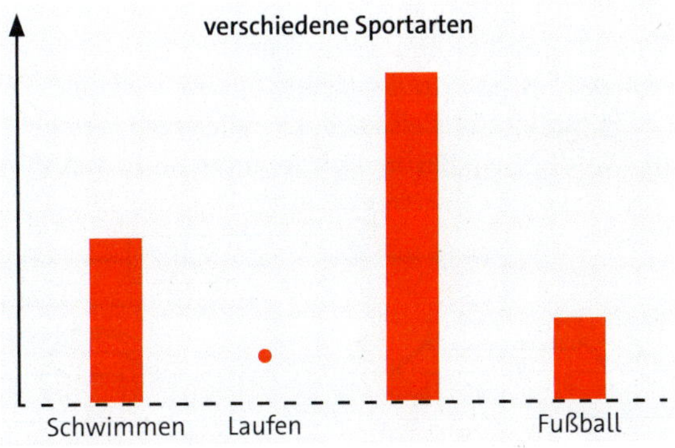

2 Fehlerhaftes Diagramm

3. Bewerte das Diagramm und verbessere es mithilfe der So-geht's-Schritte.

Weitere Nahrungsbestandteile

1 Wassermelonen enthalten sehr viel Wasser

Wasser Ein Hauptbestandteil von Lebensmitteln ist **Wasser**. Eine Wassermelone besteht zu mehr als 90 Prozent, der Mensch selbst zu 60 Prozent aus Wasser. Da der menschliche Körper aber täglich zwei bis drei Liter Wasser als Harn und Schweiß abgibt, muss ausreichend neues Wasser zugeführt werden. Wasser wirkt vor allem als **Transport-** und **Lösemittel** im Körper. Man darf nur sauberes Trinkwasser trinken. Wenn es durch Bakterien oder Giftstoffe verunreinigt ist, stellt es eine Gefahr für die Gesundheit dar. Wasser ist nicht nur Bestandteil von Getränken. Es ist in fast allen Lebensmitteln enthalten, vor allem in Obst und Gemüse (▶1).

Mineralstoffe Auf vielen Lebensmitteln findet man Angaben über Stoffe wie **Calcium**, **Phosphor**, **Eisen** oder **Iod**. Sie werden als **Mineralstoffe** bezeichnet. Allerdings sind keine kleinen Eisenspäne in der Nahrung enthalten, wie man vielleicht vermuten könnte, sondern eine besondere Form von Eisenteilchen. Mineralstoffe stecken vor allem in pflanzlicher Kost, in Fleisch und Fisch. Calcium und Phosphor werden für die Bildung von Knochen und Zähnen benötigt. Deshalb ist es während des Wachstums wichtig, ausreichend Calcium und Phosphor zum Beispiel durch Milch zu sich zu nehmen. Eisen ist ein Bestandteil des roten Blutfarbstoffs.

Vitamine Für viele Vorgänge im Körper sind **Vitamine** unentbehrlich. Man benötigt sie zwar nur in winzigen Mengen, aber bei einem Mangel kann es zu schweren Erkrankungen kommen. Da der menschliche Körper nicht genügend Vitamine selbst herstellen kann, müssen sie mit der Nahrung aufgenommen werden. **Vitamin C** zum Beispiel ist wichtig für die Abwehrkräfte und kommt vor allem in Zitrusfrüchten wie Zitronen und Orangen vor.

Ballaststoffe Nahrungsmittel enthalten auch Stoffe, die der Körper nicht nutzen kann. Man dachte zunächst, dass sie nur eine unnötige Last für den Körper sind, und nannte sie daher **Ballaststoffe**. Es handelt sich dabei vor allem um **Zellulose**, den Baustoff der Zellwände von Pflanzenzellen. Solche Ballaststoffe können zwar nicht verwertet werden, aber sie verbessern die Verdauung. Sie quellen im Magen auf und machen dadurch satt, außerdem regen sie die Tätigkeit des Darms an.

Zusatzstoffe In geringen Mengen findet man in Lebensmitteln auch **Geschmacks-**, **Duft-** und **Farbstoffe**, die den Appetit anregen, und Stoffe, die die Lebensmittel haltbar machen. Diese Stoffe sind oft künstlich hinzugefügt und dürfen nur verwendet werden, wenn bewiesen wurde, dass sie dem Körper nicht schaden.

1. Erkundige dich nach dem Mineralstoffgehalt von Milch und begründe anschließend, warum man gerade im Wachstum viel Milch trinken sollte.

2. Informiere dich im Internet oder einem Lexikon über Vitamine und deren Wirkung.

3. Begründe, weshalb man bei größerem Blutverlust den Körper mit genügend Eisen versorgen muss.

4. Übertrage das Schema unten als Zusammenfassung in dein Heft und ergänze es (Strich bedeutet „enthalten“, Pfeil bedeutet „Aufgabe“). Verwende dazu die Begriffe aus dem Wortfeld.

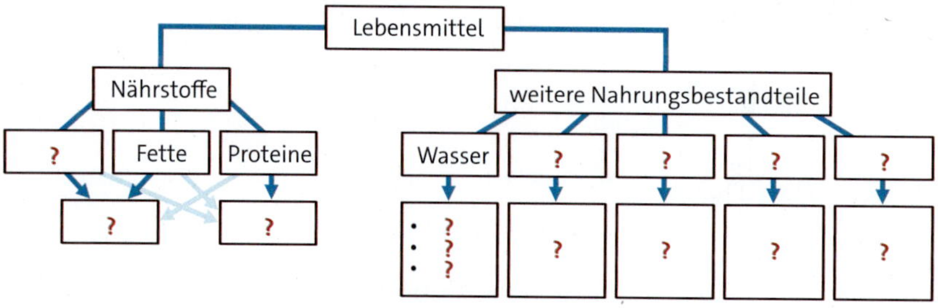

2 Schema zur Einteilung der Nahrungsbestandteile

Wortfeld:
Ballaststoffe, halten uns gesund, nötig zum Schwitzen, Baustein von Knochen und Zähnen, Kohlenhydrate, Transportmittel, Baustoffe, Geschmacksstoffe, regen die Verdauung an, Energieträger, Vitamine, Mineralstoffe, unterstützen Körperfunktionen (2x), regen den Appetit an, Lösemittel, sättigen

Wie ernähre ich mich richtig?

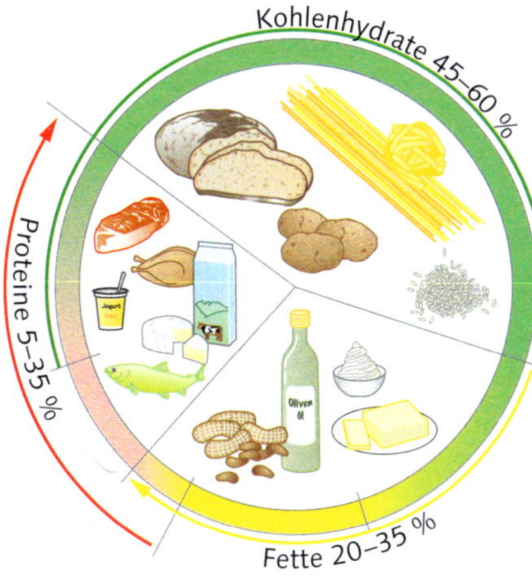

1 Der Ernährungskreis

Ausgewogene Ernährung Laut einer Umfrage geben Kinder und Jugendliche das meiste Taschengeld für Süßigkeiten aus und würden sich am liebsten nur von Fast Food, Pizza und Pommes ernähren. Ernährungsprofis stehen hierbei aber alle Haare zu Berge. Die oben genannten Lebensmittel enthalten meist viel mehr Fette und Kohlenhydrate, als unser Körper benötigt. Aber was braucht der Körper wirklich?

Der **Ernährungskreis** (▶1) gibt Aufschluss darüber. Je größer das Kreisstück, desto mehr sollte von diesen Lebensmitteln auf unserer täglichen Speisekarte stehen. Weil fast kein Lebensmittel alle Bestandteile enthält, muss man sich einen vielseitigen Speiseplan zusammenstellen.

❶ Erkundige dich (zum Beispiel in Ernährungsratgebern) über die Inhaltsstoffe von Ketchup und Mayonnaise. Erkläre, ob sie Pommes frites (▶2) zu einer vollwertigen Mahlzeit ergänzen.

❷ Erkläre, wieso es auch falsch wäre, sich nur von Getreideprodukten und Kartoffeln zu ernähren.

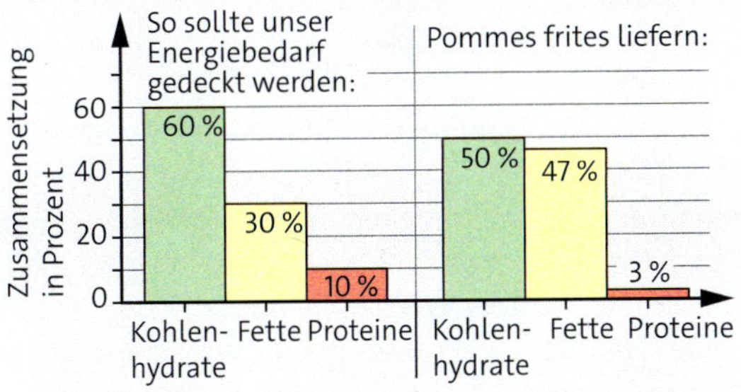

2 Empfohlene und tatsächliche Nährstoffzufuhr

Lebensmittel	kcal	kJ
Salami	371	1552
Seelachs	80	334
Pizza	170	711
Tomate	17	71
Schokolade	530	2218
Apfel	54	225

3 Energiegehalt einiger Lebensmittel in Kilokalorien und Kilojoule (je 100 Gramm)

Energiegehalt unserer Nahrung Lebensmittel enthalten unterschiedlich viel Energie. Bild 3 zeigt, dass zum Beispiel 100 Gramm Schokolade zehnmal so viel Energie liefern wie die gleiche Menge Äpfel. Um sich gesund zu ernähren, sollte man folgende Regeln beachten:

- Ernähre dich vielseitig und bleibe aktiv.
- Iss wenig Fett, Fleisch und Süßes.
- Nimm reichlich möglichst frisches Gemüse und Obst sowie Vollkornprodukte zu dir, außerdem täglich Quark, Joghurt oder Milch.
- Trink reichlich ungesüßte Getränke (mehr als 1,5 Liter pro Tag).

❸ Erkläre die Zusammenhänge zwischen „falscher" Ernährung, zu wenig Bewegung und Übergewicht.

❹ Bei völliger Ruhe hat eine 70 Kilogramm schwere Person einen Energiebedarf von etwa 300 Kilojoule pro Stunde. Nenne mithilfe von Bild 3 diejenigen Lebensmittel, von denen man in einer Stunde zunimmt, wenn man 100 Gramm davon isst.

❺ Bewerte mithilfe von Bild 4 folgende Aussagen:
- Mehrere kleine Mahlzeiten erhöhen die Leistungsbereitschaft.
- Frühstücke wie ein Kaiser, iss zu Mittag wie ein König und zu Abend wie ein Bettelmann.

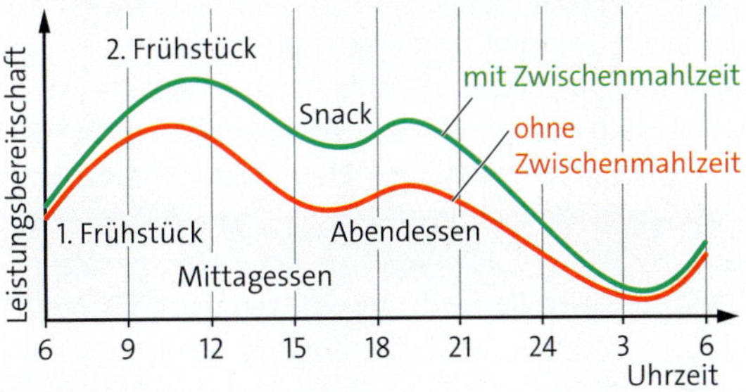

4 Tagesleistungskurve

Die Verdauung unserer Nahrung

1 Ein leckeres Stück Pizza – die Verdauung beginnt

Der Weg unser Nahrung Abbeißen, kauen, schlucken, fertig. Auf den ersten Blick sieht alles ganz einfach aus. In Wirklichkeit aber dauert es oft mehr als drei Tage, bis der Körper die für ihn wichtigen Stoffe aus der Nahrung aufgenommen hat und den Rest ausscheiden kann. Verschiedene **Verdauungsorgane** wie **Mund**, **Magen**, **Dünndarm** oder **Dickdarm** arbeiten dabei zusammen. Bereits wenn wir ein Stück Pizza oder einen Bissen vom Pausenbrot im Mund haben, beginnt eine intensive Bearbeitung der Nahrung. Auf ihrem langen Weg durch die verschiedenen Verdauungsorgane werden die anfänglich riesigen „Nahrungsbrocken" immer weiter und feiner zerlegt. Am Ende liegen die mit dem Lebensmittel aufgenommenen Kohlenhydrate, Proteine und Fette in Form von winzigen Teilchen vor. Jetzt erst kann die Resorption der Nährstoffe erfolgen. Darunter versteht man die Aufnahme der Nährstoffe durch die Dünndarmzellen ins Blut.

Nahrung wird zerlegt Ein Stück Pausenbrot beispielsweise wird als Erstes im Mund durch die Zähne zerkleinert. Die in dem Brot enthaltene Stärke besteht aber auch nach gründlichem Kauen immer noch aus Teilchen, die viel zu groß sind für die Aufnahme durch die Zellen. Zur weiteren Zerkleinerung dieser Teilchen, die man als Stärkemoleküle bezeichnet, enthält der Speichel „Spezialwerkzeuge". Man kann sie sich als extrem kleine, selbst mit dem stärksten Mikroskop nicht sichtbare Maschinen vorstellen, die mit großer Geschwindigkeit die Stärkemoleküle in kleinere Teilchen/Moleküle zerlegen. Solche Zwerg- oder Nanomaschinen (von griechisch nano: Zwerg) nutzen die Körperzellen übrigens nicht nur bei der Verdauung, sondern auch bei vielen anderen Aufgaben. Wissenschaftler bezeichnen diese Nanomaschinen als Enzyme.

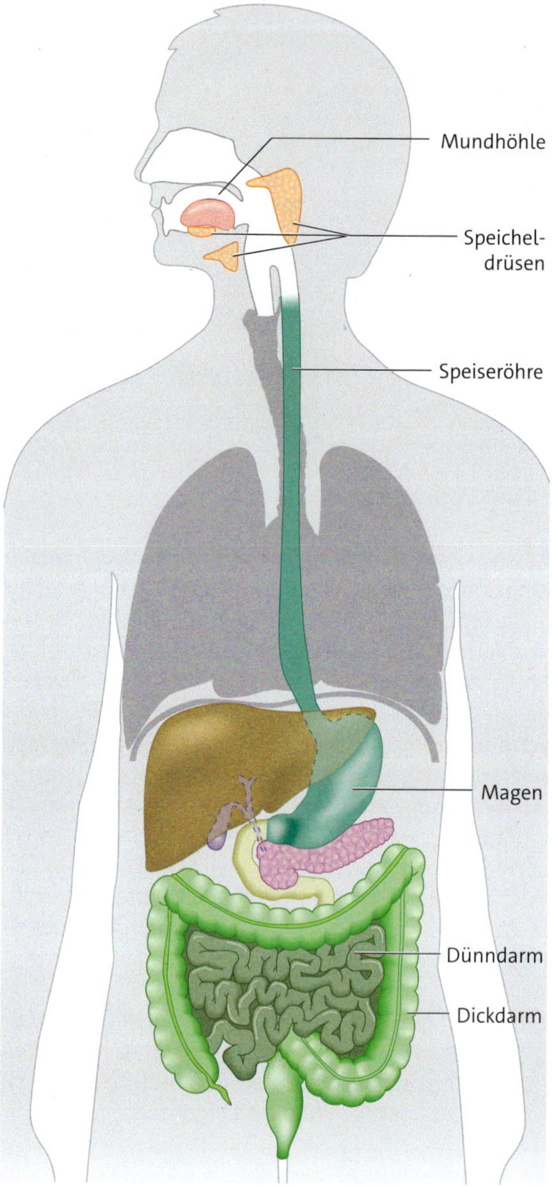

2 Die Verdauungsorgane des Menschen

Vom Magen in den Darm Im Magen wird die Nahrung durch die Magensäure „desinfiziert" und durch Enzyme noch weiter zerkleinert. Dieser Vorgang der Zerlegung setzt sich im Dünndarm fort. Dadurch entstehen schließlich Teilchen, die so klein sind, dass sie von den Zellen der Dünndarmwand aufgenommen werden können. Von dort gelangen sie ins Blut, welches sie zu den anderen Körperzellen transportiert. Der verbleibende Nahrungsbrei wird durch Wasserentzug im Dickdarm eingedickt. Der entstehende Stuhl wird ausgeschieden.

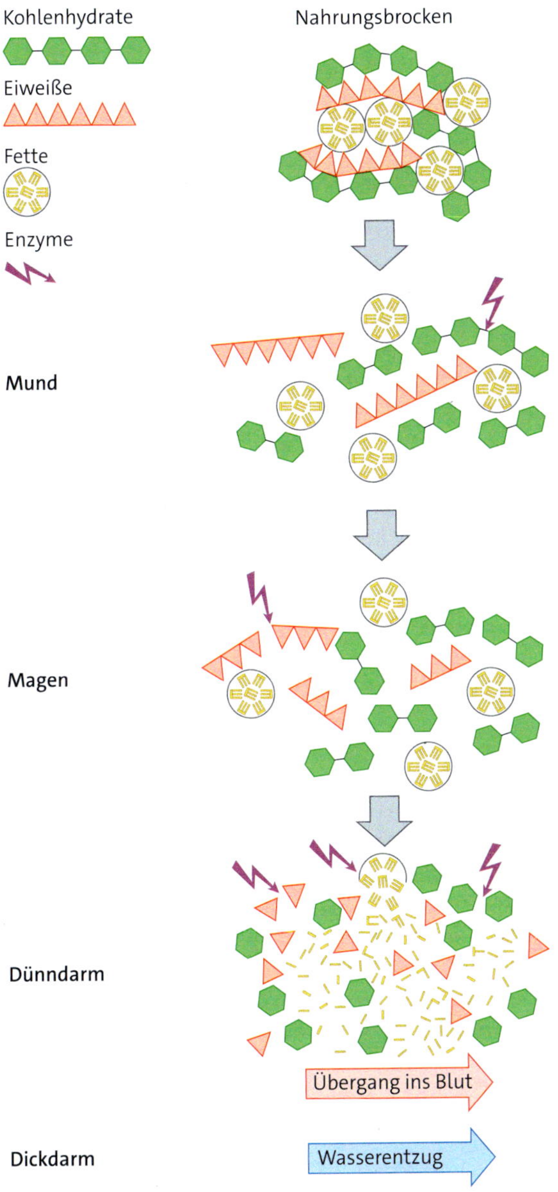

3 Die Verdauungsvorgänge auf einen Blick

Verdauung von Proteinen und Fetten Ähnlich wie die Stärke bestehen auch Proteine aus Riesenmolekülen, die aus kleineren Molekülen (den Aminosäuren) zusammengesetzt sind. Wie die Stärkemoleküle werden die Proteinmoleküle durch spezielle Enzyme in ihre kleineren Bausteine zerlegt, die durch die Poren der Darmwand passen. Auch Fettmoleküle werden durch Enzyme in kleinere Bausteine gespalten. Diese passen dann ebenfalls durch die Poren der Darmwand. Abbildung 3 zeigt dir schematisch eine Zusammenfassung der Verdauungsvorgänge aller Nährstoffe.

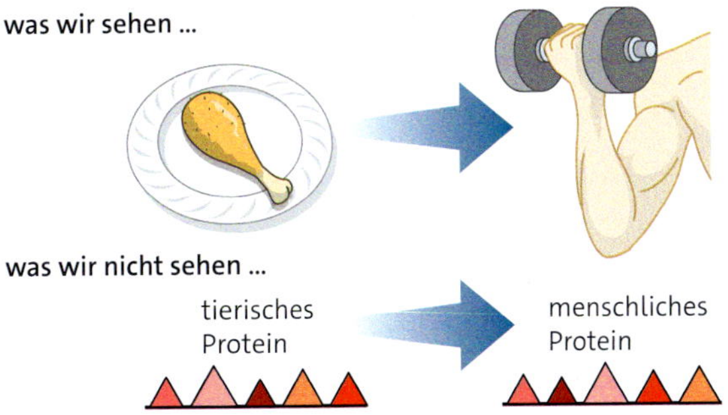

4 Menschliches Protein enthält die Bausteine der Nahrungsproteine in einer anderen Reihenfolge.

Der Stoffwechsel Fettbausteine und Traubenzuckermoleküle werden in den Körperzellen hauptsächlich für die Energieversorgung benötigt. Aus den Proteinbausteinen, den Aminosäuremolekülen, bauen die Körperzellen nach der Anweisung der Zellkerne neue Proteinmoleküle zusammen. So kann unser Körper Proteine von Pflanzen oder Tieren für die Bildung eigener Proteine als Baustoff nutzen. Abbildung 4 zeigt, wie man sich das stark vereinfacht vorstellen kann.
In unserem Körper werden also ständig Stoffe umgewandelt. Dabei werden die Moleküle, aus denen die Stoffe bestehen, zu anderen Molekülen umgebaut. Alle diese Vorgänge bezeichnet man als Stoffwechsel (▸5). Durch den Stoffwechsel wird gewährleistet, dass wir immer mit Energie versorgt werden, dass wir wachsen und bei Verletzungen wieder neue Zellen bilden können. Die Verdauung ist ein wesentlicher Bestandteil des Stoffwechsels.

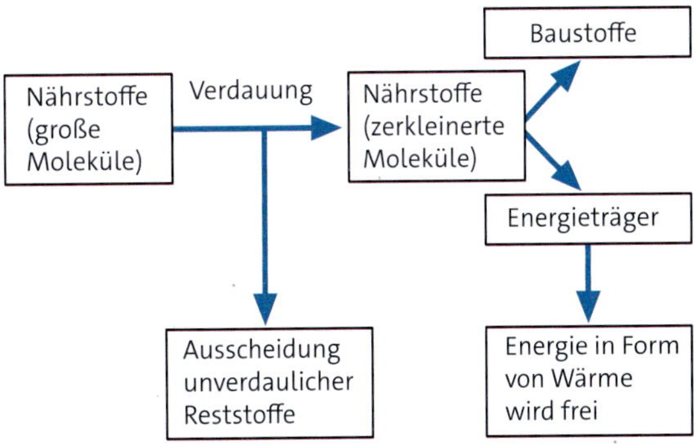

5 Schematische Darstellung des Stoffwechsels

1. Fasse die Aussagen von Abbildung 3 in eigenen Worten in deinem Heft zusammen.
2. Erkläre Abbildung 4 in eigenen Worten.
3. Erkläre den Begriff „Verdauung“ in einem Satz.

Stoffe und ihr Aufbau aus Teilchen

Chemie erklärt die Verwertung der Nahrung

Es ist klar, dass wir wachsen, wenn wir ausreichend Nahrung aufnehmen, also beispielsweise Brot, Kartoffeln, Fleisch, Fisch oder Gemüse essen. Doch wie gelingt es unserem Körper, aus den Baustoffen anderer Lebewesen eigene Stoffe und damit eigene Zellen herzustellen? Lange Zeit konnte man sich diesen Vorgang nicht erklären. Mit dem heutigen Wissen der Chemie über Stoffe und ihren Aufbau kann man sich aber ganz gut vorstellen, wie diese Umwandlung erfolgt.

Alles besteht aus Stoffen

Alle Dinge, ob Lebewesen, Gesteine, die Luft oder die Erde bestehen aus Stoffen. Die meisten Dinge bestehen aber nicht nur aus einem einzigen Stoff, sondern sind aus verschiedenen Stoffen zusammengesetzt. Ein einfaches Beispiel dafür ist Zuckerwasser. Die Flüssigkeit besteht aus zwei verschiedenen Stoffen, aus Zucker und Wasser. Mehl setzt sich ebenfalls aus verschiedenen Stoffen zusammen, Stärke und Eiweiß. Auch die Luft besteht nicht nur aus einem Stoff, dem Sauerstoff, sondern ist ein Gemisch aus verschiedenen gasförmigen Stoffen.

Eine phantastische Idee – eine Welt aus Teilchen

Einen Stoffkrümel, zum Beispiel ein Mehlklümpchen, kannst du noch gut mit den Augen wahrnehmen. Stell dir vor, man würde das Klümpchen halbieren, die Hälfte wieder halbieren, diese Hälfte wieder und so fort. Längst könnten wir diese Stoffportion nicht mehr sehen und müssten ein Mikroskop zu Hilfe nehmen, das den Krümel 1000-fach vergrößert. Wenn man nun diesen, nur im Mikroskop sichtbaren Krümel noch weiter zerteilen würde, dann wäre er schließlich auch im Mikroskop nicht mehr zu sehen. Aber die Hälfte von der Hälfte der Hälfte ... – ist doch immer noch ein wenig mehr als nichts. Etwas müsste also von dem Stoff Stärke, dem Hauptbestandteil des Mehls, immer noch da sein. Wie weit kann man eine Stoffportion teilen? Gibt es eine kleinstmögliche, nicht mehr teilbare Portion von jedem Stoff, ein kleinstes Teilchen? Diese Frage beschäftigte die Menschen schon vor mehr als 2000 Jahren. Erst im letzten Jahrhundert konnten die Naturwissenschaftler zeigen, dass diese Teilchenidee sehr gut mit den Ergebnissen vieler Experimente übereinstimmt. Man nimmt an, dass es extrem kleine, unteilbare Teilchen gibt. Sie bilden die Grundlage, die Basis aller Stoffe. Wir können sie daher als Basisteilchen bezeichnen, wissenschaftlich nennt man sie **Atome** (von griechisch atomos: unteilbar). Erst wenn unglaublich viele davon dicht zusammen sind, werden sie im Mikroskop für uns als winzig kleine Klümpchen sichtbar.

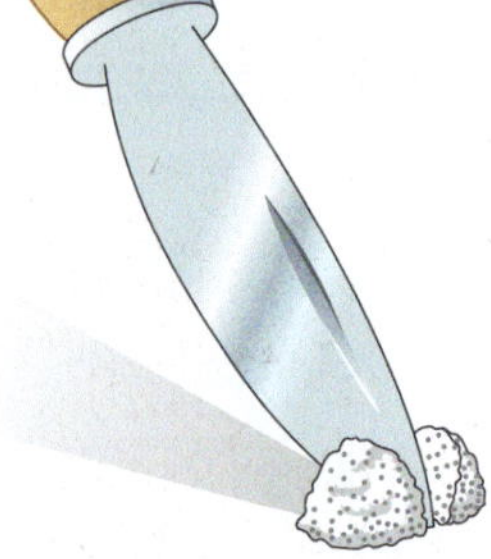

1 *Unendlich teilbar?*

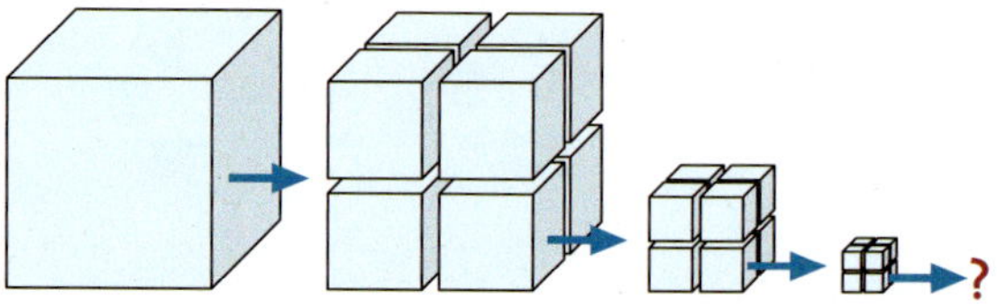

2 *Schon vor 2000 Jahren entstand die Teilchenidee.*

Die Stoffe, aus denen Lebewesen zusammengesetzt sind, bestehen zum größten Teil aus nur vier verschiedenen Atomsorten: Wasserstoffatomen, Sauerstoffatomen, Kohlenstoffatomen und Stickstoffatomen.

Baukastensystem: Teilchen bilden Teilchenpakete

Durch Zusammenschluss verschiedener Basisteilchen oder Atome entstehen größere Teilchenpakete. Wissenschaftlich nennt man die Teilchenpakete auch **Moleküle**. Der für uns so wichtige Sauerstoff zum Beispiel besteht aus Teilchenpaketen, die aus je zwei Sauerstoffatomen zusammengesetzt sind. Wasser besteht ebenfalls aus Teilchenpaketen, aus je einem Sauerstoffatom und zwei Wasserstoffatomen. Traubenzucker besteht aus größeren Teilchenpaketen, die sich aus mehreren Sauerstoff-, Wasserstoff- und Kohlenstoffatomen zusammensetzen.

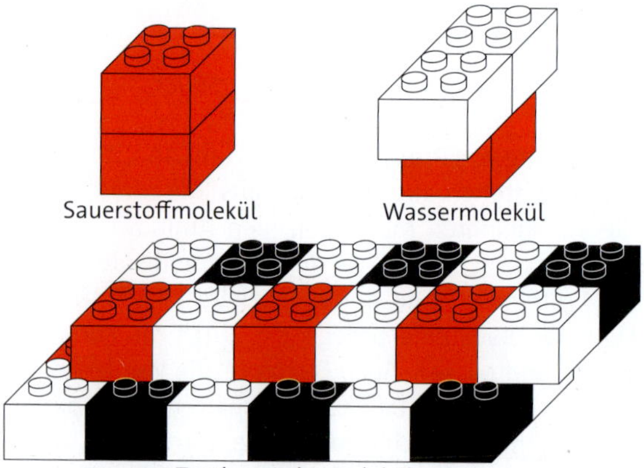

3 *Molekülmodelle*

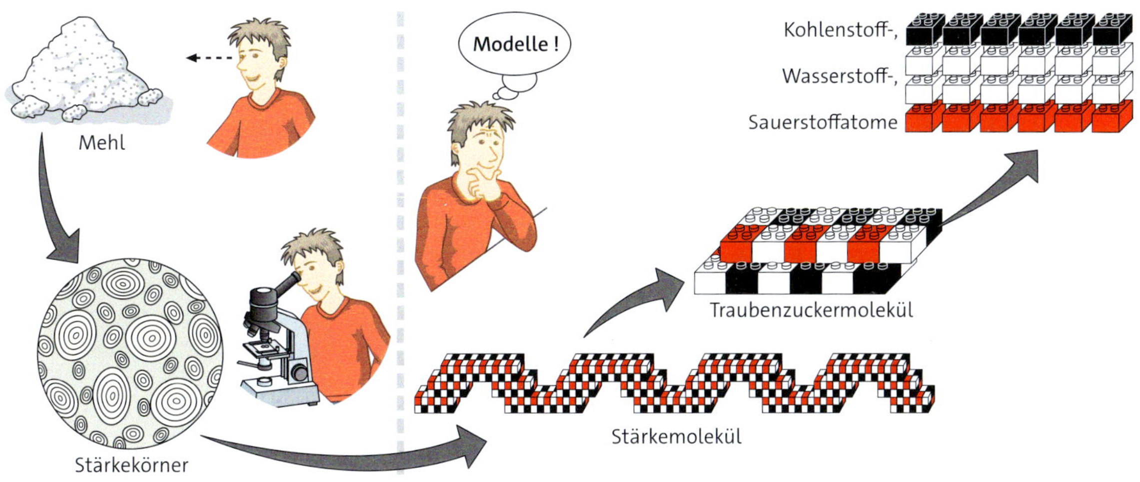

4 Aufbau von Stoffen aus Teilchen am Beispiel Mehl

Der Zusammenschluss zweier Traubenzuckermoleküle ergibt eine neue Molekülsorte. Der Stoff, der aus solchen Doppelpacks aufgebaut ist, heißt Malzzucker. Mehrere tausend Traubenzuckermoleküle können eine lange Kette, ein Riesenmolekül, bilden. Viele dieser lang gestreckten Traubenzuckerketten bilden den Grundbaustein von Zellulose, dem Hauptbestandteil der Zellwände von Pflanzenzellen. Sind die Traubenzuckerketten dagegen wie eine Spirale gewunden, bilden sie den Grundbaustein von Stärke, die du ja schon als Hauptbestandteil von Mehl kennst.

5 Modell eines Stärkemoleküls

1. Baue die Modelle für ein Wasser-, ein Sauerstoff- und ein Traubenzuckermolekül mit Spielsteinen nach (rot = Sauerstoffatom, weiß = Wasserstoffatom, schwarz = Kohlenstoffatom).

2. Klebt die Traubenzuckermoleküle mit Klebeband zu einem Riesenpaket zusammen.

3. In einem neuen Modell soll nun bereits ein Stein Modell für ein ganzes Traubenzuckermolekül stehen. Versuche die Bausteine so zusammenzusetzen, dass Ketten entstehen, die man mit Zellulose und Stärke vergleichen kann.

Neue Stoffe entstehen – was geschieht mit den Teilchen?

Sicher hast du schon einmal an einem Feuer gesessen und den Flammen zugeschaut. Vielleicht hast du dich dabei auch einmal gefragt, wohin das ganze Holz „verschwindet". Am Ende bleibt ja nur ein kleiner Haufen Asche übrig. Die Teilchenidee kann diese Frage gut erklären. Die Basisteilchen oder Atome selber sind nahezu unzerstörbar. Bei hohen Temperaturen wie im Feuer trennen sich die Atome voneinander und bilden mit neuen Partnern, hier mit Sauerstoffmolekülen aus der Luft, neue Teilchenpakete und damit neue Stoffe.
Wenn Holz verbrennt, entstehen die Stoffe Wasser und Kohlenstoffdioxid. Wasser verdampft und Kohlenstoffdioxid ist ein Gas, das sich sofort in der Luft verteilt. Übrig bleiben nur feste Mineralstoffe als Asche.
Immer wenn sich Stoffe umwandeln, kombinieren sich die Teilchen dabei neu. Ähnliches geschieht auch, wenn unser Körper aus fremden Stoffen körpereigene Stoffe herstellt. Er zerlegt die fremden Stoffe in kleinere Moleküle und baut aus diesen nach eigenem Plan anschließend körpereigene Stoffe und Körperzellen auf.

6 Holz verbrennt – was geschieht dabei genau?

Verdauung

Modellversuch

Ein leckeres Pausenbrot! Man beißt ein Stück ab, zerkaut die einzelnen Bissen und schluckt sie herunter. Aber was geschieht mit den in der Nahrung enthaltenen Molekülen beim Kauen? Wie kommen sie durch die Darmwand ins Blut und weiter in die Zellen? Mithilfe eines Modellversuchs wollen wir dies untersuchen.

A Verdauung von Stärke

1 Versuch zur Verdauung von Stärke

Material: Stück Weißbrot vom Vortag, doppeltes Filterpapier (Blaubandfilter), Trichter mit Becherglas, Reibschale mit Pistill, Iod-Kaliumiodid-Lösung

Durchführung: Das Weißbrot wird in der Reibschale fein zerrieben und mit Wasser zu einem Brei verrührt. Nach Zugabe von Iod färbt sich der Brei blau. Der Brei wird nun in den Trichter mit doppeltem Filterpapier gegeben. Beachte die Anweisung der Lehrkraft zu Sicherheitsregeln und der Entsorgung der Chemikalien.

1 Erkläre, mit welchen Teilen des Körpers sich der Stampfer und das Filterpapier vergleichen lassen.

2 Beschreibe den Versuch und notiere deine Beobachtung und deine Folgerung ins Heft.

Der Versuch zeigt, dass Wassermoleküle, nicht aber die Riesenmoleküle der Stärke durch die Poren des Filtrierpapiers passen. Man kann die Stärkemoleküle auch durch noch so intensives Reiben oder Kauen nicht in kleinere Teilchenpakete zerlegen. Die Poren der Darmwand sind noch viel kleiner als die eines Filtrierpapiers (▶ 2). Deshalb können die großen Stärkemoleküle nicht durch die Darmwand gelangen.

Wie löst der Körper dieses Problem? Kaut man für längere Zeit ein Stück Weißbrot, stellt man fest, dass ein süßlicher Geschmack entsteht. Stärke schmeckt aber nicht süß. Durch spezielle Nanomaschinen im Speichel, die **Enzyme**, wurden die größeren Stärkemoleküle in kleinere Traubenzuckermoleküle zerlegt. Der Traubenzucker schmeckt süß.

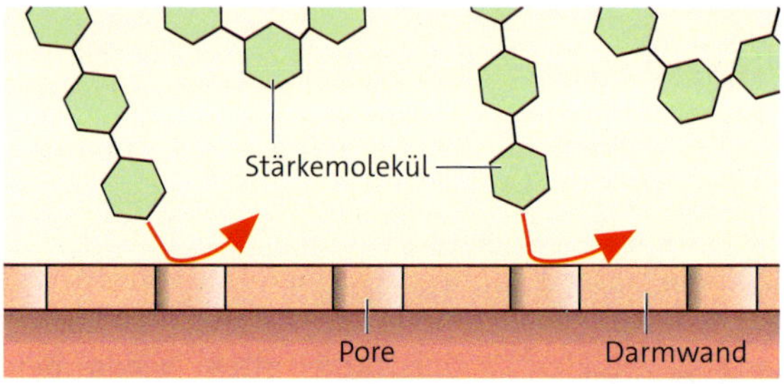

2 Stärkemoleküle passen nicht durch die Poren.

3 Beschreibe, wodurch die Stärkemoleküle im Mund scheinbar mühelos zerlegt werden.

4 Entwickle mithilfe der Materialien aus Versuch A ein geeignetes Experiment, mit dem die Wirkung der Enzyme im Speichel nachgewiesen werden kann.

B Der gefaltete Darm

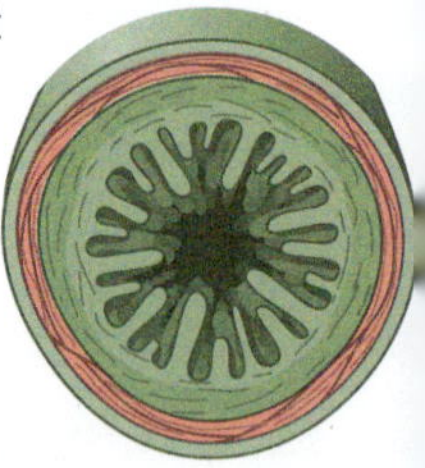

Die Innenwand des Dünndarms ist stark gefaltet. Mit einem Experiment soll der Grund für diese Faltung untersucht werden.

Material: Rundfilter und Faltenfilter mit gleichem Durchmesser, Trichter mit Becherglas, Stoppuhr

Durchführung: Stoppe die Zeit, die 50 Milliliter Wasser benötigen, um durch einen normalen Rundfilter zu laufen. Stoppe ebenso die Zeit, die 50 Milliliter Wasser benötigen, um durch einen Faltenfilter mit dem gleichen Durchmesser zu fließen.

5 Erkläre, wie die unterschiedlichen Zeiten zustande gekommen sind und welche Bedeutung diese Beobachtung für die Resorption hat.

Zähne und Zahnpflege

1 Gesunde Zähne sind ein Grund zum Lächeln.

Unsere Zähne

Wer schöne, gesunde **Zähne** hat, hat gut lachen. Er besitzt leistungsfähige Kauwerkzeuge und kann bei guter Zahnpflege sein Leben lang ohne schmerzhafte Zahnbehandlungen oder „Ersatzzähne" auskommen. Damit unsere Zähne die große Belastung durch das Kauen der Nahrung so lange Zeit aushalten, sind sie äußerst stabil gebaut. Wie alle Körperteile werden auch die Zähne über Blutgefäße mit Nährstoffen versorgt. In ihrem Inneren befinden sich auch Nervenzellen, die Hitze, Kälte, aber auch kleinste Risse oder Löcher in der „Außenhülle" in Form von oft sehr schmerzhaften Signalen anzeigen.

Normalerweise ist von außen nur ein kleiner Teil des gesamten Zahns, die Zahnkrone, sichtbar. Der größte Teil eines Zahns, die Zahnwurzel, verankert den Zahn fest im Kieferknochen. Das **Zahnfleisch** bildet eine schützende Hülle zwischen **Zahnkrone** und **Zahnwurzel**.

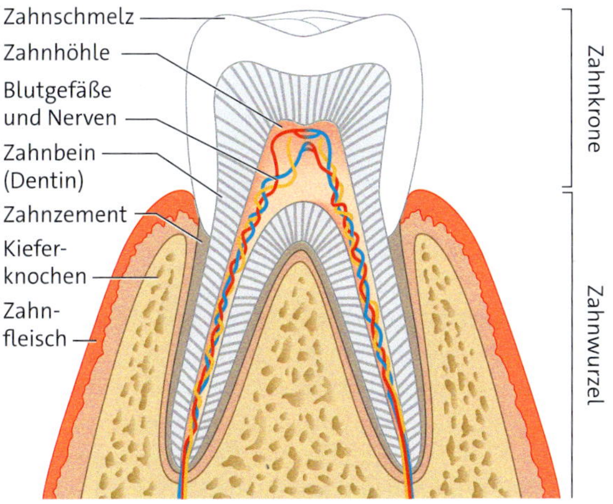

2 Schematischer Längsschnitt eines Zahns

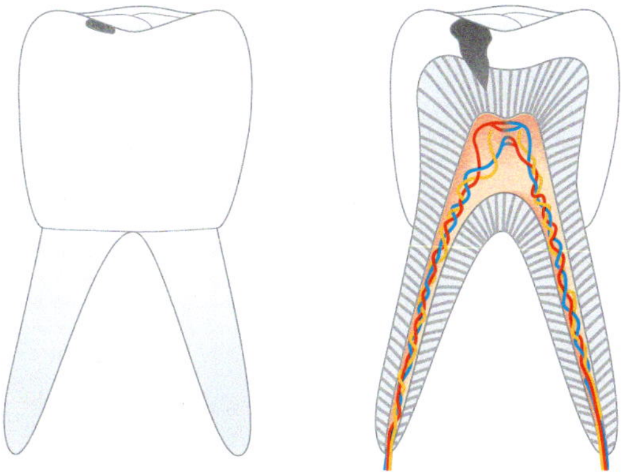

3 Zahn mit Karies von außen und innnen

Karies

Die äußerste Schicht der Zahnkrone besteht aus dem extrem harten Zahnschmelz. Bildet sich im Zahnschmelz durch übergroße Kaubelastung oder häufige Säureeinwirkung ein Riss, ist die darunter liegende, weichere Dentinschicht nicht länger geschützt. Es kann im Laufe der Zeit ein großer Spalt entstehen, durch den Bakterien in den Zahn eindringen können. Sie verursachen schmerzhafte Entzündungen in der Zahnhöhle. Mit bloßem Auge ist eine derartige Beschädigung der Zähne, **Karies** genannt, meist nicht zu erkennen. Sieht man einen schwarzen Punkt auf dem Zahn ist es oft schon zu spät und das Loch im Zahn reicht schon bedenklich tief.

Zahnpflege

Um der Entstehung von Karies vorzubeugen, müssen die Zähne und der Mundraum mehrmals täglich sorgfältig gereinigt werden. Bei nachlässiger Pflege bildet sich ein Belag auf den Zähnen, der aus Speiseresten und Bakterien besteht. Die Bakterien ernähren sich von den Speiseresten, vor allem von dem darin enthaltenen Zucker. Dabei bilden sich Säuren, die neben dem Zahnschmelz und dem Dentin auch das Zahnfleisch schädigen. Dadurch kann es zu Entzündungen und einem Rückgang des Zahnfleisches, **Parodontose** genannt, und zu einer Lockerung der Zähne kommen. Zusätzlich zu der sorgfältigen und mehrmals täglichen Reinigung der Zähne muss das Gebiss auch regelmäßig von einem Zahnarzt oder einer Zahnärztin untersucht werden. Dabei wird zum Beispiel kontrolliert, ob alle Zähne den richtigen Abstand voneinander haben, ob sie womöglich schräg im Kiefer sitzen oder ob sie beim Zubeißen exakt ineinandergreifen. Bei rechtzeitigem Eingreifen können viele derartige Fehlstellungen mit einer Zahnspange behoben werden.

Warum atmen wir?

1 Atmen ist lebenswichtig.

3 Atmungsversuch

Nahrung ist nicht das Einzige, was der Mensch zum Leben braucht. Er benötigt auch Luft zum Atmen. Doch wozu wird die Luft eigentlich eingeatmet?

Die Atemluft Luft ist ein Gemisch aus verschiedenen Gasen (▶2). Den größten Teil der Luft macht das Gas Stickstoff aus. In sehr kleinen Mengen kommen die Edelgase und das Kohlenstoffdioxid vor. Etwa ein Fünftel der Luft macht schließlich der Sauerstoff aus. Das Gas Sauerstoff, genauer die Sauerstoffmoleküle, braucht der Mensch, um zu überleben. Es muss dem Körper durch das **Atmen** ununterbrochen zugeführt werden. Daher atmet der Körper auch unbewusst und sogar im Schlaf. Wie schwer es fällt, nicht zu atmen, merkt man besonders, wenn man die Luft anhält oder versucht, eine längere Zeit unter Wasser zu bleiben. Schon nach kurzer Zeit muss man wieder Luft holen (▶1). Ohne Sauerstoff stirbt man schon nach wenigen Minuten – man erstickt.

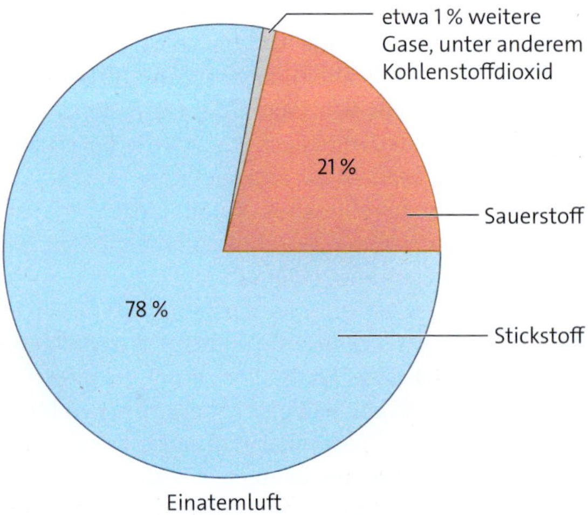

2 Zusammensetzung der Atemluft

Bei einer Plastikflasche wurde der Boden durch eine Gummihaut ersetzt. Eine Schülerin atmet in diese Flasche mehrere Male Luft ein und wieder aus. Nach kurzer Zeit stellt die Schülerin fest, dass sie so nicht weiteratmen kann. Führe den Versuch nicht selbständig zu Hause durch.

1. Stelle Vermutungen an, weshalb die Schülerin den Versuch abbricht.

2. Bisher ist noch nicht bewiesen, dass nach dem Versuch wirklich Sauerstoff im Gefäß fehlt. Es könnte auch ein anderes Gas sein. Nenne die Gase, um die es sich handeln könnte.

3. Erkläre, weshalb es bei dem Versuch von der Flaschengröße abhängt, wie oft man einatmen kann.

4. Mithilfe der folgenden Gegenstände kann man herausfinden, wie viel Luft man nach einem Atemzug höchstens ausatmen kann. Plane zu Hause einen entsprechenden Versuch.

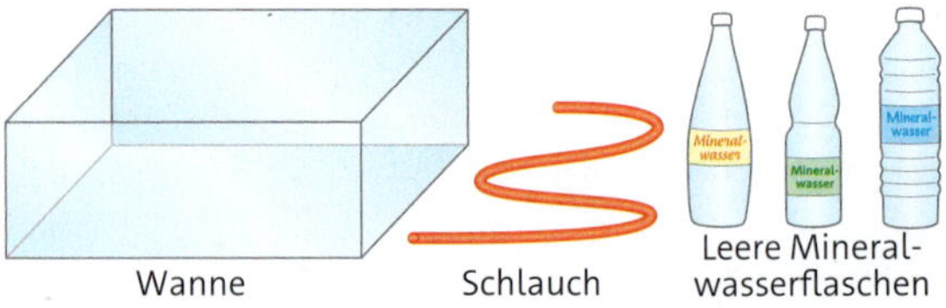

Aus der Luft in den Körper Wenn zum Leben Sauerstoff benötigt wird, dann braucht ihn jede einzelne Zelle unseres Körpers. Also müssen die aus der Luft aufgenommenen Sauerstoffmoleküle vom Blut zu jeder Zelle transportiert werden. Wie die Sauerstoffmoleküle ins Blut gelangen und was dann mit ihnen geschieht, wird auf den folgenden Seiten erklärt.

Der Weg der Luft

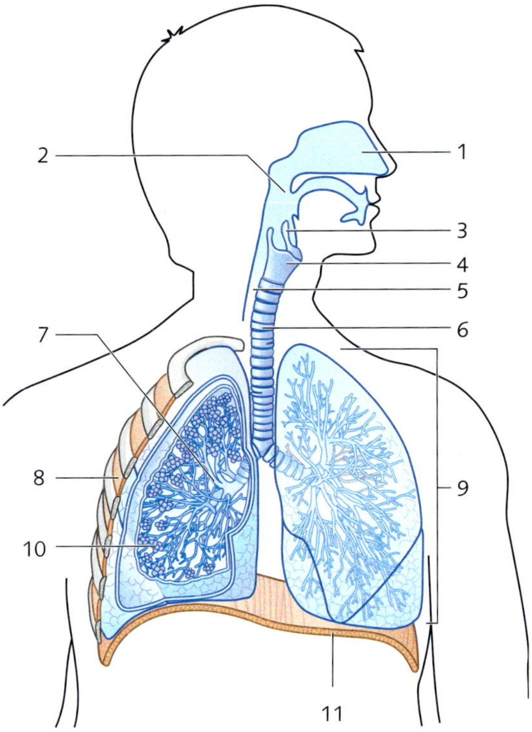

1 Die Atemwege

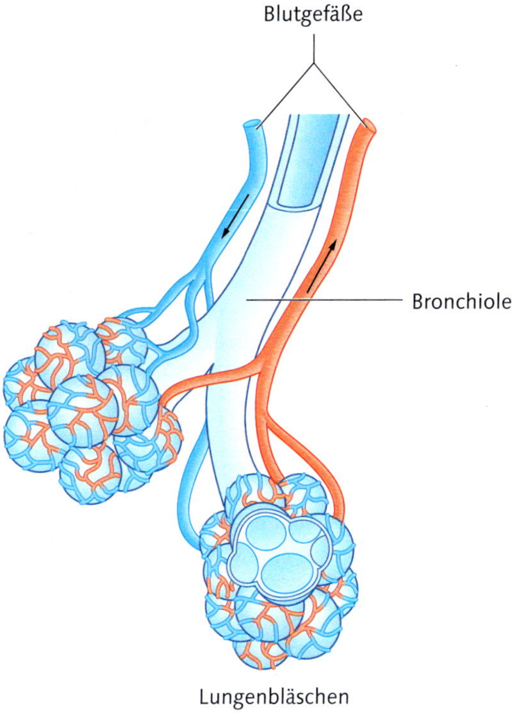

2 Lungenbläschen mit Blutgefäßen

Von der Nase in den Rachen Normalerweise atmet man die Luft durch die Nase ein. Dabei gelangt sie zuerst in die Nasenhöhle. Hier befinden sich Riechsinneszellen, die beim Einatmen Düfte und Gerüche wahrnehmen. Die Nasenhöhle ist mit Millionen kleinster Härchen ausgekleidet, die den Staub aus der Luft filtern. Die stets feuchte Nasenschleimhaut fängt ebenfalls Staubteilchen ab, sodass die Luft sauber, feucht und bereits leicht angewärmt in den **Rachen** gelangt.

Durch die Luftröhre in die Lunge Als Rachen bezeichnet man den Raum, in dem sich der Weg der Luft aus der Nase mit dem Weg der Nahrung aus dem Mund kreuzt. Wird die Luft durch den Mund eingeatmet, gelangt sie direkt in den Rachen. Ab hier trennen sich die Wege von Nahrung und Luft wieder. Die Nahrung gelangt über die Speiseröhre zu den Verdauungsorganen, während die Luft in der **Luftröhre** weiterströmt. Damit keine Nahrung in die Lunge gerät, liegt an dieser Kreuzung als „Weiche" der Kehlkopf. Er kann bei Bedarf mit dem Kehldeckel die Luftröhre verschließen. Der Kehlkopf enthält außerdem die Stimmbänder und ermöglicht damit das Sprechen. Die Luftröhre lässt sich leicht von der Speiseröhre unterscheiden, weil ihre Wand durch Knorpelringe verstärkt ist. Sie gabelt sich nach etwa zwölf Zentimetern in zwei Äste, die in den linken und rechten Lungenflügel führen. Diese Äste verzweigen sich noch viele Male. Die immer dünner werdenden Röhrchen nennt man **Bronchien**. Am Ende der Bronchien sitzen schließlich viele **Lungenbläschen**. Während die Bronchien noch wie die Luftröhre eine steife, knorpelige Wand haben, ist die Wand der Lungenbläschen ganz zart und hauchdünn. Jedes Lungenbläschen ist auf der Außenseite von winzigen Blutgefäßen umsponnen (► 2).

Atembewegung Beim Atmen hebt und senkt sich der Brustkorb regelmäßig. Die Lunge hat aber selbst keine Muskeln, um Luft einzusaugen und auszupressen. Stattdessen sorgen Muskeln an den Rippen und das Zwerchfell dafür, dass sich der Brustraum weitet. Die an der Innenwand des Brustraums haftende Lunge wird dadurch ebenfalls vergrößert.

1. Übernimm die Nummern von Bild 1 in dein Heft und ordne ihnen mithilfe des Textes die richtigen Begriffe zu.

2. Ertaste mit einer Hand deinen Kehlkopf und verfolge, wie er sich beim Schlucken bewegt. Beschreibe diese Bewegung.

Rauchen gefährdet die Gesundheit

1 Zigarettenschachtel mit Warnhinweis

Nikotin – ein abhängig machendes Gift

Tabakpflanzen besitzen einen sehr wirksamen Schutz gegen Fressfeinde. Der in ihnen gespeicherte Wirkstoff Nikotin ist eines der stärksten Pflanzengifte überhaupt. Würde ein Kleinkind den Tabak von nur einer Zigarette essen, könnte das tödlich enden. Bei Erwachsenen bewirkt das Nikotin im Tabakrauch, dass sie sich kurzzeitig wacher und leistungsfähiger fühlen. Nikotin kann allerdings zu einer Sucht oder Abhängigkeit führen. Lässt seine Wirkung nach, wird der Wunsch nach der nächsten Zigarette immer größer. Daher fällt es vielen Menschen schwer, mit dem Rauchen aufzuhören.

Das größte vermeidbare Gesundheitsrisiko unserer Zeit

Der Tabakrauch enthält zudem über 3000 weitere Stoffe, die unserem Körper schaden. Sie lassen die Haut früh altern und färben Zähne und Fingernägel gelb. Schlimmer ist jedoch, dass viele dieser Stoffe krebserregend sind. Bei etwa der Hälfte aller Todesfälle durch Krebs spielt auch das Rauchen eine Rolle.
Ein Teil des beim Verbrennen entstehenden Teers gelangt trotz Filter in die Atemwege (▸ 2). Hier verklebt er die Flimmerhärchen. Diese können dann den Schleim, den Schmutz und die Bakterien nicht mehr nach außen transportieren. Raucherhusten und wiederkehrende Entzündungen der Bronchien können die Folge sein. Der Zigarettenrauch fördert zudem die Verengung der Blutgefäße. Die dadurch verursachten Durchblutungsstörungen haben nicht selten Denkstörungen, Impotenz, einen Herzinfarkt oder einen Schlaganfall zur Folge. Und je früher man mit dem Rauchen beginnt, desto größer ist das Risiko, dadurch krank zu werden. Raucher schaden sich jedoch nicht nur selbst, sondern auch Menschen in ihrer Umgebung, die den Rauch einatmen. Daher darf in Deutschland in öffentlichen Gebäuden, Verkehrsmitteln und den meisten Restaurants nicht mehr geraucht werden.

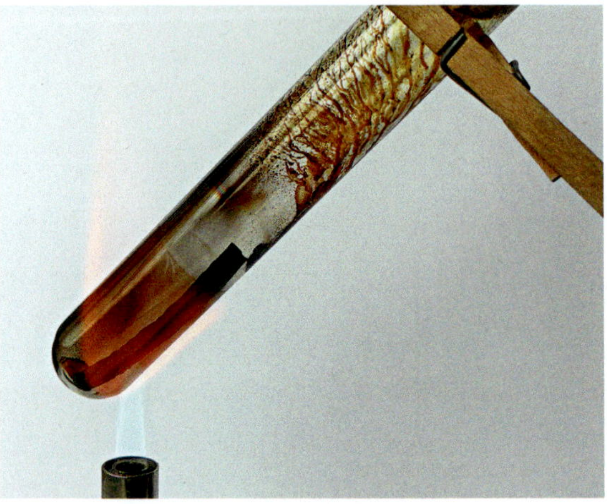

2 Versuch zum Teer in einer Zigarette

1. Beschreibe das Versuchsergebnis aus Abbildung 2. Welche Folgen des Rauchens lassen sich mit diesem Modellversuch zeigen, welche nicht?

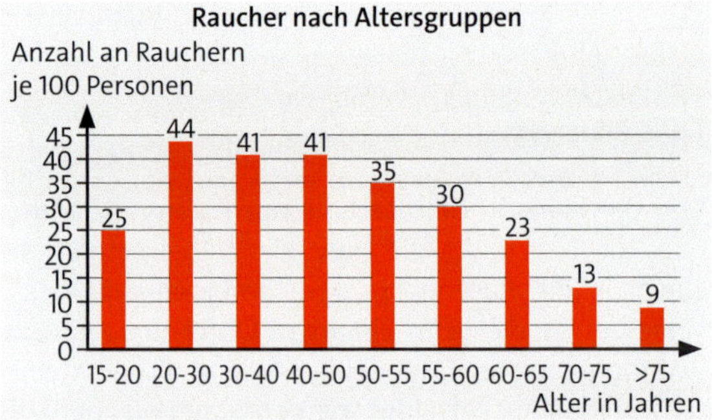

3 Raucher nach Altersgruppen in Deutschland

2. In der Altersgruppe von 20 bis 25 Jahren rauchen etwa 45 von 100 Menschen. Bei den 65- bis 70-Jährigen rauchen nur noch 15 von 100 Personen. Nenne mögliche Gründe.

3. Stelle eine Liste mit den wichtigsten Gründen auf, aus denen du eine Zigarette ablehnen würdest. Befrage dazu auch ältere Schüler und deine Familie.

4. Es gibt viele Möglichkeiten, etwas abzulehnen. Du musst selbst herausfinden, welche Art zu dir passt. Schreibe drei Antworten auf, was du tun würdest, wenn dir jemand eine Zigarette anböte.

5. Eine weitere Form der Abhängigkeit ist die Computerspielsucht. Beschreibe, welche Gemeinsamkeiten und Unterschiede diese Sucht mit dem Rauchen hat. Nenne noch weitere Formen von Sucht.

So geht's schneller – die Oberflächenvergrößerung

Sauerstoff: von der Luft ins Blut Auch wenn sich die Wege der eingeatmeten Luft viele Male teilen, bleibt die Lunge doch eine Sackgasse. Wie gelangen die Sauerstoffmoleküle also ins Blut?

Kleine Bläschen – große Wirkung Insgesamt hat ein Mensch etwa 300 Millionen Lungenbläschen. Denkt man sie sich auseinandergeschnitten und als Fläche wieder zusammengesetzt, dann ergäbe sich eine Fläche von zehn Metern Länge und zehn Metern Breite. Eine Lunge ohne Lungenbläschen in Form eines einfachen Sacks hätte dagegen nur eine Fläche von etwa zwei DIN-A4-Seiten. Durch das Vorhandensein der Lungenbläschen wird also eine enorme **Oberflächenvergrößerung** erreicht, ohne dass dadurch mehr Platz benötigt wird. Allgemein gilt: je stärker eine Trennwand gefaltet ist, desto mehr Teilchen können gleichzeitig auf sie treffen und durch die Poren von einer Seite auf die andere gelangen (▶ 2). Diesen „Trick" findet man im menschlichen Körper gleich mehrfach.

Sauerstoff: vom Blut zu den Zellen Im Blut werden die Sauerstoffmoleküle von den roten Blutkörperchen (▶ Seite 68) gebunden und mit dem Blut bis zu den Zellen in allen Teilen des Körpers transportiert. Welche Vorgänge in den Zellen ablaufen, für die der Sauerstoff benötigt wird, erklären die nächsten Seiten.

1. In den Lungenbläschen sind zwischen Luft und Blut zwei dünne Wände (▶ 1). Beschreibe, welche Eigenschaft diese Wände haben müssen, damit Sauerstoffmoleküle in das Blut gelangen können.

2. Erkläre, weshalb die Lunge nicht ein einfacher, unverzweigter Sack sein kann, sondern in Millionen von Lungenbläschen aufgeteilt ist. (Tipp: Erinnere dich, dass auch der Darm keine glatte, sondern eine sehr stark gefaltete Wand hat.)

3. Notiere die folgenden Sätze in dein Heft und vervollständige sie: Je ... die Oberfläche der Lungenbläschen, desto ... Poren. Je ... Poren, desto ... Sauerstoffmoleküle können in der gleichen Zeit die Wand der Lungenbläschen durchdringen.

4. Miss das Klassenzimmer aus. Vergleiche die Größe des Klassenzimmers mit der im Text angegebenen Gesamtoberfläche der Lungenbläschen.

5. Bei einigen Krankheiten bildet sich viel Schleim in den Lungenbläschen. Erkläre, weshalb das gefährlich ist.

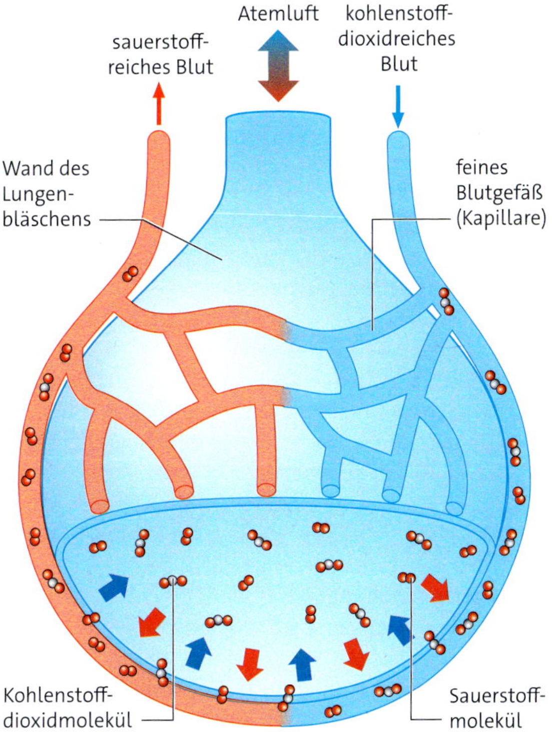

1 Von Kapillaren umgebene Lungenbläschen

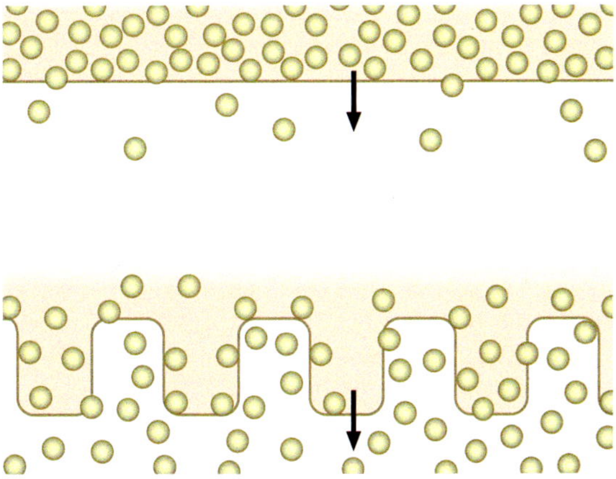

2 Oberflächenvergrößerung

6. Stoppe die Zeit, die du im Sitzen für einmaliges Einatmen benötigst. Welchen Weg muss die Luft in dieser Zeit zurücklegen? Stelle den Weg in deinem Heft mit einem Flussdiagramm dar, dessen Beginn in Abbildung 3 unten gezeigt ist.

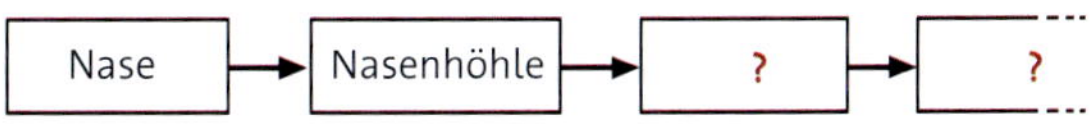

3 Flussdiagramm zum Weg der Luft

Was geschieht mit dem Sauerstoff in der Zelle?

Natürlich käme niemand auf die verrückte Idee, ein Radio mit Brot betreiben zu wollen (▶1). Obwohl, ganz so abwegig ist dies doch nicht, schließlich benötigt das Radio Energie und das Brot enthält Energie. Nur ist die Energie des Brotes in einer Form gespeichert, die das Radio nicht nutzen kann. Ganz ähnlich reichen unseren Zellen Nährstoffe allein zur Bereitstellung von Energie nicht aus. Und so dienen die zwei verschiedenen Vorgänge Verdauung und Atmung demselben Ziel: der Energiebereitstellung für die Zellen.

Die Rolle der Energieträger An der Luft brennt eine Kerzenflamme so lange, bis das Wachs, aus dem die Kerze besteht, weitgehend verbraucht ist. Wie Benzin oder Holz ist auch Wachs ein Stoff, der viel Energie enthält, es ist ein **Energieträger**. Bei der Verbrennung wird die im Wachs enthaltene chemische Energie in andere Energieformen umgewandelt: in Energie in Form von Licht und Wärme. Gleichzeitig bilden sich bei diesem Vorgang auch neue Stoffe, nämlich Wasser und das farb- und geruchlose Gas Kohlenstoffdioxid.

Die Bedeutung des Sauerstoffs Der Verbrennungsvorgang kann allerdings nur ablaufen, wenn außer dem Energieträger Wachs auch noch Sauerstoff vorhanden ist. Ohne Sauerstoff stoppt der Verbrennungsvorgang und die Kerzenflamme erlischt, auch wenn noch so viel Wachs vorhanden ist. Unter Alltagsbedingungen lässt sich das an einer brennenden Kerze aber nicht beobachten. Man benötigt ein Experiment, um diesen Zusammenhang zu erkennen. Ebenso wie das Kerzenwachs wird auch Sauerstoff beim Verbrennungsvorgang verbraucht.

Magische Umwandlung? Während die Kerzenflamme brennt, „verschwinden" Wachs und Sauerstoff und es „entstehen" Wasser und Kohlenstoffdioxid. Man bezeichnet eine solche Umwandlung von Stoffen als **chemische Reaktion**. Auf der folgenden Seite soll dieser Vorgang genauer untersucht werden.

1. Betrachte den Comic in Abbildung 1 und beschreibe in wenigen Sätzen, worin der Denkfehler des Mannes liegt.

2. Erkläre, weshalb man das bei der Verbrennung des Wachses entstehende Wasser nicht sehen kann.

3. Man muss ein Experiment durchführen, um zu zeigen, dass Sauerstoff für die Verbrennung nötig ist. Erkläre, weshalb dies nicht direkt beobachtet werden kann.

1 Ist das Radio kaputt?

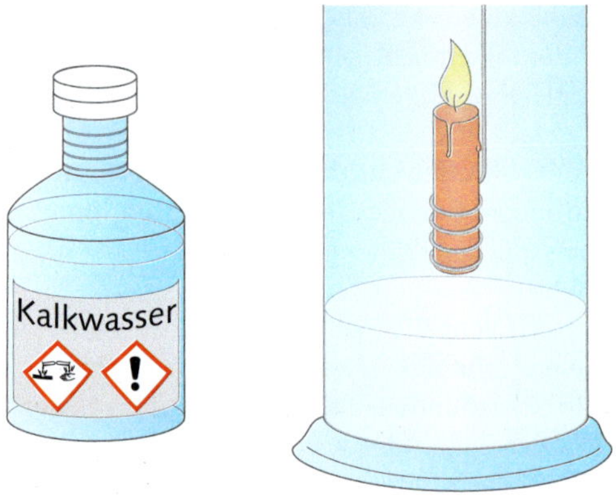

2 Verbrennung einer Kerze. Die entstehenden Gase kommen mit Kalkwasser in Kontakt.

4. Wenn Kohlenstoffdioxid in klares Kalkwasser gelangt, wird das Kalkwasser trübe. Die Trübung ist ein Nachweis für Kohlenstoffdioxid. Stelle mit diesem Wissen eine Vermutung zu dem Ergebnis des Versuchs (▶2) an. Beschreibe den Vorgang, der damit nachgewiesen wurde.

5. Für Profis: Früher hatten Bergleute bei der Arbeit in den unterirdischen Gängen Laternen mit Kerzen dabei. Die Kerzen waren durch seitliche Scheiben vor Zugluft geschützt. Oben hatten die Laternen eine Öffnung. Während der Arbeit stellten die Bergleute die Laternen auf den Boden. Erlosch die Kerzenflamme, verließen sie sofort die Gänge und gaben Alarm. Stelle Vermutungen an, wozu diese Laternen dienten.

3 Laterne

Anwendung des Teilchenmodells Mit dem Teilchenmodell (▶ S. 56/57) kann man die Bildung neuer Stoffe gut erklären: Stoffe ändern sich, weil die Teilchen oder Atome, aus denen sie bestehen, sich in neuen Zusammensetzungen verbinden. Die Teilchen kombinieren sich neu. Ein Haus aus Spielsteinen kann man auseinandernehmen und die Steine zu einem Flugzeug zusammensetzen. Das Haus verschwindet und es entsteht ein Flugzeug. Bei Spielsteinen ist ein solcher Umbau für uns selbstverständlich, weil wir sie sehen können. Die kleinsten Teilchen dagegen, aus denen alle Stoffe bestehen, kann man nicht sehen. Viele Experimente stimmen mit der Teilchenidee überein. Deshalb sind die Naturwissenschaftler davon überzeugt, dass die Teilchenidee die Welt gut erklärt. Man muss dabei aber beachten, dass es sich um ein Modell handelt.

Energieumwandlung in den Zellen In den Körperzellen läuft ein Vorgang ab, der der Verbrennung einer Kerze ähnelt. Dabei entstehen ebenfalls Kohlenstoffdioxid und Wasser. Der Energieträger ist aber nicht Wachs, sondern zum Beispiel der Nährstoff Traubenzucker. Außerdem verläuft der Vorgang in den Zellen ohne Flamme. Die Energie aus den Nährstoffen wird auch nicht in Licht umgewandelt, sondern in Energie für die Lebensvorgänge und in Körperwärme (▶ 4). Der Vorgang lässt sich auch als Wortgleichung schreiben. Alle Stoffe vor der Umwandlung werden mit + aufgezählt. Ein Pfeil symbolisiert die Umwandlung. Auf der anderen Seite des Pfeils werden die entstandenen Stoffe mit + aufgezählt (▶ 5). Der Körper betreibt einen großen Aufwand, um seine Zellen mit Energie zu versorgen. Die Verdauung stellt dafür Nährstoffe bereit, die Atmung den Sauerstoff. Nahrungsaufnahme und Atmung dienen also beide der **Energieversorgung** der Zelle (▶ 2). Das dabei entstehende Wasser kann die Zelle verwenden. Kohlenstoffdioxid ist jedoch für die Zelle ein Abfallstoff. Deshalb werden die Kohlenstoffdioxidmoleküle an das Blut abgegeben (▶ 5) und verlassen den Körper beim Ausatmen. Sauerstoff und Kohlenstoffdioxid sind Gase. Deshalb spricht man beim Ein- und Ausatmen von einem Gasaustausch.

6 Betrachte Bild 4. Beschreibe die dargestellten Vorgänge mit eigenen Worten.

7 Beschreibe den Weg des Kohlenstoffdioxids bevor es den Körper verlässt. Beginne mit der Zelle und nenne alle Stationen, die es passieren muss.

8 Nenne die zwei Bereiche im Körper, in denen ein Gasaustausch über eine Wand stattfindet.

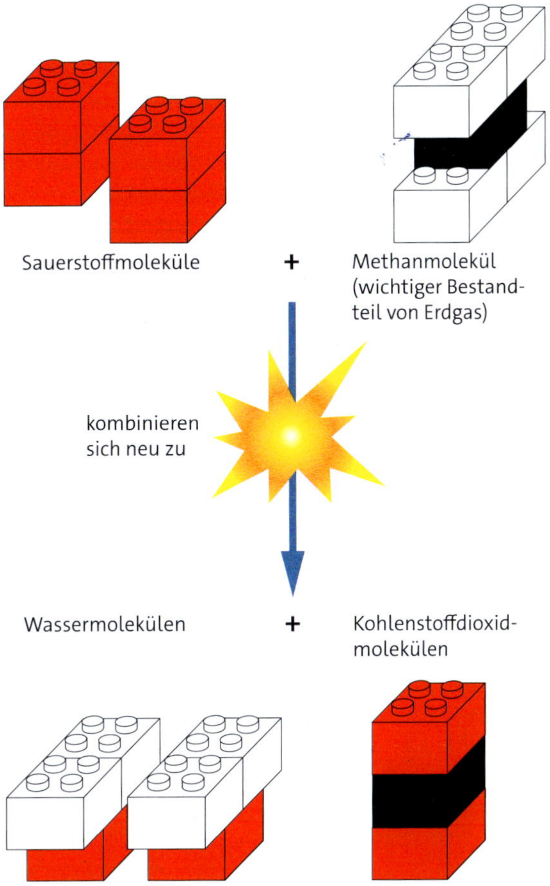

4 Neukombination der Teilchen bei der Verbrennung

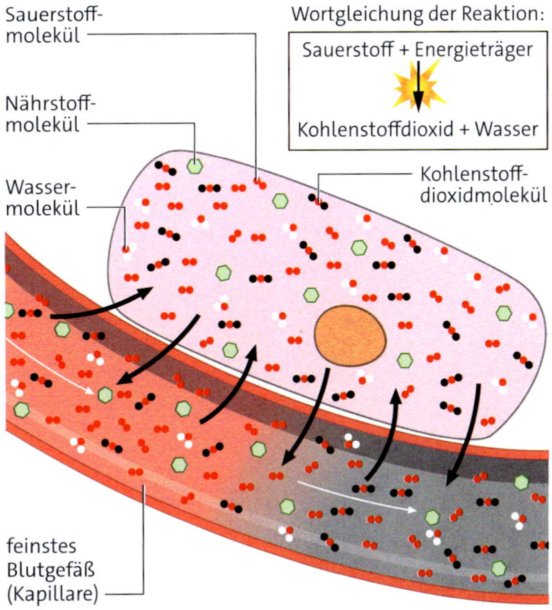

5 Austausch von Teilchen zwischen Zelle und Blutgefäß

Der Blutkreislauf – ein Versorgungssystem für Billionen Zellen

Ein Verteilungsproblem In fast jedem Wohnhaus steht im Keller eine Heizungsanlage. Hier werden Erdgas, Erdöl oder andere energiereiche Stoffe verbrannt. Die dabei frei werdende Wärme erhitzt Wasser, das in einem Behälter im Keller gespeichert wird. Allerdings benötigt man in allen Stockwerken des Hauses warmes Wasser, sei es zum Duschen, Baden oder Geschirrspülen. In der kalten Jahreszeit soll es außerdem ständig durch die Heizkörper in jedem Zimmer fließen. Um das zu erreichen, durchzieht ein umfangreiches Rohrleitungsnetz die Hauswände und den Fußboden. Eine Pumpe bewegt das Wasser in den Leitungen und benötigt dafür Energie. Dass das Verteilungsproblem in unserem Körper auf ähnliche Weise gelöst ist, erkannten die Wissenschaftler im 17. Jahrhundert.

Blutkreislauf Die Röhren in unserem Körper heißen Adern oder auch **Blutgefäße**. Das gesamte Wegenetz dieses Transportsystems ist rund 100.000 Kilometer lang und als eine Endlosschleife aufgebaut: Wenn man den Verlauf der Blutgefäße von einem bestimmten Punkt an verfolgt, gelangt man letztlich wieder an den Ausgangspunkt zurück. Die Transportflüssigkeit, das **Blut**, fließt also im Kreis. Man spricht vom Blutkreislauf.

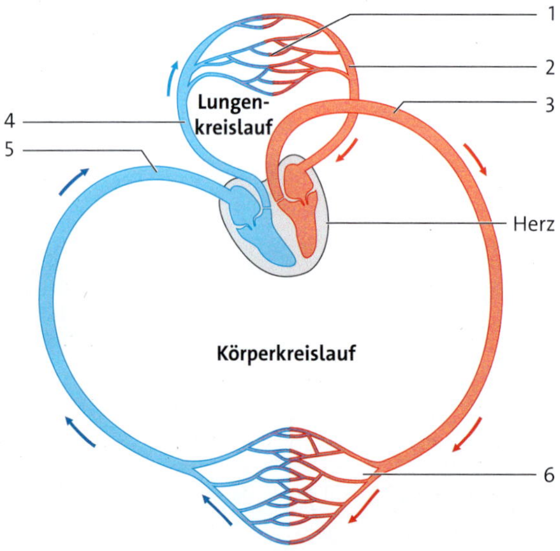

1 Vereinfachtes Schema des Blutkreislaufs

Kapillaren Angetrieben durch das **Herz** fließt das Blut durch die Blutgefäße. Jede Körperzelle muss an das umfangreiche Verteilungsnetz des Körpers angeschlossen sein. Nur so kann das Blut Sauerstoff- und Nährstoffmoleküle an jede Zelle abgeben und Kohlenstoffdioxid- und andere Moleküle aufnehmen. Damit dieser Austausch möglich ist, sind die Wände der Blutgefäße hauchdünn. In diesen **Kapillargefäßen** fließt das Blut nur ganz langsam. Durch die niedrige Fließgeschwindigkeit und die geringe Wanddicke sind sie gut geeignet für den Teilchenaustausch.

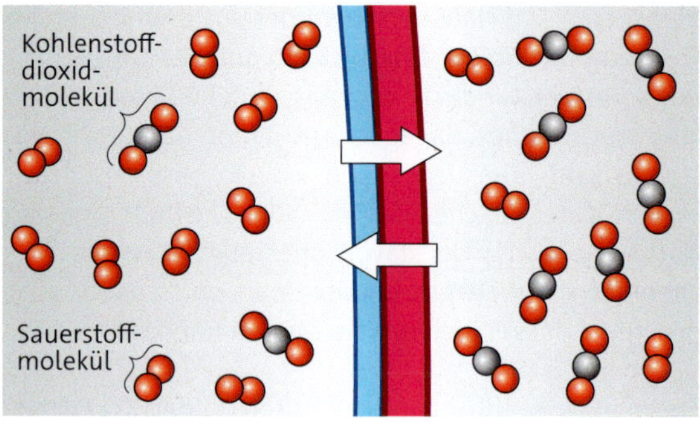

2 Vereinfachtes Schema des Teilchenaustauschs

Lungenkreislauf und Körperkreislauf Das an Sauerstoffmolekülen arme Blut fließt vom Herzen zur Lunge. Dort wird es wieder mit neuen Sauerstoffmolekülen angereichert und fließt zurück zum Herzen. Diesen Teil des Blutkreislaufs bezeichnet man als **Lungenkreislauf**. Im Anschluss wird das an Sauerstoffmolekülen reiche Blut in den **Körperkreislauf** gepumpt. Es strömt zu den Zellen unseres Gehirns oder zu den Zellen unserer Zehen und fließt dann wieder zurück zum Herzen. Dieser große Körperkreislauf und der kleine Lungenkreislauf bilden zusammen den doppelten Blutkreislauf. Das Herz hat darin die Funktion einer Pumpe. Es treibt das Blut voran, sodass es nie zum Stillstand kommt.

Blutgefäße Es gibt ganz unterschiedliche Typen von Blutgefäßen, die wie Straßen unseren Körper durchziehen. Angefangen von den schmalen Nebenstraßen der Kapillaren bis hin zu den Autobahnen der **Arterien** und **Venen**. Arterien sind die Gefäße, die das Blut vom Herzen wegtransportieren. Gefäße, in denen das Blut zum Herzen hinfließt, heißen Venen. Je nachdem, zu welchem Kreislauf sie gehören, spricht man von der Lungenarterie oder der Körperarterie beziehungsweise von der Lungenvene oder der Körpervene.

1. Erkläre, was durch die Farbgebung des Blutes in Abbildung 1 veranschaulicht wird.

2. Übertrage Abbildung 1 ins Heft und ordne den nummerierten Blutgefäßen folgende Begriffe zu: Lungenarterie, Lungenvene, Körperarterie, Körpervene, Kapillaren der Lunge, Kapillaren des Körpers.

Das Herz – ein Supermuskel in Aktion

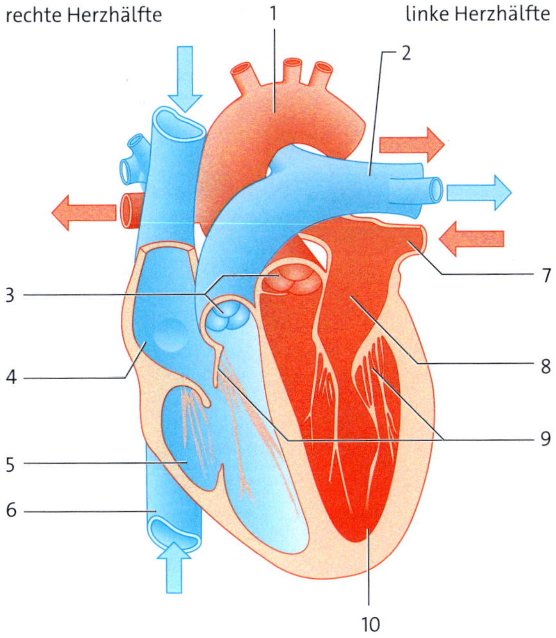

1 Herz des Menschen

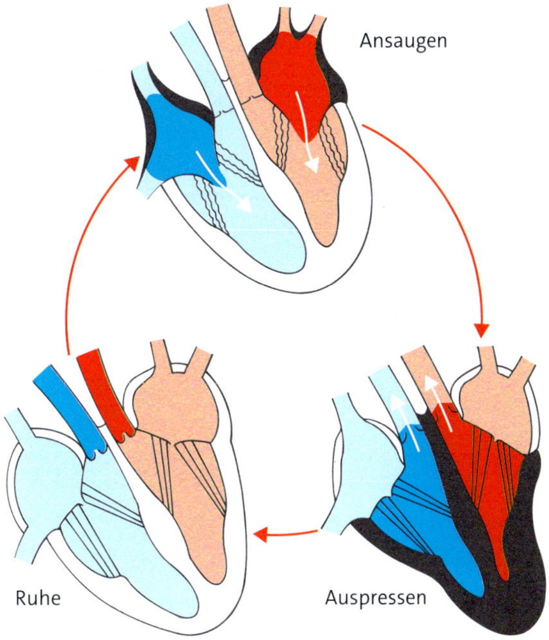

2 Phasen der Herztätigkeit

Lage und Bau Das **Herz** ist nicht herzförmig! Es ist auch nicht der Wohnort der Seele. Heutzutage weiß man, dass das Herz eine ausdauernde Hochleistungspumpe ist. Das Herz hat etwa Faustgröße und ist innen hohl. Es liegt eingebettet in einer schützenden Hülle etwas links des Brustbeins.

Genau betrachtet besteht das Herz aus zwei gleichzeitig arbeitenden Pumpen, die zwei unterschiedliche Kreisläufe in Gang halten. Damit das funktionieren kann, ist das Herz in vier Bereiche unterteilt. Zwei kleinere **Vorkammern** dienen als Aufnahmebehälter für das Blut. Dahinter liegen jeweils zwei **Hauptkammern**, die die eigentlichen Pumpwerke darstellen. Beide Herzhälften sind durch die Herzscheidewand vollständig voneinander getrennt.

Arbeitsweise Das Blut nimmt immer denselben Weg. Das an Sauerstoffmolekülen arme Blut aus dem Körper erreicht zuerst die rechte Vorkammer. Geschlossene Segelklappen versperren den Weg in die zugehörige Hauptkammer. Sie öffnen sich erst, wenn die entleerte Hauptkammer sich dehnt und erneut Blut ansaugt. Ist die rechte Hauptkammer mit Blut gefüllt, zieht sie sich zusammen und presst das Blut durch die Taschenklappe in die Lungenarterie zur Lunge. Dort findet der Gasaustausch statt, sodass das Blut wieder mit Sauerstoffmolekülen angereichert wird. Über die Lungenvene fließt es zurück zum Herzen und erreicht die linke Vorkammer. Wenn sich die linke Vorkammer zusammenzieht, öffnen sich die Segelklappen und das mit neuen Sauerstoffmolekülen beladene Blut strömt in die linke Hauptkammer. Sobald sich die Hauptkammer zusammenzieht, wird das Blut durch die Taschenklappen in die Körperarterie gepresst. Beide Vorkammern ziehen sich in Wirklichkeit gleichzeitig zusammen, ebenso die beiden Hauptkammern. Wir spüren das plötzliche Zusammenziehen der Kammerwände als Herzschlag. Verläuft eine Arterie dicht unter der Haut, wie an den Handgelenken, können wir den Herzschlag als Puls fühlen.

1. Ordne den Nummern in Abbildung 1 die passenden Fachbegriffe aus dem Text zu.

2. Beschreibe mithilfe von Abbildung 2 die Tätigkeit des Herzens in den unterschiedlichen Phasen.

3. Erkläre die Tatsache, dass bei der Dehnung der Hauptkammern nur Blut aus den Vorkammern angesaugt wird, nicht aber aus den Arterien.

4. Die Pumpleistung des Herzens ist beachtlich. Mit jedem Herzschlag werden zwischen 50 bis 200 Milliliter Blut in die Arterien gedrückt. Das Herz schlägt bei Kindern ungefähr 100-mal in der Minute. Berechne, wie viel Liter Blut dein Herz minimal beziehungsweise maximal in einer Minute durch den Körper pumpt.

Das Blut: Bestandteile und Aufgaben

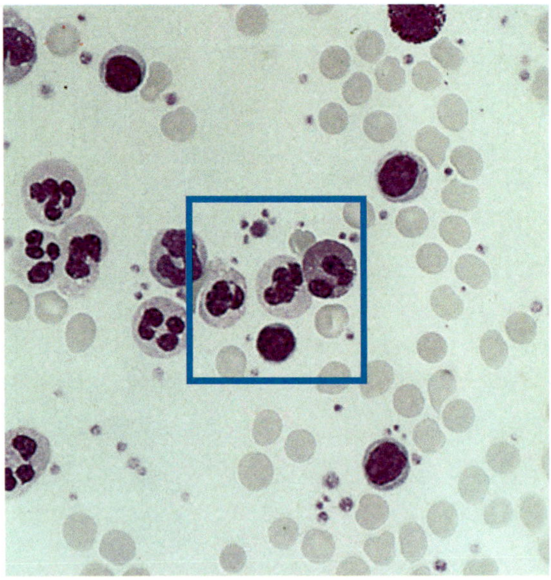

1 Blut unter dem Mikroskop (gefärbt)

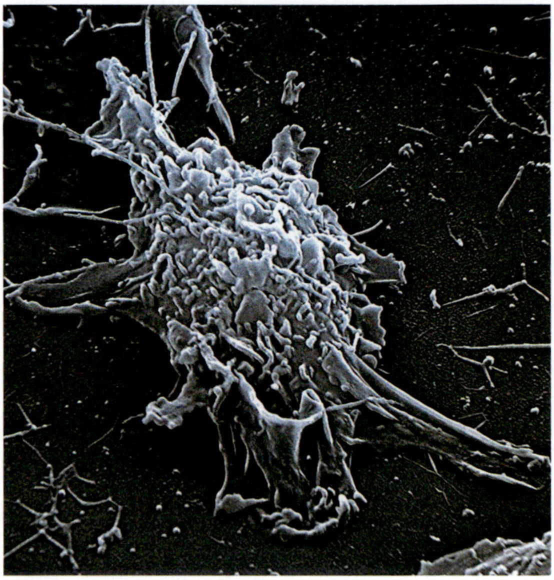

2 Kriechendes weißes Blutkörperchen

Die Bestandteile des Blutes Wenn man Blut einmal genauer betrachtet, nämlich durch ein Mikroskop, dann stellt man überrascht fest, dass das Blut nicht einheitlich rot ist. Es enthält in einer blassgelben Flüssigkeit, dem Blutplasma, viele Zellen, von denen die meisten rot sind. Sie geben dem Blut seine Farbe und heißen deswegen rote Blutkörperchen. Außer den roten Blutkörperchen gibt es noch die etwas größeren, weißen Blutkörperchen, die man anfärben muss, um sie mit dem Mikroskop gut beobachten zu können. Neben diesen beiden Zelltypen enthält das Blut als weitere feste Bestandteile zahlreiche kleine Blutplättchen.

Die Aufgaben des Bluts Ein Erwachsener hat vier bis sechs Liter Blut in seinem Körper. Das Blut mit seinen Blutzellen ist sozusagen ein flüssiges Organ. Es hat viele Aufgaben, für die jeweils ein ganz bestimmter Blutbestandteil verantwortlich ist. Das **Blutplasma** besteht hauptsächlich aus Wasser, in dem sich die aus dem Darm aufgenommenen Nährstoffmoleküle befinden, die zu den Körperzellen gebracht werden. Es transportiert auch die bei der Energieumwandlung entstehenden Kohlenstoffdioxidmoleküle zur Entsorgung in die Lunge. Mit dem Blutstrom werden zudem Hormone im ganzen Körper verteilt. Das Blutplasma überträgt auch Wärme, die vor allem von den inneren Organen freigesetzt wird, die weiter außen liegenden Gliedmaßen. Die **roten Blutkörperchen** enthalten einen roten Farbstoff. Mit dessen Hilfe können sie beim Umfließen der Lungenbläschen Sauerstoffmoleküle an sich binden und zu den Körperzellen transportieren. Die **weißen Blutkörperchen** kriechen selbstständig (► 2). Sie können die Blutgefäße verlassen, in das umliegende Gewebe einwandern und dort Krankheitserreger und Fremdkörper unschädlich machen. Eine Entzündung ist ein Zeichen für so einen Vorgang in unserem Körper. Bei einer Verletzung der Haut oder einer Entzündung werden tote Krankheitserreger und tote weiße Blutkörperchen manchmal in Form von Eiter für uns sichtbar.

Die **Blutplättchen** sind viel kleiner als die roten Blutkörperchen. Sie sind für den Wundverschluss zuständig. Bei einer Verletzung bewirken sie, dass sich an der verletzten Stelle ein dichtes Netz aus feinen Fasern bildet, in dem sich die Blutkörperchen verfangen. Dadurch entsteht eine Art Pfropfen, der innerhalb weniger Minuten die Verletzung verschließt. Diesen Vorgang nennt man Gerinnung. So geht kein weiteres Blut verloren. Bei größeren Wunden gerinnt das Blut nicht schnell genug. Durch Anlegen eines Verbands kann der Wundverschluss unterstützt werden.

1. Übertrage den markierten Teil von Abbildung 1 in dein Heft und beschrifte die Zeichnung.

2. Zähle vier Teilchenarten auf, die mit dem Blut zu den Zellen hin oder von den Zellen weg transportiert werden. Wenn sie dir nicht mehr einfallen, kannst du dich auf Seite 66 informieren.

3. Nenne weitere Aufgaben oder Eigenschaften des Blutes.

4 Frisches Blut kann so behandelt werden, dass es nicht gerinnt. Dann lässt man es einige Stunden ruhig stehen. Dieser Versuch wurde in Abbildung 3 festgehalten. Erkläre das Ergebnis dieser sogenannten Blutsenkung.

5 Erstelle eine Tabelle, in der du die vier wichtigsten Blutbestandteile und ihre Aufgaben auflistest.

6 Übernimm das Diagramm in Abbildung 4 vergrößert in dein Heft. Trage in sinnvoller Ordnung die folgenden Begriffe ein: feste Bestandteile, Blutplättchen, Fette, Proteine, weiße Blutkörperchen, Kohlenhydrate, flüssiger Bestandteil, Sauerstoff, Kohlenstoffdioxid, rote Blutkörperchen, Wasser, Mineralstoffe. Beachte dabei, dass die Begriffe in den orange hinterlegten Kästchen zusammengehören. Überlege einen Sammelbegriff und schreibe ihn darunter.

7 Ein Erwachsener hat pro Kilogramm Körpergewicht etwa 70 Milliliter Blut. Berechne die Blutmenge eines Erwachsenen mit 70 Kilogramm Körpergewicht. Knapp die Hälfte der Blutmenge besteht aus Blutkörperchen. Berechne, wie viele Liter Blutkörperchen das in diesem Fall sind.

8 Für Profis: Skizziere nach der Beschreibung im Text, wie der Wundverschluss an einem verletzten Blutgefäß funktioniert.

9 Für Profis: In großer Höhe enthält die Luft nur wenig Sauerstoff. Reist man aus dem Flachland ins Hochgebirge, fühlt man sich dort anfangs weniger leistungsfähig. Nach ein paar Tagen aber ist man wieder so leistungsfähig wie gewohnt. Stelle Vermutungen an, was hierbei im Körper geschieht.

Die Reinigung des Blutes Die Abfallstoffe der Körperzellen werden vom Blut aufgenommen. Da viele von ihnen in größeren Mengen für den Körper giftig sind, müssen sie aus dem Blut entfernt werden. Das ist die Aufgabe der beiden Nieren (▶5). Sie werden ständig von Blut durchflossen und filtern dabei die Gift- und Abfallstoffe heraus. Diese werden dann in Wasser gelöst als Urin vom Körper abgegeben.

10 Wenn man über einen längeren Zeitraum keine Flüssigkeit zu sich nimmt, leidet der Körper unter Wassermangel. Man nennt diesen Zustand auch Dehydratation. Erkläre, wie sich dies auf die Funktion der Niere auswirken könnte.

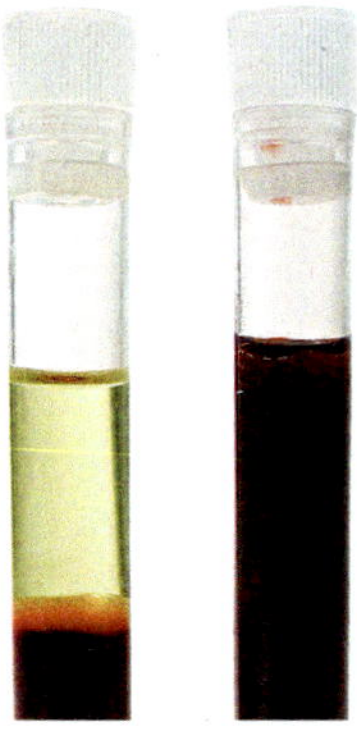

3 Blutsenkung: Blut nach mehrstündigem ruhigen Stehen (links), frisches Blut (rechts)

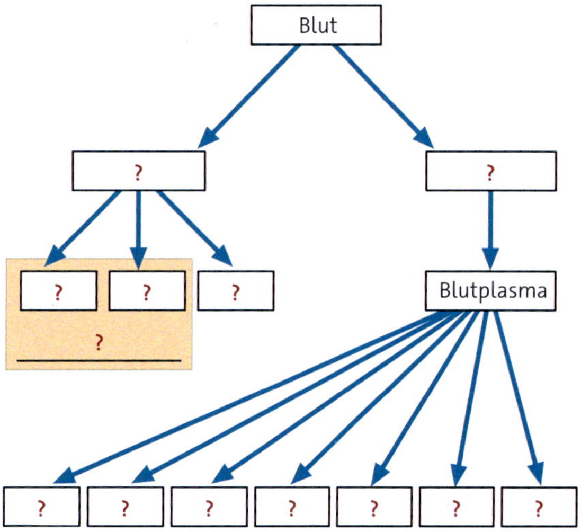

4 Diagramm zu den Bestandteilen des Blutes

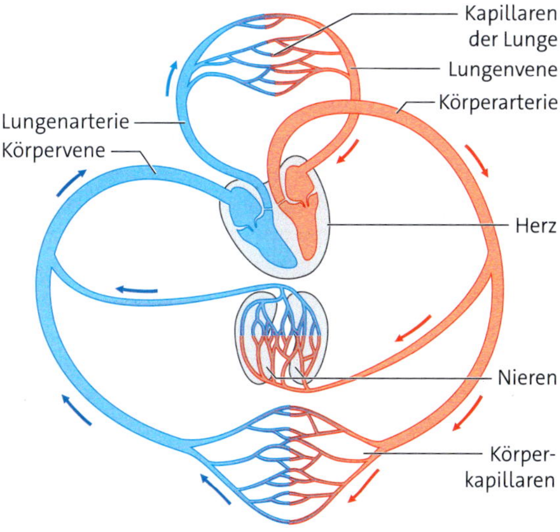

5 Die Position der Nieren im Blutkreislauf

Blutdruck und Gesundheit

Der Blutdruck Das Blut in den Blutgefäßen steht unter Druck. Dieser Druck ist aber nicht immer gleich. Er ist höher, wenn die Hauptkammer des Herzens sich gerade zusammenzieht und Blut in die Arterien gepresst wird. Wenn die Hauptkammer sich entspannt, ist er dagegen niedriger. Den oberen und den unteren Blutdruckwert erhält man bei der Blutdruckmessung. Die Werte liefern wichtige Informationen zum Gesundheitszustand des **Herz-Kreislauf-Systems**.

Der Blutdruck ist variabel Der Körper kann den **Blutdruck** auf unterschiedliche Weise beeinflussen. Das Herz kann sich kräftiger oder schwächer zusammenziehen. Es können aber auch die elastischen Arterien verengt werden. Die gleiche Blutmenge hat dann weniger Platz, deshalb steigt der Blutdruck. Ähnlich wie bei einem Engpass in einem Flussbett, wo das Wasser schneller fließt, muss auch das Blut in engen Arterien schneller fließen. Die Versorgung der Zellen mit Sauerstoff- und Nährstoffmolekülen wird dadurch verbessert. Durch die Blutdruckerhöhung kann die Leistungsfähigkeit des Körpers schlagartig gesteigert werden. Das ist wichtig in Gefahrensituationen, zum Beispiel im Straßenverkehr, wenn man sich in Sekundenschnelle in Sicherheit bringen muss. Aber auch beim Sport werden so die Muskeln besser versorgt. Der Körper passt den Blutdruck an die äußere Situation an. Willentlich lässt sich der Blutdruck kaum beeinflussen.

Bluthochdruck Ein hoher Blutdruck kann kurzzeitig zu einer Steigerung der Leistung führen. Ist der Blutdruck jedoch dauerhaft erhöht, kann sich dies negativ auf den Körper auswirken, da es ihm nicht guttut, ständig auf „Hochtouren" zu laufen. Hierdurch können zum Beispiel kleinere Blutgefäße platzen. Außerdem wird das Herz überlastet, weil es das Blut in engere Arterien pressen muss. Viele ältere Menschen leiden unter einem dauerhaft erhöhten Blutdruck.
Die häufigsten Gründe hierfür sind eine fettreiche Ernährung, Rauchen und zu wenig Bewegung, denn dadurch bilden sich Ablagerungen an den Innenwänden der Blutgefäße. Man sagt, die Gefäße „verkalken". Sie verlieren ihre Elastizität und werden starr. In den allmählich enger werdenden Blutgefäßen steigt zwar der Blutdruck, aber die wichtigen Nährstoff- und Sauerstoffmoleküle brauchen länger, um durch die verdickte Gefäßwand zu gelangen. Dadurch wird die Versorgung der Zellen mit lebenswichtigen Stoffen beeinträchtigt. Einmal in den Blutgefäßen gebildete Ablagerungen kann man nicht wieder beseitigen. Sie können die Lebensqualität verschlechtern und das Lebensalter deutlich verkürzen. Tückischerweise kann man die Ablagerungen nicht spüren, nur der steigende Blutdruck verrät sie. Vorbeugen kann man dieser Erkrankung des Herz-Kreislauf-Systems durch gesunde Ernährung, viel Bewegung, regelmäßigen Sport und den Verzicht auf das Rauchen. Dadurch werden das Herz trainiert, die Blutgefäße elastisch gehalten und Ablagerungen in den Gefäßen vermieden. So bleibt der Blutdruck bis ins hohe Alter normal.

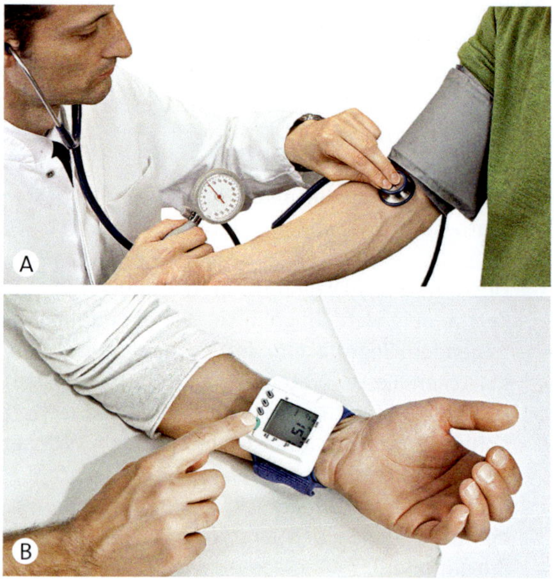

1 Blutdruckmessung: A mechanisch, B digital

1. Begründe, weshalb dauerhafter Bluthochdruck müde macht und nicht leistungsfähiger.

2. Das Bild rechts zeigt den Querschnitt durch ein gesundes Blutgefäß ohne Ablagerungen. Übertrage das Bild in dein Heft und zeichne daneben in zwei weiteren Querschnitten, wie sich das Blutgefäß eines starken Rauchers bei fettreicher Ernährung im Laufe der Jahre verändert.

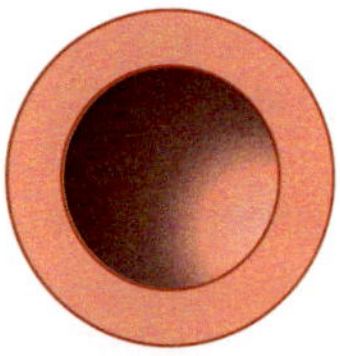

3. Eine Faustregel besagt, dass man für ein gesundes Herz-Kreislauf-System täglich 10.000 Schritte machen soll. Beschreibe, wie du vorgehen kannst, um zu ermitteln wie viele Schritte du am Tag machst.

4. Informiere dich im Internet oder in Fachliteratur über die Ursachen und Auswirkungen von Herzinfarkten und Schlaganfällen.

Unser Körper in Aktion

Der menschliche Körper reagiert auf unterschiedliche körperliche Belastungen.
Material: Stoppuhr mit Sekundenangabe

A Messung der Pulsschläge

Bei unterschiedlicher körperlicher Belastung soll die Zahl der Pulsschläge pro Minute gezählt werden. Der Puls kann gut an der Halsschlagader oder an der Innenseite des Handgelenks (Verlängerung des Daumens) gefühlt werden. Zur Messung der Zeit wird die Stoppuhr genutzt.

1. Übernimm die Tabelle (▶1) in dein Heft, um darin deine Messwerte einzutragen.
2. Zähle deine Pulsschläge für eine Minute, während du ruhig auf dem Stuhl sitzt. Notiere den Wert in der Tabelle.
3. Hüpfe zwei Minuten auf der Stelle und miss anschließend erneut deine Pulsschläge für eine Minute. Notiere den Wert in der Tabelle.

B Messung der Atemzüge

Nun soll bei unterschiedlicher körperlicher Belastung die Zahl der Atemzüge pro Minute gezählt werden.

4. Zähle deine Atemzüge für eine Minute, während du ruhig auf dem Stuhl sitzt. Notiere den Wert in der Tabelle.
5. Hüpfe zwei Minuten auf der Stelle und miss anschließend erneut deine Atemzüge für eine Minute. Notiere den Wert in der Tabelle.

Aktivität	ruhig Sitzen	Hüpfen
Pulsschlag pro Minute		
Atemzüge pro Minute		

1 Tabelle zur Messung der Pulsschläge und Atemzüge

6. Beschreibe, wie sich die Anzahl der Pulsschläge und die Anzahl der Atemzüge bei Belastung verändert haben.
7. Zwischen der körperlichen Aktivität, dem Pulsschlag und der Zahl der Atemzüge besteht ein Zusammenhang. Übernimm zu dessen Klärung das Schema unten (▶2) in dein Heft und schreibe die Begriffe oder Sätze aus den Kästchen an die richtigen Stellen.
8. Formuliere sämtliche Aussagen von Abbildung 2 in Sätzen nach dem Schema „Je ..., desto ...“ um. Schreibe sie in dein Heft.
9. Bei hoher Anstrengung kannst du sofort eine veränderte Zahl der Atemzüge feststellen. Erkläre, weshalb du nicht sofort auch mehr essen musst.
10. Nimm einmal an, dein Herz würde immer so schnell schlagen, wie bei deiner Messung im Sitzen. Berechne die Zahl deiner Herzschläge pro Stunde, pro Tag, pro Jahr, und in einem 70 Jahre dauernden Leben.

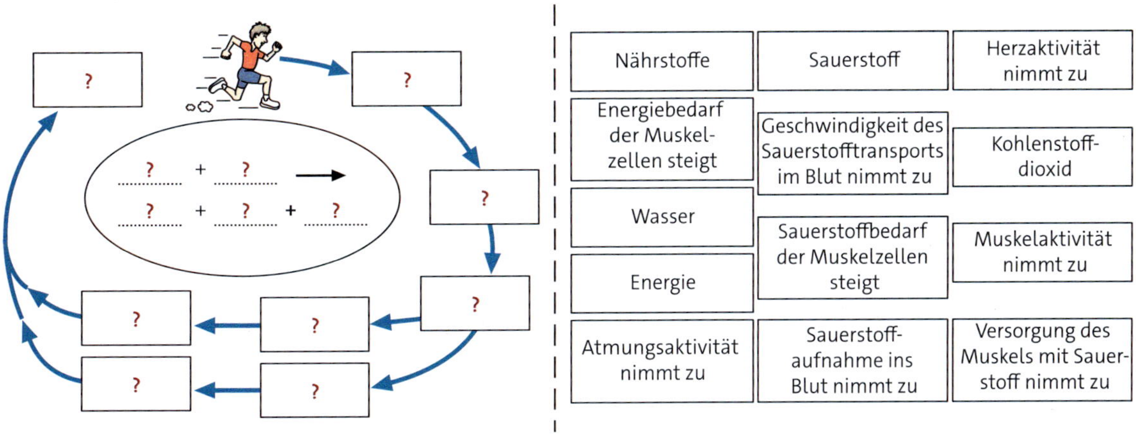

2 Zusammenhang zwischen körperlicher Aktivität, Pulsschlag und Atemzügen

Stoffwechsel: Stoff- und Energieumwandlung

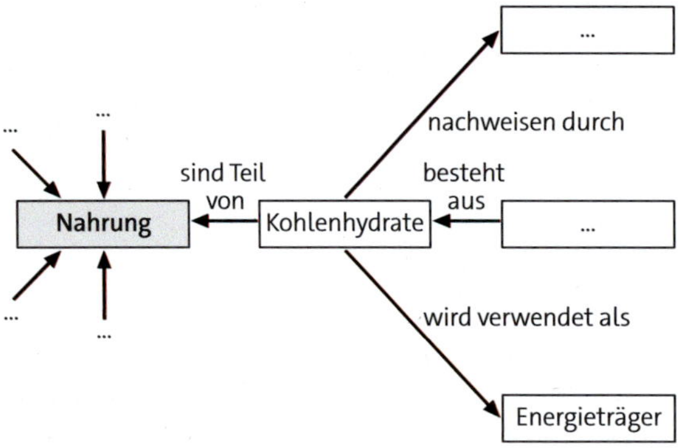

1 Angefangene Concept Map zur Nahrung

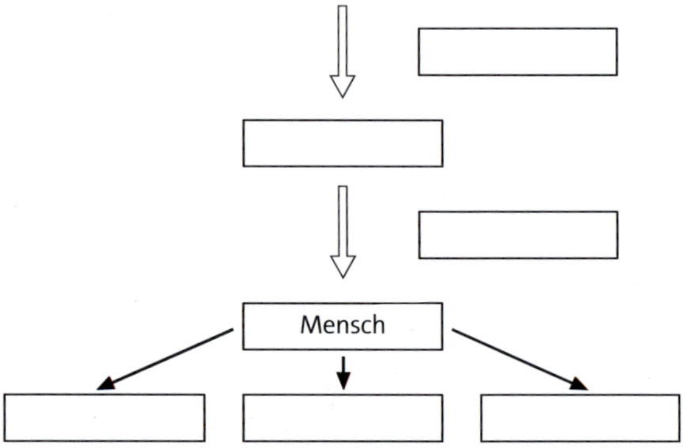

3 Energieumwandlung im Überblick

Concept Maps sind eine gute Möglichkeit, sich einen Überblick über ein Thema zu verschaffen. Genau richtig für ein so umfangreiches Kapitel.

1. Entwickle nach der Vorgabe in Abbildung 1 eine Concept Map zur Nahrung. Nutze hierzu folgende Begriffe: Fette, mageres Fleisch, Fettfleckprobe, Ballaststoffe, Proteine, Salatöl, Säureprobe, Traubenzucker, Energieträger (2 x), Vitamine, Kohlenhydrate, Baustoff, Fehlingprobe, Verwendung, Mineralstoffe.

Hersteller von Energydrinks werben damit, dass ihre Getränke den Körper schnell mit viel Energie versorgen.

2. Beschreibe, wie man mithilfe von Nachweisreaktionen prüfen kann, ob Energydrinks Energielieferanten sind.

3. Begründe, warum Traubenzucker schneller Energie liefert als Stärke.

4. Abbildung 2 zeigt die geplanten Experimente eines Mitschülers, mit denen er prüfen möchte, ob der Drink Zucker enthält. Bewerte seine Überlegungen.

2 Experimentierplan eines Mitschülers

Für ein Referat zum Thema „Energie treibt uns an!“ hast du dir ein Übersichtsschema überlegt.

5. Übernimm das Strukturdiagramm aus Abbildung 3 und füge die Begriffe der Wortliste ein: Pflanze, Bewegungsenergie, elektrische Energie, in Nahrung enthaltene Energie, Wärme, Sonnenenergie.

4 Energieumwandlung in der Technik

6. Auch in der Technik nutzen wir die Umwandlung von Energie. Finde möglichst viele Energieumwandlungen in Abbildung 4 und nenne, wenn möglich, die Energieform vor und nach der Umwandlung.

7. Auch in unseren Körperzellen finden Energieumwandlungsprozesse statt. Ein ganz wichtiger ist die Reaktion von Traubenzucker mit Sauerstoff. Formuliere die Wortgleichung der Reaktion.

8. Für Profis: Stelle eine begründete Vermutung an, welche der Energieumwandlungen in Abbildung 4 sich am ehesten mit der Zellreaktion aus Aufgabe 7 vergleichen lässt.

Die neue Runde des Wettbewerbs „Jugend präsentiert“ steht an. Ihr wollt einen Beitrag mit dem Thema „Der Weg des Pausenbrötchens nach dem Essen“ einreichen.

9 Hierzu müssen einige Fachbegriffe dem Publikum erklärt werden. Schreibe eine möglichst kurze, aber auch einfach zu verstehende Erklärung für die Begriffe: Verdauung, Verdauungsorgan, Stoffwechsel.

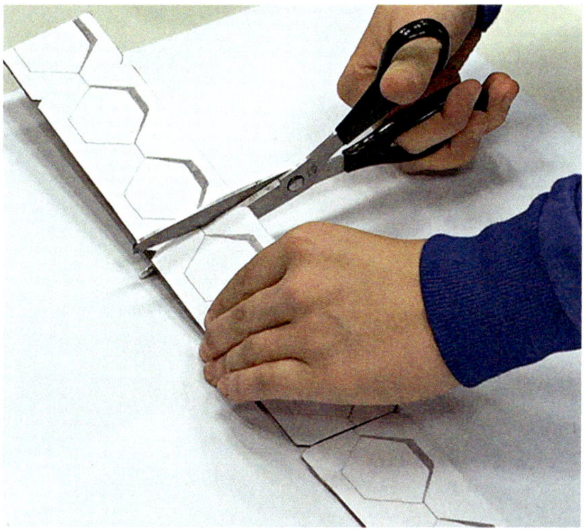

5 Modell zur Stärkeverdauung

10 Zum besseren Verständniss der Verdauung von Stärke habt ihr ein Modell gebaut. Erkläre anhand Abbildung 5 die Wirkungsweise der Nanomaschinen bei der Stärkeverdauung.

11 Auch das Prinzip der Oberflächenvergrößerung wollt ihr anhand eines Modells erklären. Euer Lehrer schlägt vor, einfach zwei gleich lange Seilstücke zu verwenden. Erkläre, wie man damit die Oberflächenvergrößerung darstellen kann.

12 Nenne drei Beispiele aus Natur oder Technik, bei denen die Oberflächenvergrößerung eine wesentliche Rolle spielt.

Energiewert und Bestandteile pro 100 g	
Energiewert:	1750 kJ (420 kcal)
Fett:	30 g
Kohlenhydrate:	35 g
Proteine:	10 g
Ballaststoffe:	1 g

6 Nährwertinformation einer Süßschnitte

13 In der Abbildung 6 ist eine Tabelle mit Nährwertinformationen eines bekannten Pausensnacks zu sehen. Werte das Diagramm nach der Methode auf Seite 51 aus und bewerte, ob der Snack eine gute Pausenmahlzeit ist.

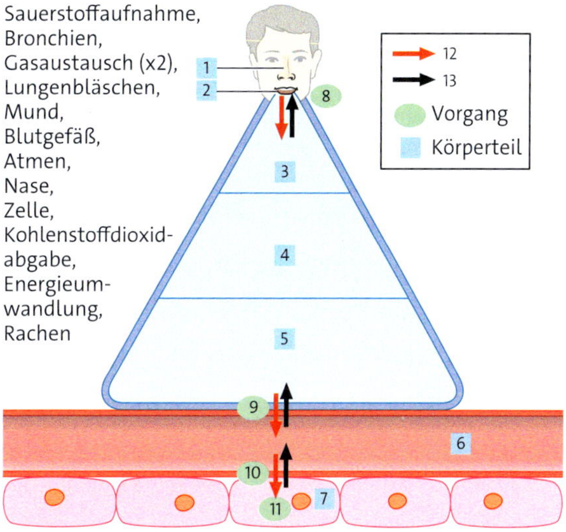

7 Schema der Atmung

14 Das Schema in Abbildung 7 zeigt vereinfacht sämtliche Vorgänge der Atmung und des Gasaustauschs. Ordne den Nummern Begriffe aus der Wortliste zu und erläutere den Vorgang mit eigenen Worten. Gehe hierbei auf die verschiedenen Organisationsebenen des Körpers ein.

15 In Abbildung 8 ist ein einfaches Herzmodell zu sehen. Erläutere, welche Vorgänge mithilfe des Modells erklärt werden können.

16 Viele Funktionen des menschlichen Herzens sind jedoch nicht mit dem Modell aus Abbildung 8 zu erklären. Nenne die Grenzen des Modells und mache Vorschläge, wie man es erweitern könnte.

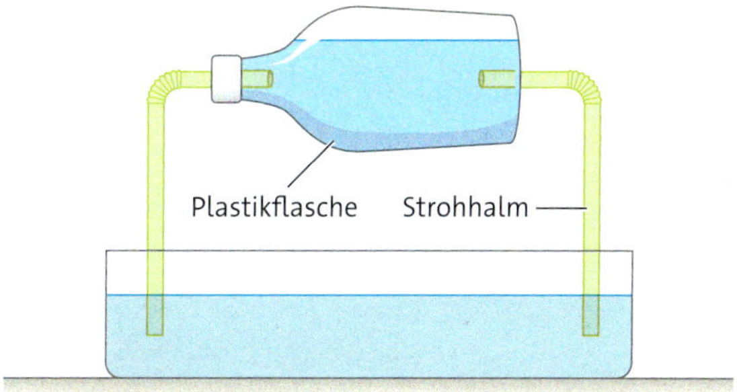

8 Einfaches Herzmodell

Fortpflanzung, Wachstum und Entwicklung

Wie alle Lebewesen verändern wir uns im Laufe unseres Lebens. In deinem Alter beginnt die Entwicklung vom Kind zum Erwachsenen, in der sich dein Körper darauf vorbereitet, dass du einmal Kinder bekommen beziehungsweise zeugen kannst.
Diese Zeit ist nicht immer einfach – aber vor dir liegt auch ein schöner und aufregender Lebensabschnitt.

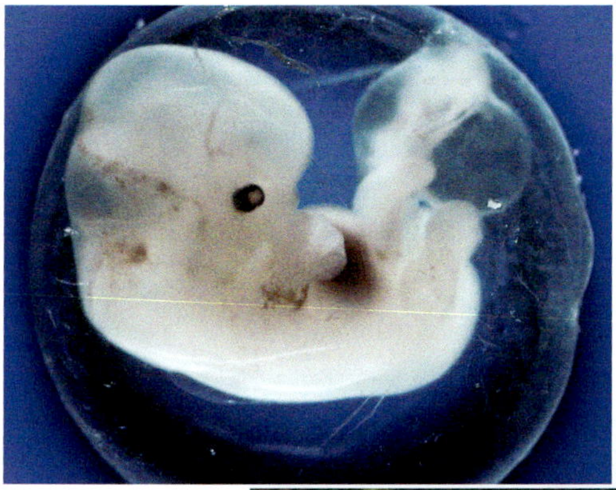

1. Betrachte das Bild mit dem Embryo. Nenne Organe und Körperteile, die du bereits erkennen kannst.

2. Betrachte das Bild mit den kleinen Kindern. Erkläre, weshalb es bei Kleinkindern schwerer fällt, Jungen und Mädchen zu unterscheiden.

3. Nenne Verhaltensweisen, die du bei Jugendlichen für typisch männlich und typisch weiblich hältst.

Erwachsen werden: Gefühle und Einstellungen verändern sich

1 Mädchen und Jungs bleiben unter sich.

2 Zum ersten Mal verliebt

Herzklopfen – veränderte Gefühle Jungen und Mädchen spielen in ihrer Kindheit oft miteinander. Als Heranwachsende gehen sie jedoch anders miteinander um. Sie bleiben eher unter sich und bilden in ihrer Freizeit oft reine Mädchen- oder Jungengruppen.
Irgendwann kann es aber passieren, dass du für jemanden ganz neue, starke Gefühle entwickelst. Dann möchtest du „ihr" oder „ihm" gefallen. Zu groß, zu klein, zu dick, zu dünn? Das Aussehen spielt jetzt für viele eine wichtige Rolle. Deine Gefühle fahren Achterbahn. Mal hast du vielleicht „Schmetterlinge im Bauch", wenn du nur an „sie" oder „ihn" denkst, mal bist du traurig, wenn du dich von „ihr" oder „ihm" nicht beachtet fühlst.
Verliebt sein ist ein aufregendes und schönes Erlebnis. Vor allem ist es deine ganz persönliche Angelegenheit. Es gibt keine Regeln, wann und wie etwas passieren soll. Tu nur, wozu du wirklich bereit bist. Lass dich nicht von Gleichaltrigen beeindrucken – meistens haben sie nicht mehr Erfahrungen als du selbst.

Veränderte Einstellungen Auch das Verhältnis zu deinen Eltern wird anders. Du entwickelst deine eigene Meinung, die anders sein kann als die deiner Eltern. Für dich werden einige Dinge wichtiger als zuvor.
Vielleicht erscheint es deinen Eltern zunächst ungewohnt und schwierig, dich mehr und mehr deine eigenen Wege gehen zu lassen, damit du herausfindest, was für dich im Leben wirklich wichtig ist. Es kann öfter Meinungsverschiedenheiten geben, zum Beispiel über Freunde, über die Schule, über Musik, die du gern hörst, über deine Hobbys oder darüber, wie lange du abends wegbleiben darfst. Genauso wie deine Eltern jetzt lernen müssen, dich loszulassen und deine Meinung und deinen Willen zu respektieren, musst du lernen, andere Menschen und deren Meinungen zu achten.

Gewusst was, wie und warum Wieso beginnen sich Denken und Gefühle in der Pubertät eigentlich zu verändern? Woher „weiß" der Körper, wann zum Beispiel Achselhaare gebildet werden und wo sie wachsen sollen? Wieso beginnen bei Mädchen die Brüste zu wachsen oder bei Jungen die Hoden und der Penis?
Verantwortlich dafür sind unterschiedliche Botenstoffe, die **Hormone.** Sie werden in winzig kleinen Mengen in speziellen **Drüsenzellen** gebildet, die sich zum Beispiel im Gehirn und in den Geschlechtsorganen befinden. Bei Bedarf werden die Hormone in das Blut abgegeben. So erreichen sie alle Bereiche in unserem Körper. Trotzdem reagiert nicht der ganze Körper auf jedes Hormon. Denn Hormone sind spezialisiert und lösen deshalb nur gezielt an ganz bestimmten Stellen des Körpers Reaktionen aus.

Das Hormonsystem Neben dem Nervensystem ist das Hormonsystem das zweite Nachrichtensystem unseres Körpers. Alle Hormone, die etwas mit der Fortpflanzung, also mit Sexualität zu tun haben, bezeichnet man als Sexualhormone. Hormone steuern aber noch viele andere Vorgänge in unserem Körper, zum Beispiel Wachstum und Stoffwechsel. Es gibt sie nicht nur beim Menschen, sondern auch bei Tieren und Pflanzen.

1. Frage deine Eltern, was sie mit dem Begriff Pubertät verbinden.

2. Frage deine Eltern oder älteren Geschwister, wie sie ihre eigene Pubertät erlebt haben.

Erwachsen werden: Der Körper verändert sich

Möglicherweise wussten deine Eltern schon vor deiner Geburt, ob du ein Junge oder ein Mädchen bist. Bei einer Ultraschalluntersuchung (▶1) kann die Frauenärztin oder der Frauenarzt feststellen, ob das ungeborene Kind Schamlippen oder einen Penis hat. Bis auf diese Geschlechtsorgane unterscheiden sich die Körper von Mädchen und Jungen in der Kindheit meistens nur wenig.
Je nach eigenem Tempo ändert sich das im Alter zwischen neun und zwölf Jahren. Manche Mädchen und Jungen schießen regelrecht in die Höhe. Der Körper nimmt allmählich eine weibliche oder männliche Form an. Die verschiedenen Organe und Körperteile wachsen ungleichmäßig. Daher kann der Körper eines Jugendlichen zeitweise unförmig wirken. Die Haut wird fettiger und trotz sorgfältiger Körperpflege bilden sich oft Pickel. Im Bereich der Geschlechtsorgane, dem Schambereich, und unter den Achseln wachsen Haare. Bei Mädchen entwickeln sich die Brüste und die Schamlippen wachsen. Bei Jungen vergrößern sich die Hoden und der Penis, eine Weile später setzt der Stimmbruch ein und ein erster Bartflaum wird sichtbar.

Pubertät Die Zeit, in der sich Kinder zu Erwachsenen entwickeln, nennt man **Pubertät** (von lateinisch pubescere: heranwachsen). Sie dauert drei bis vier Jahre.
Bei Mädchen beginnt sie durchschnittlich zwei Jahre früher und verläuft bei jedem anders, da jeder Körper sein eigenes Tempo hat: Das gilt besonders für das Körperwachstum, die erste **Monatsblutung** oder den ersten **Spermaerguss**. Manchmal dauert es eine Weile, bis sich die Jugendlichen mit ihrem veränderten Körper angefreundet haben.

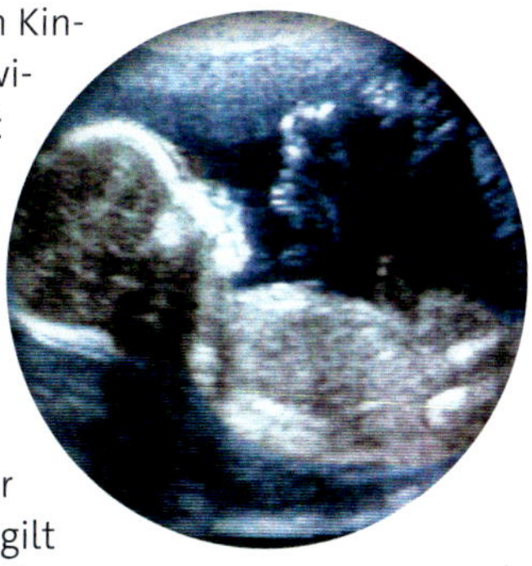

1 Ultraschallbild. Der Penis ist deutlich zu erkennen.

❶ Betrachte die Abbildung unten und beschreibe die Veränderungen vom Kind zum Erwachsenen beim Mädchen und beim Jungen.

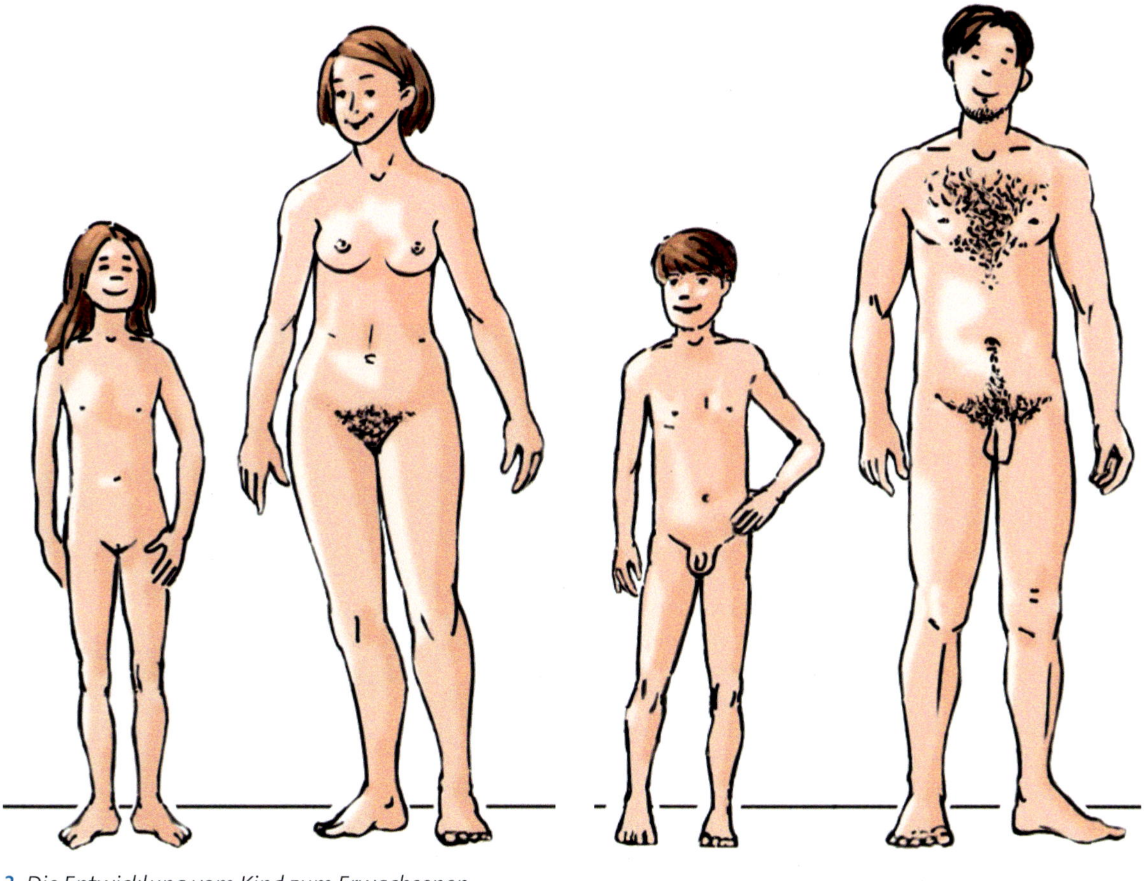

2 Die Entwicklung vom Kind zum Erwachsenen

Die männlichen Geschlechtsorgane

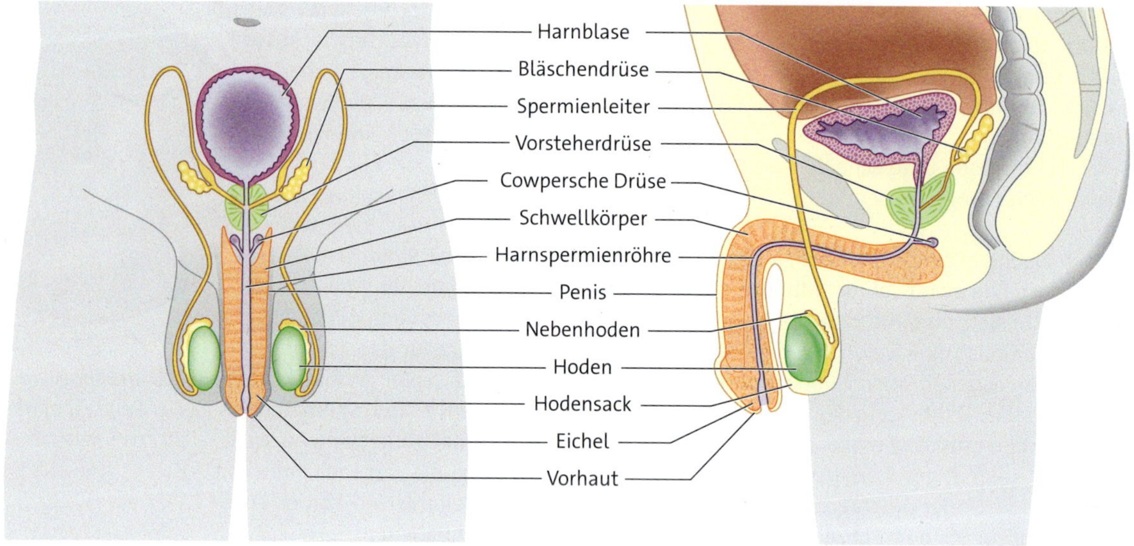

1 Männliche Geschlechtsorgane

Die männlichen Geschlechtsorgane Beim Mann befinden sich die Geschlechtsorgane hauptsächlich außen am Körper (▶ 1). Der Hodensack enthält je zwei **Hoden** und **Nebenhoden**. Die Hoden bilden das männliche Geschlechtshormon Testosteron und die männlichen Keimzellen, die **Spermienzellen** (▶ 2).
Mit dem Penis, auch Glied genannt, werden die Spermienzellen in den Körper der Frau übertragen. Die in den Hoden gebildeten Spermienzellen werden in den Nebenhoden gespeichert. Die vollständige Entwicklung einer Spermienzelle dauert ungefähr 70 Tage. Von den Nebenhoden führen die schlauchförmigen **Spermienleiter** zur **Harnröhre**. Diese verläuft im Penis und mündet an seinem Ende nach außen. Um die Harnröhre herum liegen die Schwellkörper, die von vielen Blutgefäßen durchzogen sind. Wenn diese sich mit Blut füllen, versteift sich der Penis und richtet sich auf. Dieser Vorgang wird **Erektion** genannt (von lateinisch erectus: aufgerichtet). Die Cowperschen Drüsen geben einen sogenannten Lusttropfen ab, der als natürliches Gleitmittel beim Geschlechtsverkehr dienen kann. Bei einem **Spermaerguss**, einer Ejakulation, werden die Spermienzellen mit Flüssigkeiten aus den Bläschendrüsen und der Vorsteherdrüse gemischt, die die Spermienzellen schützen und beweglicher machen. Diese Flüssigkeiten zusammen mit den Spermienzellen nennt man **Sperma**. Den vorderen Teil des Penis bildet die **Eichel**, die von der verschiebbaren **Vorhaut** bedeckt ist. Eichel und Vorhaut besitzen zahlreiche Sinneszellen, die auf Berührungen reagieren. Der Reiz wird über Nervenbahnen in das Gehirn übertragen und löst dort angenehme und aufregende Empfindungen aus.

Bildung und Abgabe von Spermienzellen Bei den meisten Jungen beginnen die Hoden zwischen dem 12. und 15. Lebensjahr Spermienzellen zu bilden. Wenn der Speicher in den Nebenhoden voll ist, kommt es zu einem Spermaerguss. Das geschieht fast immer im Schlaf. Auf dem Höhepunkt der Erregung wird das Sperma dabei nach außen geschleudert. Das ist mit angenehmen Gefühlen verbunden. Außerdem ist es ein Zeichen dafür, dass ein Junge jetzt in der Lage ist, Kinder zu zeugen. Ein Spermaerguss kann auch durch Streicheln oder Reiben des eigenen Penis ausgelöst werden.

2 Mikroskopische Aufnahme von Spermienzellen

Die weiblichen Geschlechtsorgane

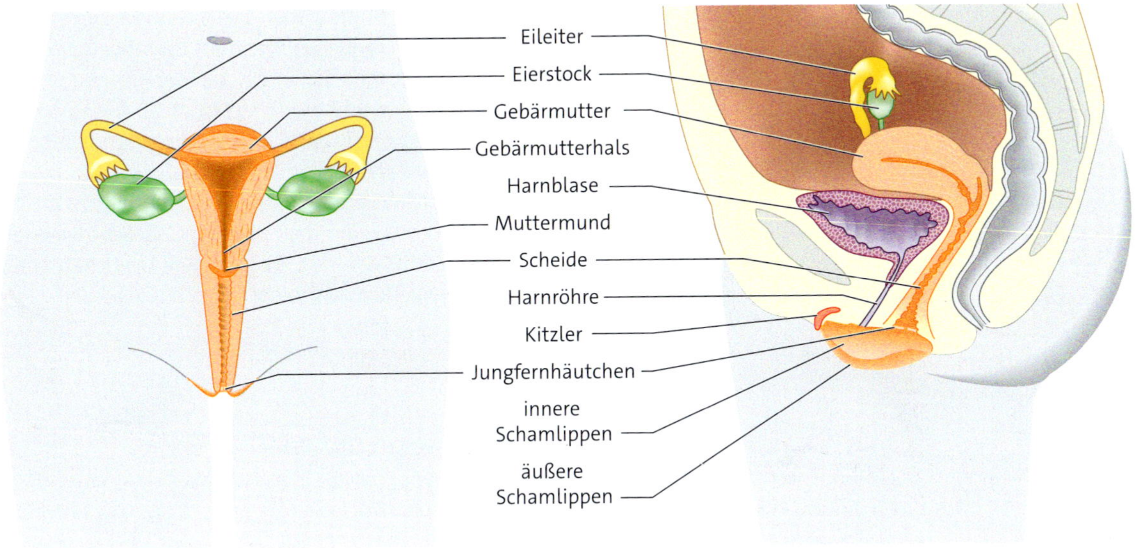

1 Weibliche Geschlechtsorgane

Die weiblichen Geschlechtsorgane befinden sich zum größten Teil geschützt im Körperinnern (▸1). In den beiden Eierstöcken reifen die Eizellen heran. Sie stellen zudem weibliche Geschlechtshormone her. Von jedem Eierstock führt ein schlauchförmiger **Eileiter** zur **Gebärmutter**. Sie ist etwa faustgroß und hat eine muskulöse, dehnbare Wand. In der Gebärmutter entwickelt sich bei einer Schwangerschaft das Kind. Deswegen ist sie innen mit einer sehr gut durchbluteten **Schleimhaut** überzogen. Am unteren Ende der Gebärmutter beginnt ein dehnbarer Muskelschlauch, der nach außen führt, die Scheide. Ihr Ausgang ist von einem ringförmigen Häutchen, dem Jungfernhäutchen umgeben. Die Scheide nimmt bei der körperlichen Vereinigung von Mann und Frau den Penis auf. Über der Scheidenöffnung endet die **Harnröhre**. Beide Öffnungen und der Kitzler werden von den inneren und äußeren Schamlippen bedeckt. Der Kitzler, auch **Klitoris** genannt, besitzt zahlreiche Sinneszellen, die beim Geschlechtsverkehr angenehme und erregende Gefühle auslösen.

Der weibliche Zyklus Im Alter zwischen neun und sechzehn Jahren findet bei Mädchen die erste Monatsblutung, die Menstruation, statt. Manche sagen dazu auch Periode, Regel oder nur: „Ich habe meine Tage". Die Menstruation dauert drei bis sieben Tage und ist in den ersten zwei Jahren oft noch unregelmäßig. Danach wiederholt sie sich etwa einmal im Monat.
Denn ab jetzt reift jeden Monat im Eierstock eine Eizelle heran. Beim **Eisprung** gelangt sie in den Eileiter und kann dort innerhalb von 12 bis 18 Stunden durch eine Spermienzelle befruchtet werden. Ein Mädchen kann nun also schwanger werden, wenn es mit einem Jungen „schläft".
Die Gebärmutterschleimhaut wächst an und wird für die Aufnahme des Keims vorbereitet.
Wird die Eizelle jedoch nicht befruchtet, lösen sich 14 Tage später die oberen Schichten der Gebärmutterschleimhaut ab. Sie werden mit etwa 60 Milliliter Blut als Menstruationsflüssigkeit ausgeschieden. Anschließend wird die Gebärmutterschleimhaut wieder neu aufgebaut und der nächste Zyklus beginnt.

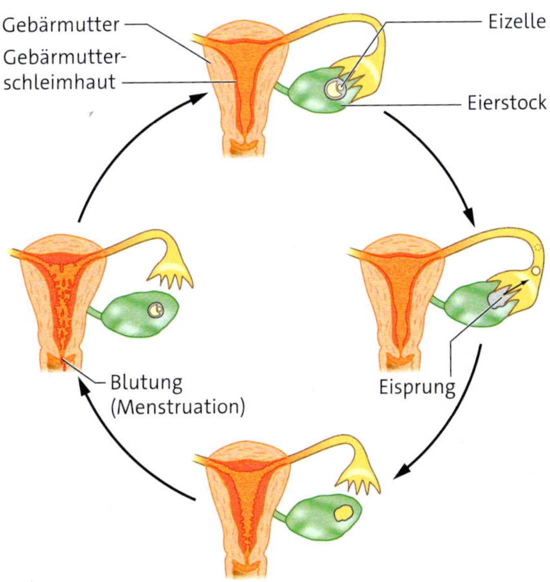

2 Schematische Darstellung des Menstruationszyklus

Was noch erwähnt werden muss ...

1 Eine Pubertät ohne Pickel gibt es leider nicht.

Warum bekomme ich plötzlich Pickel? Die Talgdrüsen der Haut stellen einen fetthaltigen Stoff her, den **Talg**. Er sorgt dafür, dass die Haut geschmeidig bleibt. Besonders zu Beginn der Pubertät bewirken Hormone eine verstärkte Talgherstellung. Lagert er sich an den Gängen der Drüsen ab, führt das zu einer Verengung oder gar Verstopfung. Der neu hergestellte Talg kann nicht mehr abfließen. Es bildet sich ein weißer Punkt auf der Haut. Gelangt an der Drüsenöffnung nun Luft an den Talg, verfärbt er sich schwarz. So bilden sich kleine dunkle Punkte auf der Haut, die sogenannten **Mitesser**. Wenn Bakterien dort eindringen und eine Entzündung hervorrufen, bildet sich ein **Pickel** (►1). Wird ein gelblicher Punkt auf einem Pickel sichtbar, hat sich darin Eiter gebildet. Sind tiefere Hautschichten von der Entzündung betroffen, spricht man von **Akne**.

Was kann ich gegen Akne machen? Pickel auszudrücken hilft nur selten – meist gelangen dadurch neue Bakterien in die Poren. Besser ist es, dein Gesicht etwa zweimal am Tag mit warmem Wasser und einer pH-neutralen Waschlotion zu reinigen. Keimhemmende Creme, die man nach der Reinigung aufträgt, verhindert die Vermehrung von schädlichen Bakterien.
Wenn die Akne trotz regelmäßiger Hautpflege sehr stark ist, kann dir ein Hautarzt helfen. Meistens verschwindet eine Akne nach einigen Jahren aber von allein.

Warum soll ich mich jetzt häufiger waschen? Auch die **Schweißdrüsen** arbeiten in der Pubertät stärker als bisher. Talg und Schweiß werden von Bakterien zersetzt. Dabei entstehen unangenehme Duftstoffe. Deshalb ist es sinnvoll, sich täglich zu waschen, damit deine Freunde und Freundinnen dich noch „riechen können".
Besonders der Intimbereich benötigt ab der Pubertät tägliche Pflege, um der Entwicklung unangenehmer Gerüche und Entzündungen vorzubeugen.
Geh zu einer Ärztin oder einen Arzt, wenn du im Intimbereich Juckreiz oder Schmerzen spürst oder Brennen beim Wasserlassen hast. Das können Anzeichen einer Infektion sein, die meist nicht von allein abheilt.

NACHGEHAKT

Pflege für deinen Körper

- Dusche oder bade dich mindestens zwei- bis dreimal pro Woche und verwende dazu hautschonende (pH-neutrale) Pflegemittel.
- Wasche dir mindestens zwei- bis dreimal pro Woche die Haare.
- Wasche täglich die Achselhöhlen. Bei Bedarf kannst du zusätzlich ein Deo benutzen.
- Tupfe nach dem Wasserlassen die Harnröhrenöffnung mit Toilettenpapier ab und vergiss anschließend das Händewaschen nicht.
- Reinige und kürze regelmäßig die Finger- und Zehennägel.
- Wechsle täglich die Unterwäsche.

Nur für Jungen

Entferne täglich die Absonderungen zwischen Vorhaut und Eichel. Ziehe dafür die Vorhaut vorsichtig so weit wie möglich zurück und wasche die Eichel mit viel warmem Wasser und wenig pH-neutraler Waschlotion. Verwende keine Seife! Suche eine Ärztin oder einen Arzt auf, wenn sich die Vorhaut nicht oder nur unter Schmerzen zurückziehen lässt.

Nur für Mädchen

Wasche den Intimbereich auch zwischen den Schamlippen einmal täglich und während der Menstruation bei Bedarf öfter mit warmem Wasser und etwas pH-neutraler Waschlotion. Innerlich kann sich die Scheide selbst reinigen. Achte auf der Toilette darauf, mit dem Toilettenpapier immer nur von vorne nach hinten zu wischen.

Was ist das Jungfernhäutchen? Das **Jungfernhäutchen** ist ein sehr dehnbares ringförmiges Häutchen um den Scheideneingang. Die Form und Stärke dieses Häutchens sind bei jedem Mädchen unterschiedlich. Die verbleibende Öffnung ist normalerweise groß genug für die Verwendung von Tampons. Beim ersten Geschlechtsverkehr kann das Jungfernhäutchen einreißen.

Wann und wie wächst die Brust? In der Pubertät lassen die weiblichen Geschlechtshormone die Brust wachsen: manchmal zuerst die rechte, dann die linke oder andersherum. Am Ende sind dann beide etwa gleich. Dabei hat jede Frau eine einzigartige Brust: Sie kann groß, klein, rund, oval, eher spitz oder hängend sein. Einem Partner ist die Form oder Größe deiner Brust übrigens sowieso meist egal. Hier zählt viel mehr die Art wie du bist. Und dazu gehört, dass du dich in deinem Körper wohl fühlst.

2 Brüste können unterschiedlich geformt sein.

Auf was muss ich bei der Periode achten? Während der Periode kannst du entweder **Binden** oder **Tampons** benutzen, um das Blut aufzufangen. Beide müssen, je nach Stärke der Blutung, alle vier bis acht Stunden gewechselt werden. Anfangs erscheint der Gebrauch einer Binde vielleicht einfacher. Nimm das, womit du dich wohl fühlst. Während der Regel kannst du normalerweise alles tun, was du auch sonst tun würdest. Wenn du Schwimmen gehen möchtest, solltest du einen Tampon verwenden. Du solltest ihn aber gleich danach wechseln.

3 Binden und Tampons helfen während der Periode.

Wie lang ist normalerweise ein Penis? Schlaff ist ein Penis ab etwa dem sechzehnten Lebensjahr 7 bis 10 Zentimeter lang. Ist er eher klein, kann er bei Erregung stark anwachsen. Ist er schlaff schon recht groß, wird er kaum größer, wenn er steif wird. Im erregten Zustand messen Penisse zwischen 11 und 17 Zentimeter. Ob der Penis klein, groß, dick oder gebogen wird, liegt allein an unserem Erbgut. Ein großer Mann kann dabei einen relativ kleinen Penis haben und ein kleiner Mann einen eher großen. Die Länge des Penis ist aber weder für die Zeugungsfähigkeit noch für das Lustempfinden der Frau wichtig, da die Scheide durchschnittlich nur 13 Zentimeter lang ist und ausschließlich der vordere Teil der Scheide besonders empfindsam ist.

4 Kein Penis gleicht dem anderen.

Warum werden manche Jungs beschnitten? Die empfindliche Eichel ist von einer Vorhaut bedeckt. Lässt sie sich im Verlaufe der Pubertät nicht vollständig zurückschieben, können darunter Entzündungen entstehen. Auch beim Steifwerden des Penis kann sie dann über die Eichel spannen, sodass es weh tut. Meist verordnet der Arzt dann eine Creme, die die Vorhaut bei regelmäßiger Anwendung dehnbar macht. Hilft das nicht, muss der Arzt entscheiden, ob eine **Beschneidung** nötig ist. Dabei wird häufig nur ein Teil der Vorhaut in einer einfachen Operation entfernt. In verschiedenen Kulturen und einigen Religionen wie dem Islam oder dem Judentum werden Jungen aus traditionellen Gründen beschnitten.

5 Bei der Beschneidung wird nur die Vorhaut entfernt.

1. Schreibe Fragen, die du zum Thema Pubertät hast auf einen Zettel. Die Zettel werden von der Lehrkraft eingesammelt und anschließend in der Klasse besprochen.

Dein Körper gehört dir

1 Jeder hat seine eigene Art, „Nein“ zu sagen.

Grenzen setzen Menschen, die wir mögen, berühren wir gern und wir finden es meist auch schön, wenn sie uns anfassen. Manche Stellen am Körper haben eine sehr persönliche Bedeutung für uns. Bei Mädchen und Frauen sind dies Intimbereich und Brüste, bei Jungen und Männern Penis und Hoden. Auch Lippen, Zunge und Po gehören dazu. Werden diese intimen Körperstellen berührt, kann das besonders angenehm sein.
Es kommt aber auch vor, dass manche Berührungen in dir ein ungutes Gefühl hervorrufen. Das können zu lange und zu feste Umarmungen Erwachsener sein, die nicht darauf achten, wie es dir dabei geht. Das kann ein Freund oder eine Freundin sein, der oder die dich so berührt, dass es für dich nicht in Ordnung ist.
Vertraue in solchen Situationen auf deine Gefühle. Wenn deine innere Stimme Ja zu einer Berührung sagt, ist alles in Ordnung. Wenn dir aber etwas unangenehm ist, hast du jederzeit das Recht, Nein zu sagen und deine Ablehnung deutlich zu zeigen. Das gilt auch, wenn du dich durch Blicke oder Worte belästigt fühlst.

1. Schildere eine Situation, in der du dich gegen dein Gefühl entschieden hast und das gemacht hast, was andere von dir erwarteten.

2. Was würdest du tun, wenn du eine Berührung oder Situation nicht magst? Spielt das in einer kleinen Gruppe in einem Rollenspiel durch.

Missbrauch Es gibt Menschen, die zu ihrem eigenen Vergnügen Jungen oder Mädchen gegen deren Willen an intimen Körperstellen anfassen. Andere zeigen ihre Geschlechtsteile oder wollen an den Geschlechtsteilen angefasst werden oder erzwingen Geschlechtsverkehr. Diese Menschen missbrauchen Kinder oder Jugendliche. Oft versuchen solche Personen über Chats im Internet Kontakte mit Minderjährigen aufzunehmen. Gib daher im Internet keine persönlichen Daten von dir an Fremde weiter und lass dich auf kein Treffen mit ihnen ein.
Wenn du einmal in eine Situation kommst, die dir sonderbar vorkommt, dann frage dich Folgendes:
- Habe ich ein Ja-Gefühl oder ein Nein-Gefühl?
- Weiß eine vertraute Person, wo ich bin?
- Kann ich notfalls Hilfe bekommen?

Wenn du dich nicht wohl dabei fühlst, solltest du Wünsche, egal wer sie äußert, auf jeden Fall ablehnen. Lass dich auf nichts ein, was du nicht wirklich möchtest. Das ist nicht immer einfach. Denn meist sind es keine völlig fremden Personen, sondern Menschen aus der Umgebung und sogar aus der Familie, die Kinder und Jugendliche missbrauchen.

Reden statt schweigen Es kann passieren, dass man sich von einem bekannten Erwachsenen zu etwas überreden lässt, was man so nie wollte. Vielleicht gelingt es auch einem Fremden, dein Vertrauen zu gewinnen oder dich durch Geschenke, Komplimente oder interessante Geschichten neugierig zu machen. Sprich mit jemandem darüber, dem du vertraust. Wenn dir nicht geglaubt wird, geh zum Nächsten.
Du kannst auch das kostenlose Info-Telefon des Deutschen Kinderschutzbunds nutzen: 08 00/1 11 03 33.
Menschen, die Kinder oder Jugendliche missbrauchen, versuchen oft ihnen die „Schuld daran“ zu geben. Sie drohen damit „alles zu verraten“ und hoffen dabei, dass die Kinder das „Geheimnis“ für sich behalten. Geheimnisse, die dich bedrücken, darfst du weitererzählen. Und ganz gleich, was passiert ist und wer dich bedrängt – es ist nie deine Schuld! Der einzige, der Schuld hat, ist derjenige, der dich gegen deinen Willen bedrängt. Niemand wird dir Vorwürfe machen. Viele, die du kennst, werden dich unterstützen, hinter dir stehen und dich mögen wie immer.

2 Es ist wichtig, Probleme mit jemandem zu besprechen.

Liebe – körperliche Vereinigung – Befruchtung

1 Verliebte wollen sich körperlich nah sein.

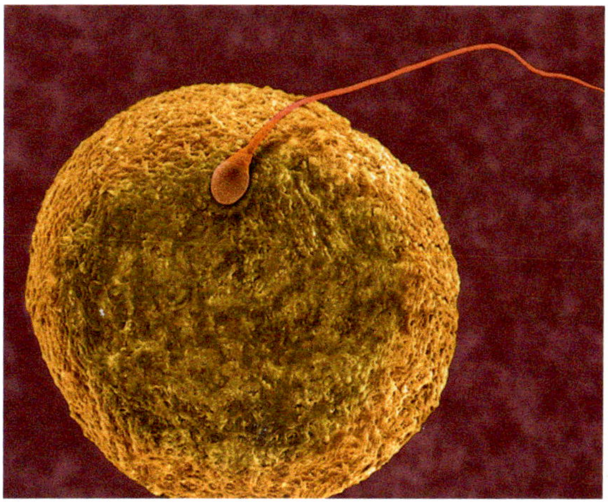

2 Eine Spermienzelle dringt in eine Eizelle ein.

Sich nahe sein Zu Menschen, die wir sehr gern mögen, suchen wir eine größere körperliche Nähe als zu anderen. Wir mögen es, wenn sie uns über den Kopf streicheln, uns an den Händen fassen oder in die Arme nehmen. Umgekehrt haben auch wir das Bedürfnis, sie zu berühren und auf diese Weise unsere Gefühle für sie zu zeigen. Zwei Menschen, die sich sehr stark zueinander hingezogen fühlen, einander lieben, wünschen sich eine größtmögliche körperliche Nähe. Wenn sie miteinander schlafen, sich körperlich vereinigen oder wie immer man das nennen mag, sind sich beide für einen Moment so nah wie sonst nie. Damit dies für beide ein schönes Erlebnis sein kann, müssen die Partner möglichst behutsam, zärtlich und rücksichtsvoll miteinander umgehen. Sie sollten sich daher wirklich gut kennen, einander vertrauen und offen über ihre Wünsche sprechen können.

Körperliche Vereinigung Biologisch bedeutet die körperliche Vereinigung zwischen Mann und Frau, dass der Penis des Mannes in die Scheide der Frau eindringt und somit Spermienzellen übertragen werden. Trifft eine Spermienzelle auf eine Eizelle, kann sich daraus ein neues Lebewesen, ein Kind, entwickeln.
Die körperliche Vereinigung ist von starken sexuellen Gefühlen begleitet, die durch seelische Empfindungen und körperliche Reize ausgelöst werden. Diese bewirken, dass sich bei der Frau die Schamlippen und der Kitzler mit Blut füllen und dadurch vergrößern. Die Scheide wird dehnbar und bildet eine Flüssigkeit, die die Aufnahme des Penis erleichtert. Beim Mann versteift sich der Penis, richtet sich auf und die Eichel wird durch den Lusttropfen befeuchtet. So kann der Penis in die Scheide der Frau eingeführt werden. Die intensive Berührung von Eichel und Kitzler kann dann bei beiden Partnern zum Orgasmus führen. Der Mann gibt dabei etwa drei bis vier Milliliter Sperma in die Scheide ab. Diese kleine Menge enthält die unglaubliche Anzahl von bis zu 300 Millionen Spermienzellen.

Die Befruchtung Die Spermienzellen gelangen durch Schlagen ihres Schwanzes und das rhythmische Zusammenziehen der Gebärmutter von der Scheide aus durch den Muttermund und den Gebärmutterhals in die Gebärmutter und weiter in die Eileiter. Hier überleben sie bis zu sechs Tage. Trifft eine Spermienzelle im Eileiter auf eine befruchtungsfähige Eizelle, dringt es mit seinem Kopfteil in diese ein. Danach verschmelzen die Zellkerne von Spermienzelle und Eizelle miteinander. Dieser Vorgang wird **Befruchtung** genannt.
Nach dem ersten Kontakt mit einer Spermienzelle bildet die Eizelle eine undurchdringliche Hülle aus. So ist sichergestellt, dass nur eine Spermienzelle in die Eizelle eindringen und sie befruchten kann. Aus dieser befruchteten Eizelle entwickelt sich schließlich ein neuer Mensch.

1. Stelle Vermutungen an, weshalb nur eine Spermienzelle in die Eizelle eindringen soll.

2. Die Spermienzellen des Mannes sind die kleinsten menschlichen Zellen. Die Eizellen der Frau dagegen gehören zu den größten menschlichen Zellen. Sie sind in etwa so groß wie ein Punkt, der mit einem spitzen Bleistift gemacht wurde. Begründe die Größenunterschiede.

3. Spermienzellen können im Eileiter sechs Tage überleben. Erkläre, welchen biologischen Sinn dies haben könnte. Lies hierzu noch einmal die Seite 79.

Von der Befruchtung bis zur Geburt

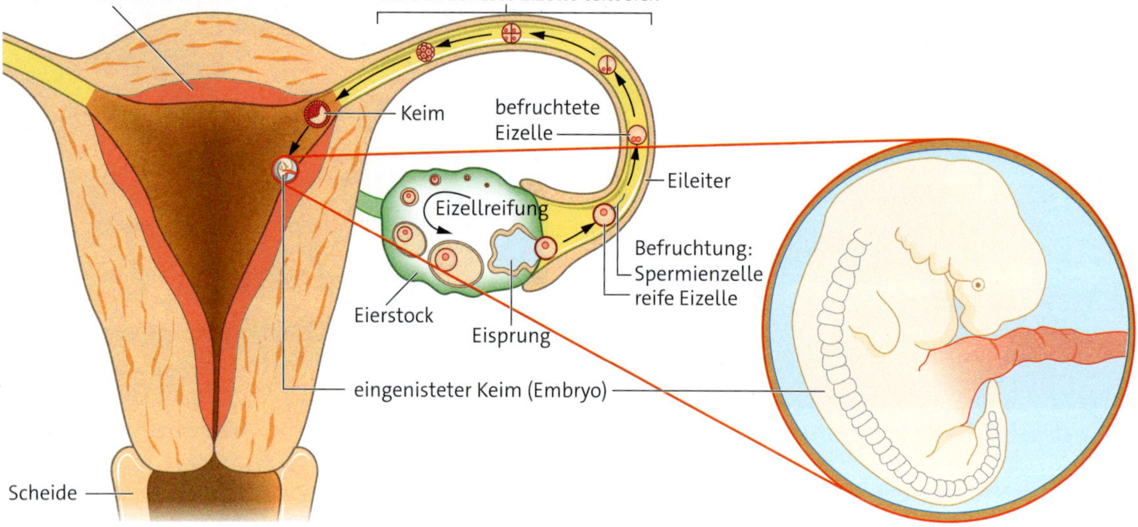

1 Vom Eisprung bis zur Einnistung des Keims

2 Über die Nabelschnur wird der Embryo versorgt.

Beginn der Schwangerschaft

Die befruchtete Eizelle wandert etwa drei bis vier Tage durch den Eileiter. Dabei finden viele Zellteilungen statt. Der so entstehende Keim besteht schon aus Hunderten von Zellen, wenn er in der Gebärmutter ankommt. Gleichzeitig bilden sich in der Gebärmutterschleimhaut zahlreiche Blutgefäße und sie wird dicker. Wenn der Keim die Gebärmutter erreicht, ist die Schleimhaut auf seine Aufnahme und Versorgung vorbereitet. Der Keim nistet sich ein und wird ab jetzt **Embryo** genannt.

Versorgung und Schutz

Bei der Einnistung wachsen einige Zellen des Keims in die Gebärmutterschleimhaut ein und bilden ein Gewebe, das Plazenta genannt wird. Der Embryo ist über die Nabelschnur mit der Plazenta verbunden. Da die Plazenta besonders gut vom mütterlichen Blutkreislauf versorgt wird, kann der Embryo viele Stoffe mit der Mutter austauschen.

Über die Plazenta können auch Giftstoffe in den kindlichen Kreislauf gelangen. Insbesondere Alkohol, Nikotin und einige Medikamente wirken sich schädlich auf das wachsende Kind aus. Deshalb sollten Schwangere unbedingt auf Alkohol und Zigaretten verzichten und sich gleichzeitig gesund ernähren und regelmäßig bewegen.

Weitere Zellen bilden nach der Einnistung um den Embryo eine dehnbare, mit Wasser gefüllte Fruchtblase. Darin wächst das Kind bis zur Geburt gut geschützt vor Erschütterungen und Stößen heran.

Zellteilung, Wachstum und Entwicklung

Der Embryo wächst. Dabei nimmt die Zahl seiner Körperzellen durch Zellteilungen ständig zu. Nach und nach entwickeln sich bis zum Ende der achten Woche alle Organe und Körperteile. Ab dieser Zeit wird das heranwachsende Kind **Fetus** genannt. Die Organe und Körperteile wachsen weiter und entwickeln sich vollständig bis zur Geburt.

Die Geburt

Nach ungefähr 40 Wochen ist die Entwicklung des Kindes abgeschlossen. Die Gebärmuttermuskulatur zieht sich in immer kürzeren Abständen kräftig zusammen. Das sind die sogenannten Wehen. Sie drücken das Kind im Geburtsverlauf aus der Gebärmutter und durch die Scheide. Es kommt normalerweise mit dem Kopf voran zur Welt und macht seine ersten Atemzüge.

3 Mutter mit Baby

Fortpflanzung, Wachstum und Entwicklung

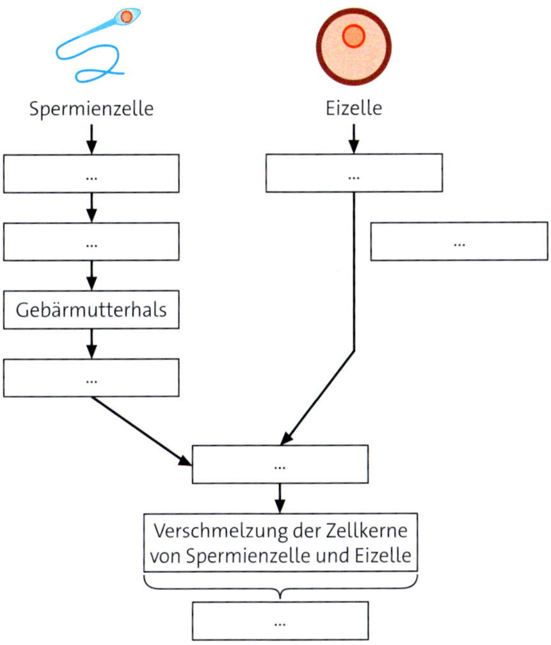

1 Der Weg eines Spermiums und einer Eizelle

1 Das Schema in Abbildung 1 zeigt den Weg einer Spermienzelle und einer Eizelle bis zur Verschmelzung. Übernimm das Schema in dein Heft und fülle die Lücken mit den Begriffen aus der Wortliste: Befruchtung, Eisprung, Eileiter, Eierstock, Gebärmutter, Muttermund, Scheide.

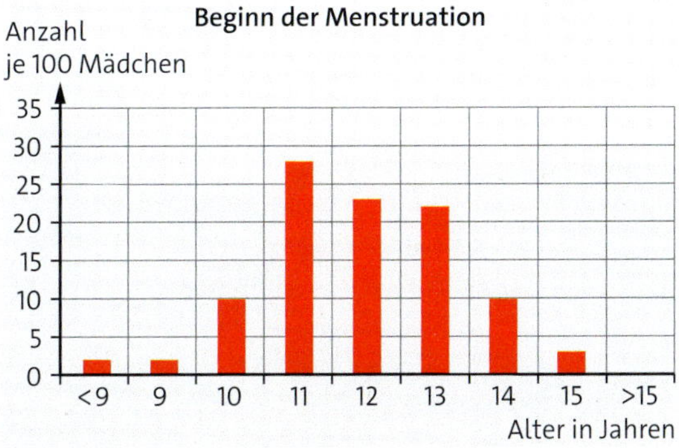

2 Erste Periode bei Mädchen

2 Deute das Diagramm nach der Methode auf Seite 51.

3 Eine Mitschülerin ist völlig verunsichert. Sie vertraut dir an, dass sie, im Gegensatz zu vielen anderen Mädchen der Klasse, noch nie „ihre Tage" hatte. Mache einen Vorschlag, wie du sie mithilfe des Diagramms beruhigen kannst.

4 Auf dem Etikett von Weinflaschen kann man das Symbol aus Abbildung 3 finden. Erkläre die Bedeutung des Symbols und begründe, weshalb es auf einer Weinflasche zu finden ist.

3 Warnsymbol auf dem Etikett einer Weinflasche

5 Stelle Vermutungen an, wo das Symbol noch zu finden sein könnte.

4 Der fühlende Mensch

Die Graphik in Abbildung 4 soll verdeutlichen, wie berührungsempfindlich die menschliche Haut an verschiedenen Stellen ist. Je größer ein Körperteil gezeichnet ist, desto empfindlicher reagiert es auf Berührungen.

6 Doch stimmt das so wirklich? Bewerte die Zeichnung mithilfe der Informationen auf den Seiten 78 und 79.

7 Stelle eine Vermutung an, weshalb die Grafik trotzdem in vielen Schulbüchern beim Thema Haut so abgebildet wird.

8 Für die Produktion von Spermienzellen muss der Köper Energie einsetzen. Zur Befruchtung würde eine einzige Spermienzelle ausreichen. Trotzdem werden bei der Ejakulation bis zu 300 Millionen Spermienzellen abgegeben. Stelle eine Vermutung an, wieso das so ist.

Fortpflanzung der Samenpflanzen

Samenpflanzen begleiten uns auf Schritt und Tritt. Es sind hohe Bäume, breite, stark verzweigte Sträucher oder kleine Kräuter, zu denen die Botaniker auch Blumen und Gräser zählen. Samenpflanzen bilden Wiesen, Wälder, Hecken und Felder.
An heißen Sommertagen spenden Bäume uns kühlen Schatten. Fast jeder mag den Duft und die Farben der Blumen. Früchte, Salate, Gemüse oder Tee genießen wir so selbstverständlich, wie wir Jeans oder T-Shirts aus Baumwolle tragen. Samenpflanzen haben in unserem Leben eine große Bedeutung. Sie wirken jedoch starr, fast leblos. Wenn wir sie genauer untersuchen, stellen wir aber fest, dass es sich um Lebewesen handelt.

1. Stelle Vermutungen an, welche Bedeutung die Pflanzen auf den Fotos jeweils für den Menschen haben.

2. Samenpflanzen sind Lebewesen, die wie Tiere einen typischen Bau haben. Nenne die Abschnitte, in die du den Körper einer Tulpe oder eines Kirschbaums gliedern würdest.

3. Stelle Vermutungen an, warum viele Blüten charakteristisch duften.

4. Äpfel oder Kirschen schmecken uns gut. Stelle Vermutungen an, wozu Samenpflanzen überhaupt Früchte bilden.

Samenpflanzen – Lebewesen mit einem typischen Bau

Zu den Landpflanzen zählen die Moos-, die Farn- und die Samenpflanzen. Nur die Samenpflanzen bilden Blüten und Samen. Die Blüten können dabei auffällig wie bei einer Rose oder unscheinbar wie bei einer Birke sein. Aus einem Teil der Blüte bildet sich eine Frucht, die einen oder mehrere Samen in sich trägt.

Körpergliederung und Organe Der Körper der Samenpflanzen besteht wie bei Tieren und Menschen aus spezialisierten Zellen und Geweben. Er hat einen typischen Grundbauplan aus drei Organen: **Sprossachse** oder **Stängel**, **Blätter** und **Wurzel**.
Die Sprossachse mit den Blättern zusammen wird auch als Spross bezeichnet. Die Blüten bestehen aus umgebildeten Blättern. Die drei Grundorgane übernehmen bei den meisten Samenpflanzen jeweils gleiche Aufgaben und haben daher eine vergleichbare Form (▶1).

Besonderheiten der Samenpflanzen Samenpflanzen können den Stoff Lignin (von lateinisch lignum: Holz) bilden und zusätzlich zur Zellulose in die Zellwände mancher Zellen einlagern. Auf diese Weise entsteht ein außerordentlich stabiles, gleichzeitig aber mitwachsendes Stützmaterial: das Holz. Es ermöglicht ein Wachstum der Bäume entgegen der Schwerkraft und trotz Wind- und Schneebelastung in Höhen von über 100 Metern.
Während bei Bäumen und Sträuchern große Teile des Pflanzenkörpers verholzen, sind es bei krautigen Pflanzen, den Kräutern, nur wenige Zellen. Kräuter sind deshalb für den Botaniker alle Pflanzen, die nicht oder kaum verholzen und deren oberirdischer Spross im Herbst meist abstirbt.
Die Blüten dienen der sexuellen Fortpflanzung. Nach der Befruchtung bilden sich aus Teilen der Blüte die Samen. Sie enthalten den als Ergebnis der sexuellen Fortpflanzung entstandenen Embryo, schützen und ernähren ihn.
Weil für die ganze Pflanzengruppe sowohl die Ausbildung von Blüten als auch von Samen besonders kennzeichnend ist, sprechen Botaniker heute von **Samenpflanzen** oder **Blütenpflanzen**.

1. Bei manchen Samenpflanzen sind einige Grundorgane stark verändert, sodass man nicht gleich erkennt, worum es sich handelt. Ordne den folgenden Pflanzenerzeugnissen die entsprechenden Grundorgane zu: Karotte, Rübe, Salat, Kork, Bambusrohr

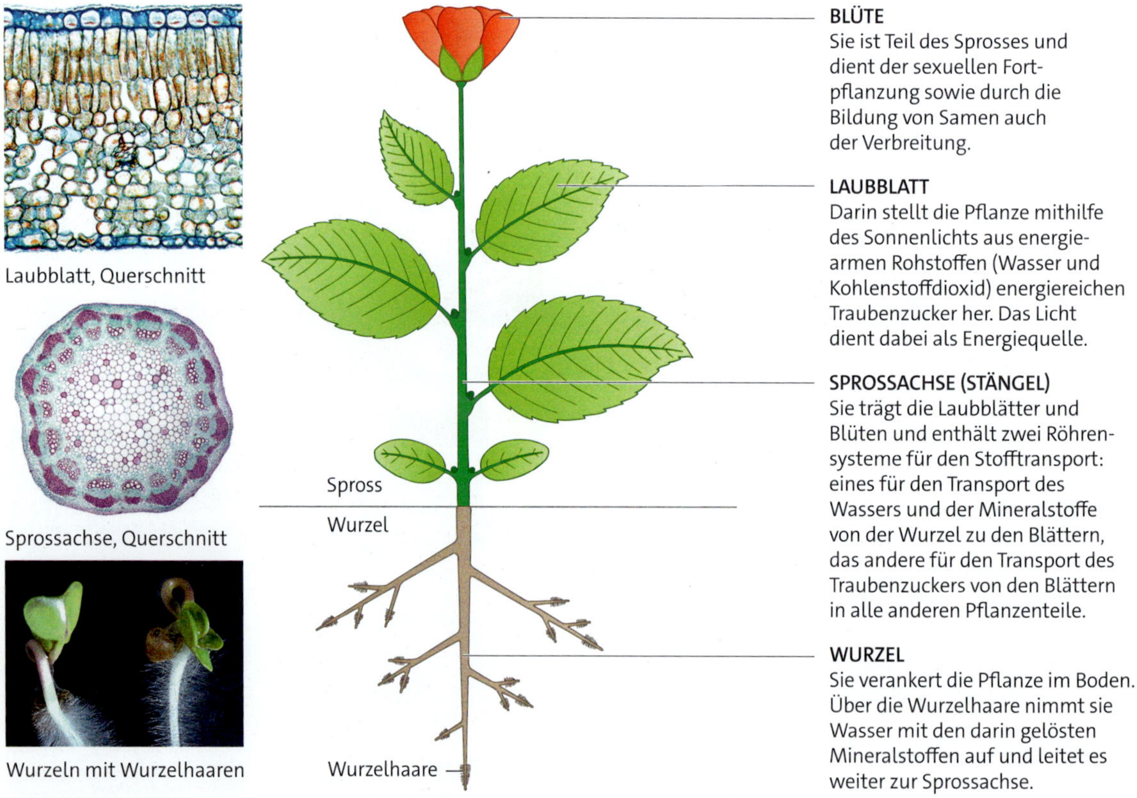

1 Grundbauplan einer Blütenpflanze und ihre Organe

Der Bau der Blüte

1 Blick in eine Tulpenblüte

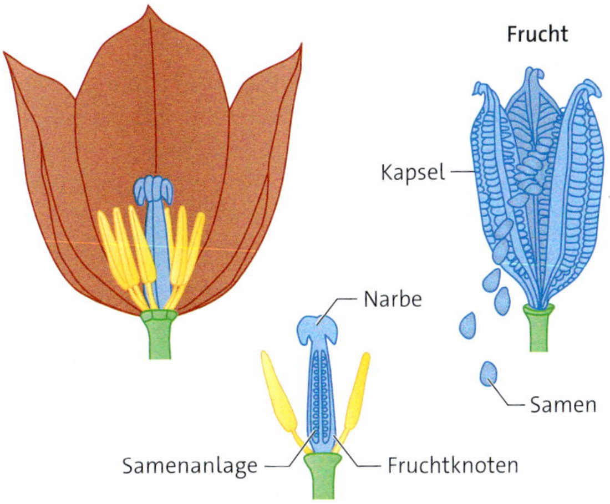

2 Tulpenblüte und reife Frucht

Um den Grundbauplan einer Blüte kennen zu lernen, untersuchen wir die großen Blüten der Gartentulpe.

Kronblätter Wenn du die Tulpenblüte von oben betrachtest, fällt dir vielleicht die Anordnung der **Kronblätter** auf: Von den sechs Kronblättern kann man sich drei gleichmäßig verteilt auf einem kleineren Innenkreis und drei auf einem größeren Außenkreis angeordnet denken. Dabei sitzen die Kronblätter des inneren Kreises in den Lücken zwischen den Kronblättern des äußeren Kreises.

Staubblätter Weiter innen folgen sechs längliche Gebilde, die **Staubblätter**. Ihre Anordnung kann man sich ebenfalls in Form eines inneren und äußeren Kreises denken. Jedes Staubblatt besteht aus einem dünnen Stiel, dem Staubfaden, und dem Staubbeutel, in dem die Pollenkörner, der Blütenstaub, gebildet werden. In den Pollenkörnern entwickeln sich die männlichen Keimzellen.

Stempel In der Mitte der Blüte sitzt der **Stempel**, der auch als Fruchtblatt bezeichnet wird. Er besteht bei der Tulpe aus einer verdickten, dreikantigen Säule, dem **Fruchtknoten**. Auf dem Fruchtknoten sitzt die **Narbe**. Bei den meisten Blütenpflanzen, zum Beispiel bei der Kirsche (▸3 und 4), sitzt die Narbe nicht wie bei der Tulpe direkt auf dem Fruchtknoten, sondern auf einem dünnen Stiel, dem Griffel, der aus dem Fruchtknoten ragt. Im Fruchtknoten befinden sich die Samenanlagen. Jede von ihnen enthält eine weibliche Keimzelle, die Eizelle. Nach der Befruchtung entwickeln sich aus den Samenanlagen die Samen. Diese enthalten Nährstoffe und den pflanzlichen Embryo. Gleichzeitig reift der Fruchtknoten zur Frucht, die die Samen umschließt.

Kelchblätter Eine Tulpenblüte besteht nur aus Kronblättern, Staubblättern und dem Stempel. Viele andere Blütenpflanzen, zum Beispiel die Kirsche, besitzen daneben noch Kelchblätter, die die Blütenknospe vor Witterungseinflüssen wie Nässe oder Kälte schützen. Trotz vieler Abwandlungen ist der Grundbauplan der Blüte bei allen Blütenpflanzen sehr ähnlich. Unterschiede zwischen den Blüten verschiedener Pflanzen liegen vor allem in der Anzahl, der Anordnung und dem Bau.

3 und 4 Kirschblüte, Längsschnitt

PRAKTIKUM

A Untersuchung einer Tulpenblüte

Material: Tulpenblüte, Pinzette, Bleistift, Heft

Durchführung: Zupfe von einer Tulpenblüte mit der Pinzette drei benachbarte Kronblätter ab, sodass du einen guten Einblick in die Blüte erhältst.

1. Zeichne dann diesen „Längsschnitt" durch die Blüte und beschrifte alle Teile.
2. Beschaffe dir Blüten anderer Pflanzen und identifiziere bei ihnen die beschriebenen Blütenteile. Liste die Abwandlungen zur Tulpenblüte auf.

Untersuchen und Präparieren einer Blüte

Das Untersuchen ist eine wichtige Methode in der Biologie, um beispielsweise den Aufbau einer Blüte zu verstehen. Blüten kann man mit bloßem Auge sehen. Verwendet man jedoch Hilfsmittel wie eine Lupe oder ein Binokular, so erkennt man durch die Vergrößerung Strukturen, die auf den ersten Blick nicht zu sehen sind. Ein weiteres Hilfsmittel ist die Pinzette. Mit ihr kann man die Blüte präziser als mit den Fingern aufweiten und Teile der Blüte entfernen. Dies wird als Präparieren bezeichnet. Blüten präpariert man, um ihren genauen Aufbau sowie die Zahl und Anordnung ihrer Bestandteile herauszufinden. Dabei gehen Wissenschaftler immer auf die gleiche Art und Weise vor.

So-geht's-Schritte:

1. Betrachtung ohne Hilfsmittel Nimm dazu die Kirschblüte in die Hand und sieh sie dir genau an, indem du sie in alle Richtungen drehst.

2. Anfertigung einer Überblicksskizze Schreibe oben auf das Blatt den Namen des Objekts sowie das Datum. Lege das Objekt vor dich hin und skizziere dessen Umriss mit Bleistift. Erfasse möglichst alle Bestandteile.

3. Beschriftung der Skizze Beschrifte deine Skizze, indem du zu jedem Bauteil mit dem Lineal einen Strich ziehst und am Rand der Skizze den Namen schreibst. Hierfür kann dir die Abbildung der Kirschblüte auf dieser Seite eine Hilfe sein.

4. Vergrößerung mit der Lupe Verwende jetzt die Lupe, um feinere Strukturen der Blüte zu erkennen. Halte die Lupe vor ein Auge und schließe das andere. Nimm die Blüte in die andere Hand und gehe mit der Lupe so nahe an die Blüte heran, bis du sie scharf siehst. Es gibt verschiedene Lupentypen: Leselupen vergrößern 2- bis 3-fach, Becherlupen 5-fach und die Klapplupe eines Biologen meist 10-fach. Ein Mikroskop bildet bis zu 1000-fach vergrößert ab.

5. Untersuchung und Präparation mit der Pinzette Verwende die Pinzette, um einzelne Bauteile der Blüte wie die Kelch-, Kron- und Staubblätter vorsichtig auseinander zu schieben, um sie in ihrer Ganzheit zu erkennen. Zupfe dann mit der Pinzette die einzelnen Blütenbestandteile möglichst vollständig von außen nach innen aus dem Blütenboden. Beginne mit den Kelchblättern. Lege sie gemäß ihrer Anordnung in der Blüte kreisförmig auf ein Blatt Papier. Verfahre mit den Kronblättern, den Staubblättern und dem Stempel ebenso. Fixiere die einzelnen Blütenteile mit Klebefolie und beschrifte sie.

1 Schüler beim Untersuchen einer Kirschblüte

2 Übersichtsskizze Kirschblüte

3 Legebild einer Kirschblüte

1. Fertige eine beschriftete Übersichtsskizze der Kirschblüte an, orientiere dich dabei an der obigen.
2. Beschreibe die Anordnung der einzelnen Blütenteile der Kirschblüte und gib jeweils ihre Anzahl an.
3. Zeichne das Legebild ab und beschrifte die Bauteile.
4. Präpariere in gleicher Weise die Blüten von anderen Pflanzen, wie einer Rapsblüte und vergleiche sie.

Ein Blütendiagramm erstellen

1 Aufsicht und Längsschnitt einer Rapsblüte

❶ Betrachte die Aufsicht auf eine Rapsblüte sowie den Längsschnitt. Beurteile die Vor- und Nachteile der beiden Darstellungsweisen hinsichtlich dessen, wie viele Bauteile der Blüte zu sehen sind.

Von oben oder der Seite betrachtet ist das Bild einer Blüte immer unvollständig. Es sind nie alle Blütenteile gleichzeitig zu sehen. Wenn Wissenschaftler alle Blütenbestandteile übersichtlich und vollständig darstellen wollen, erstellen sie ein Blütendiagramm. Ein Blütendiagramm zeigt alle Blütenbestandteile in der richtigen Anzahl und Anordnung auf einen Blick, wodurch zwei Blüten leicht miteinander verglichen werden können.

So-geht's-Schritte:

1. Genaue Untersuchung der Blüte und Anfertigung einer Übersichtsskizze Schiebe die einzelnen Bauteile der Rapsblüte vorsichtig etwas auseinander. Fertige eine einfache beschriftete Übersichtsskizze der Blüte an. Notiere zusätzlich die genaue Anzahl an Kelch-, Kron- und Staubblättern und Stempeln.

2. Präparation und Anfertigen eines Legebildes Zupfe mit der Pinzette die einzelnen Teile der Blüte möglichst vollständig aus dem Blütenboden aus. Lege gleiche Teile in Kreisen von außen nach innen auf ein Blatt Papier, so wie du sie in der Blüte von oben siehst. Beschrifte die einzelnen Blütenteile und fixiere sie mit Klebefolie. Als Hilfe kann dir Abbildung 2 dienen.

3. Erstellen des Blütendiagramms Übersetze das Legebild in ein Kreisschema, das von Biologen Blütendiagramm genannt wird. Zeichne hierfür mit dem Zirkel drei ineinander liegende Kreise und notiere die Legende so wie in der Abbildung 3. Der Stempel liegt in der Mitte der Blüte und kommt deshalb in die Mitte des Diagramms. Zähle nun die Staubblätter, die Kron- und zum Schluss die Kelchblätter und zeichne sie von innen nach außen auf jeweils einen neuen Kreis.

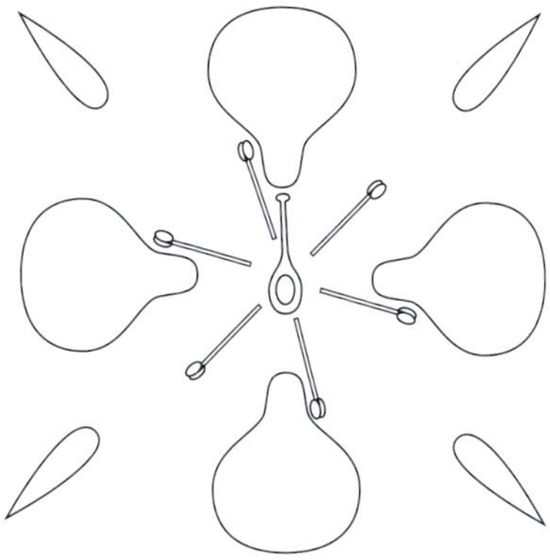

2 Legebild einer Rapsblüte auf einem Kreisschema

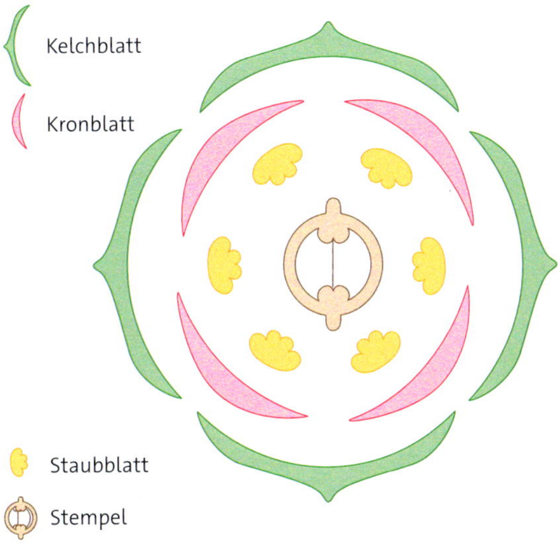

3 Blütendiagramm einer Rapsblüte

❷ Benenne die Bestandteile der Blüte in Abbildung 2.

❸ Erstelle weitere Blütendiagramme, wie zum Beispiel das einer Kirschblüte (▸ Seite 90) mithilfe der So-geht's-Schritte.

❹ Für Profis: Blütenformeln sind Kurzschreibweisen für Blütendiagramme. Die Rapsblüte hat, wie auch verwandte Pflanzen, die Blütenformel K4C4A2+4G(2). Dabei steht K für Kelchblätter, C für Kronblätter, A für Staubblätter und G(2) für zwei zusammengewachsene Fruchtblätter. Die Wilde Möhre hat die Blütenformel K5C5A5G(2). Zeichne das entsprechende Blütendiagramm und schau dir das Aussehen der Blüte der Wilden Möhre im Internet an.

Blüten dienen der Fortpflanzung

1 Biene an einer Kirschblüte mit Pollenkörnern an den Hinterbeinen

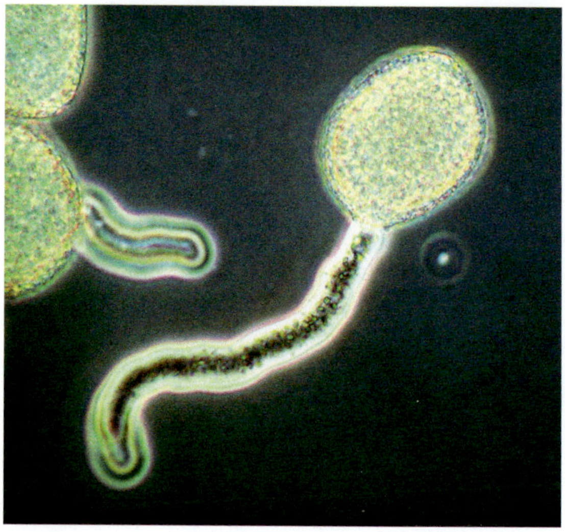

2 Das Pollenkorn bildet einen Pollenschlauch

Genau wie Tiere erzeugen auch Pflanzen durch geschlechtliche Fortpflanzung Nachkommen. Aus den reifen Kirschen können so im Verlauf einiger Jahre neue Kirschbäume entstehen. Doch welche Rolle spielen dabei die Insekten genau? Verläuft die Fortpflanzung bei Pflanzen wie der Kirschblüte ganz anders als bei Tieren und Menschen?

Nahrungsquelle Blüten Bienen finden ihre Nahrung in den Blüten vieler verschiedener Pflanzen. Mit dem Rüssel saugen sie zuckerhaltigen **Nektar** oder fressen proteinreiche **Pollenkörner**. Bienen sammeln die Pollenkörner auch und tragen sie als Larvennahrung in den Stock ein. Den Nektar stellen die Pflanzen allein für die Blütenbesucher her, und von den Pollenkörnern produzieren sie aus dem gleichen Grund mehr, als eigentlich notwendig wäre.

Blütenbesucher als Pollentransporteure Bei jedem Blütenbesuch bleiben viele der leichten und klebrigen Pollenkörner an den Härchen der Bienen und anderer Insekten hängen. Fliegen die Insekten danach eine andere Blüte derselben Pflanzenart an, können die Pollenkörner auf deren Narbe gelangen. Diesen Vorgang bezeichnet man als **Bestäubung**. Nur wenn die Blüte bestäubt wird, „lohnen sich" für die Pflanze die aufwendige Nektarherstellung und die verschwenderische Pollenproduktion. Viele Pflanzen besitzen daher auffällige Blütenblätter und geben Duftstoffe ab. Diese Signale machen mögliche Blütenbesucher aufmerksam und veranlassen sie vielleicht zur Landung auf der Blüte.

Blüten zur sexuellen Fortpflanzung Nach der Bestäubung beginnen sich die Pollenkörner auf der Narbe zu verändern. Sie bilden einen Schlauch aus, den man als **Pollenschlauch** bezeichnet. Während der Pollenschlauch auf die Samenanlage der Blüte zuwächst, bildet sich in seinem Innern eine männliche Keimzelle. Diese enthält die Erbinformation des Kirschbaums, von dem das Pollenkorn stammt. Wie bei Tieren und Menschen verschmilzt schließlich der Zellkern der männlichen Keimzelle mit dem Zellkern der Eizelle in der Samenanlage des Fruchtknotens. Durch die Befruchtung entsteht ein neues Lebewesen mit Erbinformationen von beiden Elternpflanzen. Wie Tiere können sich also auch Pflanzen **sexuell fortpflanzen**. Bienen und andere Insekten werden dabei nur als Transporteure für Pollenkörner benötigt.

Samen enthalten die Pflanzenembryonen Nach der Befruchtung verändert sich die Kirschblüte: Kelch-, Kron- und Staubblätter welken und fallen ab. Die Blüte verblüht. Auch die Narbe vertrocknet. Nur unter dem Mikroskop sieht man, was sich im Innern des Fruchtknotens abspielt. Durch Zellteilungen entwickelt sich aus der befruchteten Eizelle ein Pflanzenembryo mit den Anlagen für die Grundorgane Wurzel, Sprossachse und Blätter. Sobald der Embryo eine bestimmte Größe erreicht hat, geht er in einen Ruhezustand über.
Innerhalb der Samenanlage werden Nährstoffe zur ersten Versorgung des Embryos gespeichert. Aus der Wand der Samenanlage entwickelt sich die schützende harte Samenschale. Die Einheit aus Embryo, Nährstoffspeicher und Samenschale nennt man **Samen**.

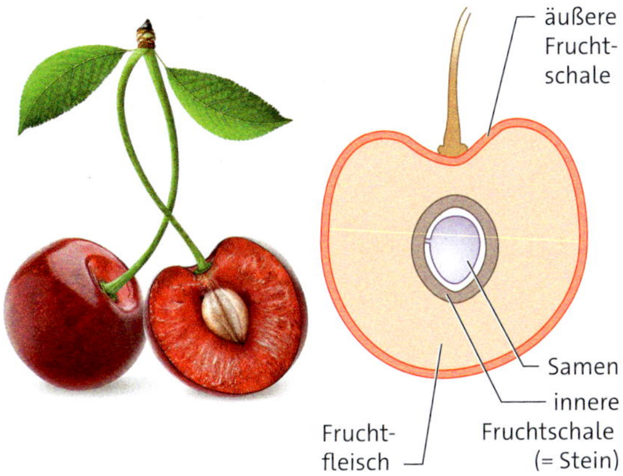

3 Längsschnitt durch die Steinfrucht der Kirsche

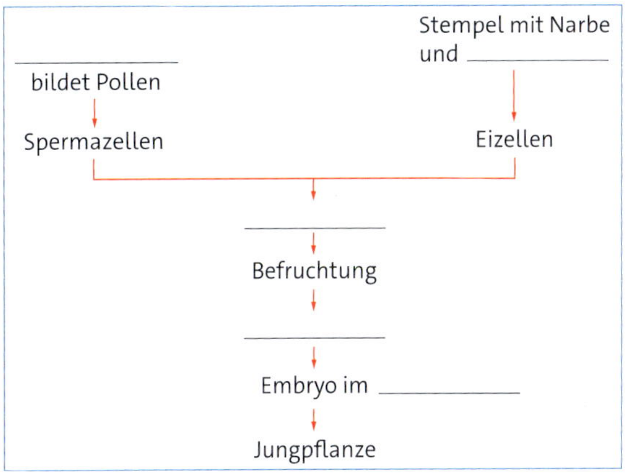

5 Pfeilschema zur Fortpflanzung bei Samenpflanzen

Der Fruchtknoten, der den Samen umschließt, verändert sich ebenfalls. Bei der Kirsche verhärtet sich seine innerste Schicht und bildet eine weitere Schutzschicht um den Samen, den Stein. Das geschieht auch bei einigen anderen Pflanzen wie Zwetschgen und Aprikosen. Man nennt ihre Früchte daher **Steinfrüchte**.

Die mittlere Schicht des Fruchtknotens lagert viel Wasser und Zucker ein. Sie wird zum süßen Fruchtfleisch. Die äußerste Fruchtknotenschicht entwickelt sich zur Fruchthaut der Kirsche. Eine Kirsche besteht also aus Frucht und Samen. Auf einem geeigneten Untergrund kann die Kirsche auskeimen. Der Embryo wächst zu einem neuen Kirschbaum heran. Die Entwicklung von Samen und Früchten verläuft bei allen Blütenpflanzen ähnlich. Bau und Aussehen der Samen und Früchte können sich von Art zu Art stark unterscheiden.

1. Ordne den Nummern in Abbildung 4 die entsprechenden Begriffe aus dem Text zu und beschreibe den Vorgang der geschlechtlichen Fortpflanzung.

2. Beschreibe den Unterschied zwischen einem Pollenkorn und einem Samen.

3. Ergänze die fehlenden Begriffe im Pfeilschema zur Fortpflanzung bei Samenpflanzen (▶3). Skizziere auch das Pfleilschema zur Fortpflanzung des Menschen und vergleiche beide Schemata miteinander.

4. Bei vielen Pflanzenarten werden die Pollenkörner zu einer Zeit freigesetzt, wenn der Fruchtknoten derselben Blüte noch nicht bestäubt werden kann. Erkläre, welchen Sinn das haben könnte.

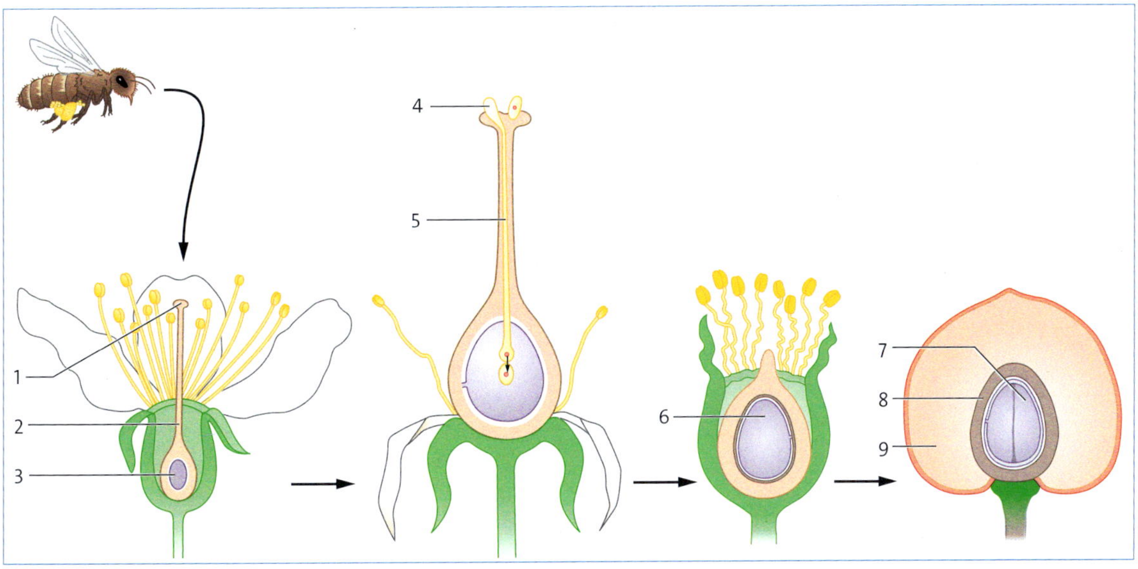

4 Von der Blüte zur Frucht

Pollen – von einer Blüte zur anderen

Blüten und Insekten – eine Wechselbeziehung Insekten fliegen Blüten nur an, weil sie dort eiweißhaltigen Pollen oder zuckerhaltigen Nektar vorfinden. Im Gegenzug werden die Blüten bestäubt. Blütenpflanzen und Insekten stehen in einer Wechselbeziehung, die für beide Partner vorteilhaft ist. Eine derartige Wechselbeziehung zwischen verschiedenen Arten, die beiden Partnern nützt, nennt man Symbiose (von griechisch syn: zusammen und bios: Leben).

Beispiel Wiesensalbei Der Wiesensalbei wird von Bienen und Hummeln besucht. Bei jüngeren Blüten ist die Narbe geschlossen, kann also bei einem Blütenbesuch nicht bestäubt werden. Bei älteren Blüten ist sie entfaltet, dafür sind jetzt die Staubblätter zurückgebildet und nicht mehr funktionsfähig. Die Blütenblätter bilden eine fünf bis 15 Millimeter tiefe Röhre, an deren Grund sich der Nektar befindet. Der Saugrüssel einer Biene ist mit sechs Millimetern Länge so kurz, dass das Tier weit mit dem Kopf in der Röhre vordringen muss.

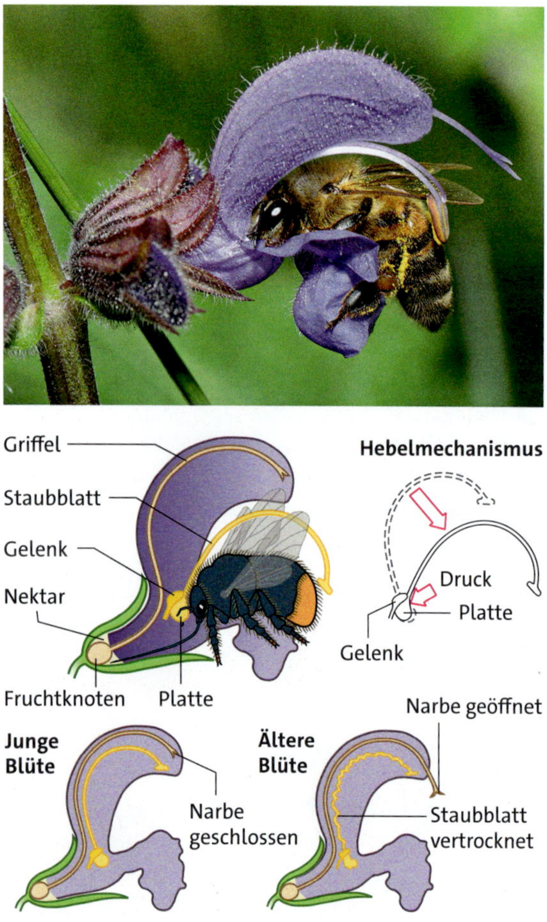

1 Biene an der Blüte des Wiesensalbeis

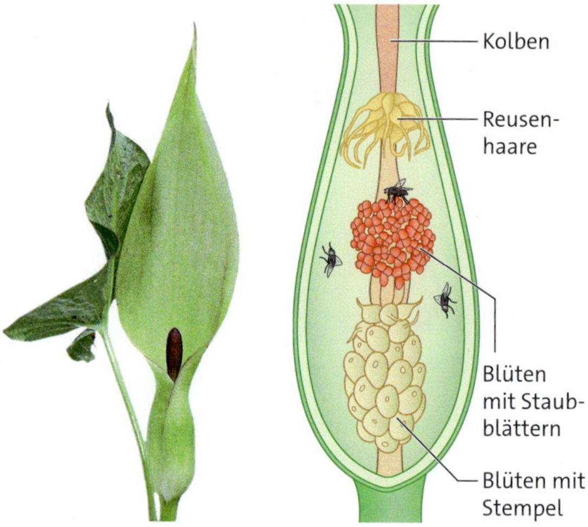

2 Insekten in der Falle des Aronstabs

Beispiel Aronstab Beim Aronstab bildet jede Pflanze viele winzige Blüten. Sie bilden entweder Stempel oder Staubblätter aus und stehen sehr nah beieinander. Dieser Blütenstand wird von einem Hochblatt umhüllt. Ein Kolben, der harnartigen Geruch verströmt, schaut aus dem so gebildeten Kessel heraus. Am Grund des Kessels sitzen die weiblichen Blüten, darüber die männlichen Blüten. Vom Harngeruch angelockt, kommen kleine Fliegen, die einen Platz zur Eiablage in Fäkalien vermuten und gehen in die Kesselfalle. Dort werden sie mit dem Pollen der Staubblätter eingestaubt. Reusenhaare verhindern bis zu 24 Stunden lang ein Entkommen der Fliegen. Das Hochblatt ist innen mit winzigen Öltröpfchen besetzt, was den Kessel glitschig macht und damit zusätzlich ein Entkommen erschwert. Fliegen die Insekten am nächsten Tag zu einer anderen Blüte, gehen sie wieder in die Falle und geben ihre Pollenpakete an den Narben der weiblichen Blüten ab. Durch das Festhalten der Fliegen im Blütenstand wird somit die Wahrscheinlichkeit einer Bestäubung erhöht. Auch diesmal kommen sie nicht aus den Blüten, bevor nicht die Reusenhaare verwelkt sind.

1. Erkläre anhand Abbildung 1 was geschieht, wenn eine Biene versucht an den Nektar zu gelangen.

2. Begründe, welchen Sinn es hat, dass Narbe und Staubblätter beim Wiesensalbei nicht gleichzeitig aktiv sind.

3. Erkläre, welche Vorteile es für eine Insektenart hat, wenn nur sie durch ihren Körperbau die Blüten einer bestimmten Pflanzenart besuchen kann. Haben auch die Pflanzen dabei Vorteile?

Bestäubung durch den Wind Während heute bei vielen Pflanzenarten Insekten die Bestäubung übernehmen, war die Situation für die ersten Blütenpflanzen vor über 400 Millionen Jahren ganz anders: Es gab damals noch keine Insekten, die zur Nahrungssuche Blüten ansteuerten. Als Überträger der Pollenkörner kam nur der Wind infrage. Die **Windbestäubung** ist heute noch bei vielen Pflanzenarten verbreitet.

Beispiel Hasel Der einheimische Haselstrauch blüht bereits Ende Februar, noch bevor seine Blätter austreiben. Die männlichen Einzelblüten bestehen nur aus Staubbeuteln und sind zu walzenförmigen, nach unten hängenden Blütenständen zusammengefasst. Auch die weiblichen Einzelblüten stehen in Blütenständen zusammen, die leicht an den roten, fädigen Narben zu identifizieren sind. Haselblüten sehen zwar völlig anders aus als zum Beispiel Kirschblüten, sie enthalten aber alle Bestandteile, die zur Fortpflanzung erforderlich sind.

3 Weibliche und männliche Blütenstände der Hasel

4 Vergleiche eine Kirschblüte mit einer Haselblüte. Erkläre die Unterschiede mit der unterschiedlichen Art der Bestäubung.

5 Bei Pflanzenarten, die von Insekten bestäubt werden, haften die Pollenkörner durch einen klebrigen Pollenkitt aneinander. Erkläre, weshalb bei Pflanzenarten mit Windbestäubung dieser Kitt fehlt.

Gräser und Heuschnupfen Auch die Blüten der Gräser werden vom Wind bestäubt. Sie produzieren riesige Mengen Blütenstaub. Die Pollenmengen, die von Gräsern und anderen Windbestäubern in die Luft abgegeben werden, bereiten vielen Menschen Probleme. Ihr Abwehrsystem reagiert auf die eingeatmeten Pollenkörner und veranlasst ihren Körper zu Überreaktionen, dem **Heuschnupfen.**

4 Blühende Gräser erzeugen große Mengen Pollen.

6 Die Narbe von Windbestäubern hat die Aufgabe, fliegende Pollenkörner einzufangen. Beschreibe mögliche Angepasstheiten an diese Aufgabe.

7 Bei der Wind- und der Insektenbestäubung müssen die Pflanzen unterschiedlich viel „Aufwand" betreiben, um bestäubt zu werden. Diesen Aufwand bezeichnet man als deren „Kosten". Allerdings ist ihre Chance, die passenden Pollenkörner zu erhalten, ebenfalls unterschiedlich hoch. Man spricht hier vom „Nutzen". Nenne jeweils die Kosten und Nutzen der beiden Bestäubungstypen.

8 Nadelbäume werden vom Wind bestäubt. Die Zapfen enthalten die Blüten. Erkläre, weshalb Nadelbäume, Hasel und Gräser keine auffallenden oder duftenden Blüten besitzen.

5 Weibliche (links) und männliche Zapfen der Kiefer

Pflanzen bestimmen

1 Gefunden! Über die Blütenfarbe kommt man in dem kleinen Pflanzenführer schnell zum Ziel.

Für Anfänger und Freizeitbotaniker Beim Spaziergang durch die Natur kann man viele Wildpflanzen beobachten. Für die **Bestimmung** des Namens einer Pflanze muss man verschiedene Merkmale heranziehen, zum Beispiel die Blütenfarbe, die Fruchtform, die Form der Blätter und des Blattrands, das Aussehen des Stängels oder der Kelchblätter, den Blühmonat oder den Standort der Pflanze. Samenpflanzen kann man aufgrund des Blütenbaus zu Gruppen zusammenfassen, die man **Pflanzenfamilien** nennt.

Als Anfänger oder Hobbybotaniker kommt man am schnellsten zum Ziel, wenn man ein Pflanzenbestimmungsbuch benutzt, das häufig vorkommende Pflanzen in Bild und Text vorstellt. Die Pflanzen sind hier meist zuerst nach der Blütenfarbe und dem Standort angeordnet und erst dann nach den Pflanzenfamilien. Die Texte enthalten weitere nützliche Informationen, beispielsweise zu Form, Anordnung und Beschaffenheit der Blätter, ob die Pflanze einen typischen Geruch hat oder der Stängel eine charakteristische Gestalt.

Willst du zum Beispiel eine violett blühende Waldpflanze bestimmen, schlägst du die Seiten mit der Kennzeichnung für violette Blüten auf und suchst dort unter dem Standort Wald so lange, bis du eine Abbildung findest, die der zu bestimmenden Pflanze ähnelt. Anhand der anderen im Text beschriebenen Merkmale lässt sich meist schnell ermitteln, ob es sich um die gesuchte Pflanze handelt. Dem Text kann man dann den Namen der Pflanze und der Familie entnehmen. Allerdings hat diese Methode den Nachteil, dass in solchen Pflanzenführern nur die am häufigsten vorkommenden Pflanzen beschrieben sind. Man hat also nicht immer Erfolg oder kann sich manchmal nicht sicher sein, ob es sich wirklich um die im Führer beschriebene Pflanze handelt.

1 Bestimme die Pflanzen auf dieser Seite mithilfe eines Bestimmungsbuchs. Sie gehören zur Familie der Lippenblütengewächse (▶ Seite 102).

2 Standort: lichte Wälder, Waldränder

3 Standort: Wiesen, Laubwälder

Ein Herbar anlegen

Um die Pflanzenvielfalt besser kennen zu lernen, kann man eine Sammlung gepresster Pflanzen anlegen. Eine solche Sammlung nennt man **Herbar** (von lateinisch herba: Kraut). Diese alte Methode benutzen auch heute noch Wissenschaftler, um neu entdeckte Pflanzenarten zu beschreiben.
Das größte Herbarium der Welt befindet sich in einem botanischen Garten in London und enthält über sieben Millionen Pflanzenpräparate.

Material: Klebezettel, Stift, Gefrierbeutel, Schere, Bestimmungsbuch, DIN-A4-Papier weiß, Klebestreifen, Klarsichthüllen, Pinzette

So-geht's-Schritte:

1. Sammeln und Notieren Sammle nicht in Naturschutzgebieten. Hast du eine Pflanze gefunden, bestimmst du sie mit einem Bestimmungsbuch. Pflanzen, die unter Naturschutz stehen dürfen nicht gesammelt werden.
Steht die Pflanze nicht unter Naturschutz, wird mit einer Schere ein Spross abgeschnitten und in einen Gefrierbeutel verpackt. Bei der Auswahl des Sprosses ist darauf zu achten, dass die für die Pflanze typischen Merkmale wie Blattform oder Blüte erkennbar sind. Auf einem Notizzettel beschreibst du den Fundort, notierst das Datum und eventuell schon den Namen der gesammelten Pflanze.

2. Pressen und Trocken Je eine Pflanze wird zusammen mit dem Notizzettel in einen Zeitungsbogen gelegt. Achte hierbei darauf, dass die Blätter und Blüten möglichst glatt liegen. Anschließend wird der Zeitungsbogen zwischen zwei schwere Bücher gelegt und für mindestens zwei Wochen an einen warmen Platz gestellt. So verfährst du mit allen zu pressenden Pflanzen. Eventuell hat deine Schule auch eine professionelle Pflanzenpresse mit Gewichten. In diesem Fall benötigt man dann keine Bücher.

3. Aufkleben und Beschriften Sind die Pflanzen getrocknet, werden sie vorsichtig von der Zeitung gelöst und mit Klebestreifen auf einem weißen DIN-A4-Papier fixiert. Hierbei ist eine Pinzette hilfreich. Die Informationen des Notizzettels werden jetzt zur Beschriftung benötigt.
In der oberen rechten Ecke der Seite wird Folgendes notiert: Der Artname der Pflanze, die Pflanzenfamilie zu der die Pflanze gehört, der Fundort und das Datum, an dem die Pflanze gefunden wurde. Anschließend kann das Präparat in einer Klarsichthülle in einem Ordner abgeheftet werden.

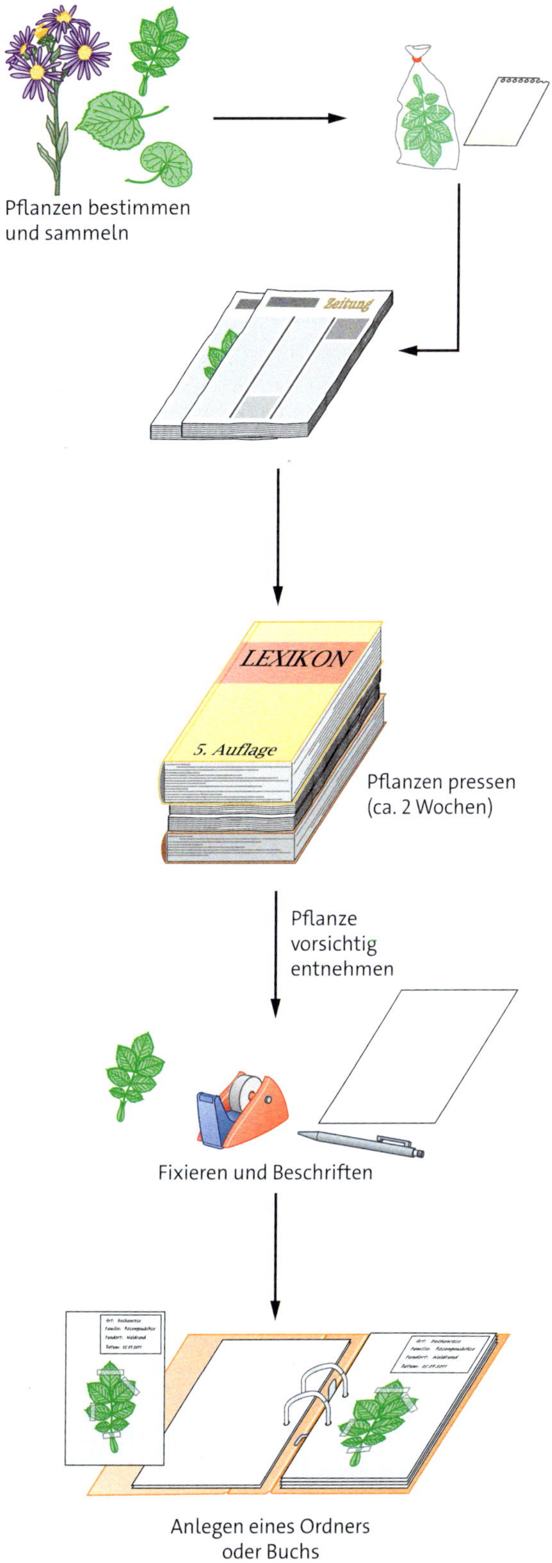

1 Schritte beim Anlegen eines Herbars

Pflanzen vergleichen und ordnen

Wenn du den Namen einer Pflanze herausfinden möchtest, musst du bestimmte Merkmale genau erforchen. Besonders wichtig sind dabei immer die Beschaffenheit der Blüte sowie die Anordnung der Laubblätter. Auch der Stängel muss exakt untersucht werden. Anhand dieser Kennzeichen kannst du übrigens auch klären, zu welcher Familie eine Pflanze gehört.

Bau der Blüten Die meisten Blüten weisen Kelchblätter, Kronblätter, Staubblätter und einen Stempel auf. Man nennt sie zwittrige Blüten, da sie sowohl männliche als auch weibliche Blütenbestandteile enthalten. Ist in einer Blüte nur ein Stempel und die Staubblätter fehlen, dann spricht man von einer weiblichen Blüte. Sind nur Staubblätter, aber keine Stempel zu finden, nennt man sie männliche Blüte. Die Art und Weise, wie man eine Blüte spiegeln kann, ist ebenfalls ein wichtiges Bestimmungsmerkmal. Wenn sich durch die Blüte eine Spiegelebene legen lässt, spricht man von einer spiegelsymmetrischen Blüte. Der Hornklee hat eine solche Blüte. Drehsymmetrisch sind zum Beispiel die Blüten der Rose. Sie lassen sich in vielen Ebenen spiegeln.

1 Spiegelsymmetrische Blüte des Hornklee

2 Drehsymmetrische Blüte einer Heckenrose

Anordnung der Blüten Bei vielen Samenpflanzen sind mehrere Einzelblüten in Blütenständen angeordnet (▶3). Dadurch entstehen große Scheinblüten, die besonders auffällig sind und von bestäubenden Insekten besser wahrgenommen werden.

3 Blütenstand der Schafgarbe

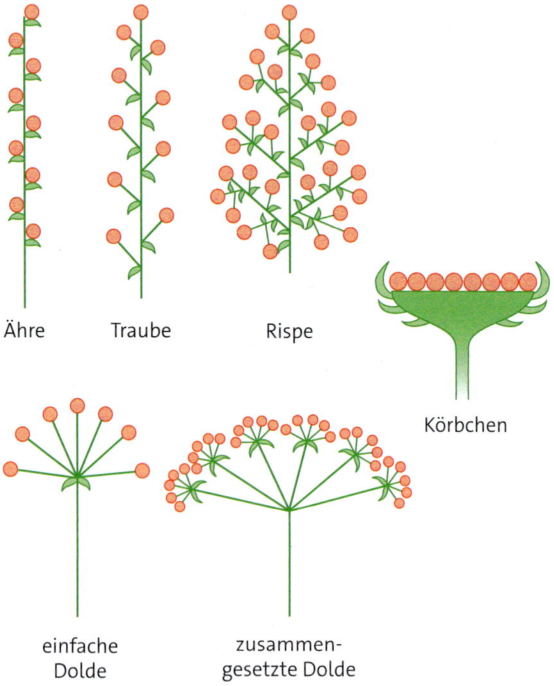

4 Blütenstandsformen

Aussehen der Laubblätter Blätter von Samenpflanzen können verschieden gebaut sein. Bei „einfachen" Laubblättern liegt eine einzige zusammenhängende Fläche, die sogenannte **Blattspreite** vor. Bei zusammengesetzten Blättern ist die Fläche in mehrere Fiederblättchen unterteilt. Nach der Anordnung der Fiederblättchen unterscheidet man gefingerte von gefiederten Blättern.

5 Blattformen

6 Die Gestalt der Blattspreite und der Rand der Laubblätter sind Bestimmungsmerkmale.

Beschaffenheit des Stängels Der Stängel einer Samenpflanze kann rund oder kantig, glatt oder fein behaart sein. Entscheidend ist, in welcher Stellung die Blätter am Stängel angewachsen sind.

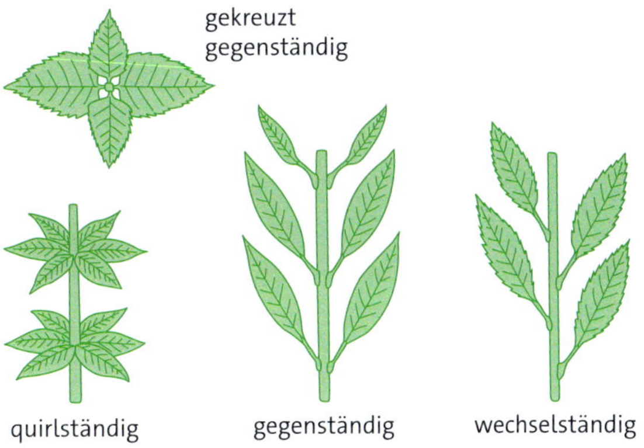

7 Blattstellungen am Stängel

Den Namen einer Pflanze bestimmen Um mit einem Buch den Namen einer Pflanze und die zugehörige Familie herauszufinden, wird mit einem **Bestimmungsschlüssel** gearbeitet. Dabei muss man jeweils entscheiden, ob ein bestimmtes Merkmal auf die untersuchte Pflanze zutrifft oder nicht. Je nachdem, wie man sich entscheidet, geht es im Bestimmungsschlüssel auf verschiedenen Wegen weiter, bis man den Namen gefunden hat.

1 Versuche die abgebildete Pflanze mithilfe des Bestimmungsschlüssels zu bestimmen (▸ 8).

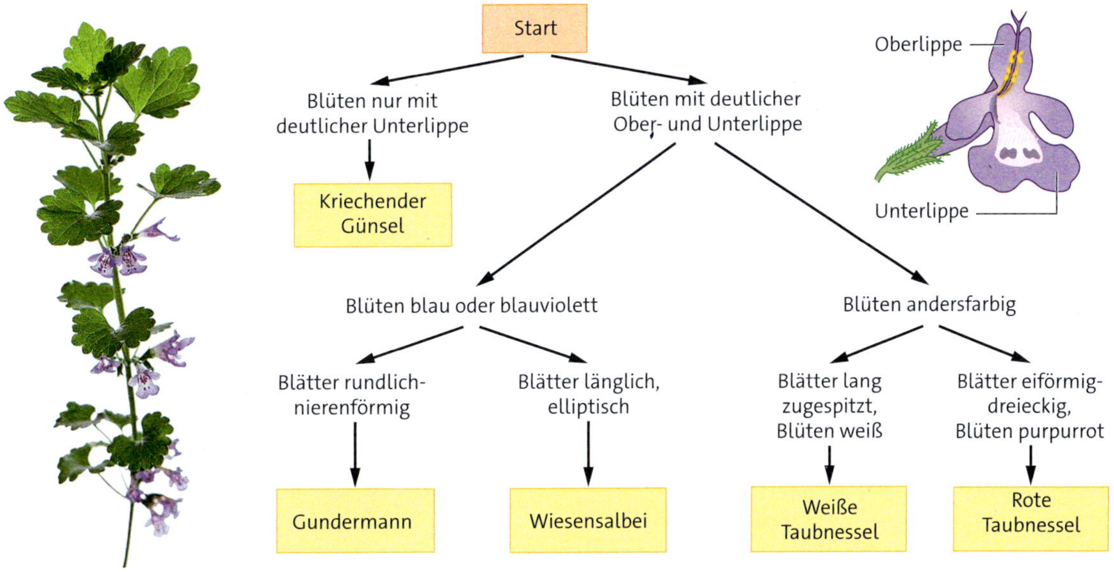

8 Bestimmungsschlüssel

Pflanzengalerie: Familie Rosengewächse

1 Blüten der Heckenrose

Familiensteckbrief Die Blüten der **Rosengewächse** bestehen aus fünf kreisförmig angeordneten Kron- und fünf ebenfalls kreisförmig angeordneten, auf Lücke stehenden Kelchblättern. Im Zentrum der Blüte befinden sich – je nach Art – ein oder mehrere bis viele Stempel, die von zahlreichen Staubblättern (oft ein Vielfaches von fünf) umgeben sind.

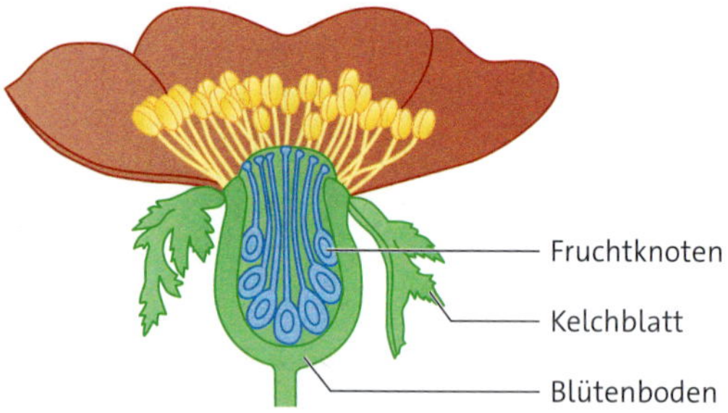

2 Blüte eines Rosengewächse

Familiengeschichten Über 3000 Rosengewächse gibt es weltweit. Etwa 130 kommen davon in Mitteleuropa vor. Viele wie Eberesche, Schlehe, Weißdorn oder Heckenrose wachsen als Sträucher oder kleine Bäume einzeln oder in Hecken. Sie bieten Nahrung und Lebensräume für zahlreiche Vögel und Kleintiere.

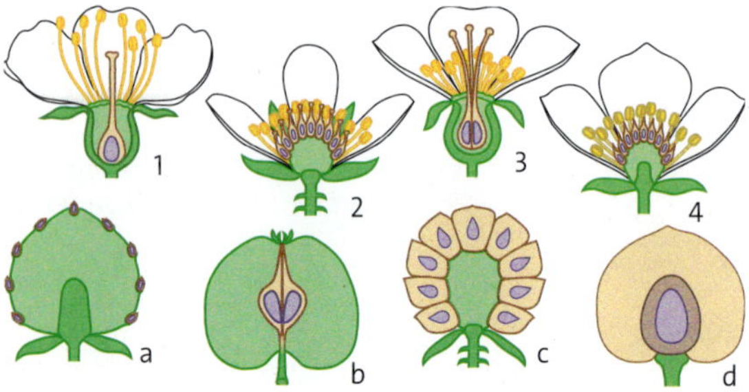

3 Blüten und Früchte der Rosengewächse

Aus heute noch vorkommenden Wildformen entstanden durch Zucht viele wirtschaftlich bedeutende Nutzpflanzen, zum Beispiel Erdbeere, Apfel, Kirsche, Himbeere, Aprikose, Zwetschge und Birne. Auch für medizinische Zwecke werden einige Rosengewächse genutzt, zum Beispiel die Kräuter Frauenmantel und Odermennig. Namensgeber für die Familie sind die zur Gattung Rosa gehörenden Rosen. Sie faszinieren und begleiten uns mit ihren Farben und ihrem Duft vermutlich schon seit Beginn unserer Menschheitsgeschichte.

1. Zeichne ein Blütendiagramm eines Rosengewächses (► 2). Es müssen nicht alle Staubblätter und Stempel eingezeichnet werden.

2. Ordne die Blütenlängsschnitte unten links den richtigen Früchten zu.

NACHGEHAKT

Die Früchte, die wir essen, sind ganz verschieden gebaut. Einige häufige Fruchtformen sind:
- **Steinfrüchte:** Fruchtwand außen fleischig, mit harter Innenschale um einen Samen
- **Apfelfrüchte:** Mehrere Samen im Kerngehäuse, durch dünne Wände getrennt, das eigentliche „Fruchtfleisch" geht aus dem Blütenboden hervor (Kernobst)
- **Beeren:** Fruchtwand nur fleischig, meist mehrere Samen im Innern der Frucht
- **Nüsse:** Fruchtwand trocken, umschließt Samen, Frucht öffnet sich nicht

Es gibt auch Sammelfrüchte wie die Brombeere, die aus vielen Steinfrüchtchen zusammengesetzt ist.

3. Stelle Vermutungen an, zu welcher der beschriebenen Fruchtformen Erdbeeren gehören. Begründe deine Antwort.

Eberesche Ebereschen sind bis zu 15 Meter hohe Laubbäume, die in ganz Europa vorkommen. Ihre Blätter zeigen Ähnlichkeit zu denen der Esche, weshalb man früher auch von der „Falschen Esche" sprach. Auch der Name „Vogelbeere" ist geläufig, weil man die Früchte einst als Köder zum Vogelfang verwendete. Da die Früchte außerdem bis in den Winter am Baum hängen, dienen sie vielen Vögeln als Winterfutter. Botanisch gesehen sind die Früchte der Eberesche übrigens keine Beeren, sondern sogenannte Apfelfrüchte. Sie sind für uns Menschen nicht giftig, sondern sogar vitaminreich. Zum Verzehr sollte man sie trotzdem kochen. Dann sind sie besser verträglich.
Ebereschen blühen von Mai bis Juni mit weißen Blüten in dichten Blütenständen.

Schlehe Schlehen wachsen in Hecken und an Waldrändern. Sie bilden bis zu vier Meter hohe Sträucher. Wegen ihrer kräftigen Dornen nennt man sie auch „Schlehdorn". Die Dornen schützen vor Fressfeinden.
Die weißen Blüten, die von März bis Mai auftreten, erinnern an Kirschblüten. Die blauschwarzen Steinfrüchte schmecken zunächst sauer. Interessanterweise werden sie durch die Einwirkung des Frostes genießbar. Für viele Tiere sind die Früchte eine willkommene Winternahrung.
Die Blüten und Früchte der Schlehe werden zu medizinischen Zwecken verwendet. Sie werden zum Beispiel gegen Erkältungskrankheiten eingesetzt. Aber auch gegen Entzündungen im Mund soll Schlehensaft helfen.

Wald-Erdbeere Wie der Name schon sagt, wächst diese krautige Pflanze vor allem im Wald und hier besonders am sonnigen Waldrand oder auf Lichtungen. Botanisch gesehen sind die Früchte der Wald-Erdbeere keine Beeren, sondern Sammelnussfrüchte. Die rote und süße Scheinfrucht entwickelt sich aus dem Blütenboden. Auf ihrer Oberfläche befinden sich die zahlreichen kleinen Nüsschen.
Die weißen Blüten mit fünf Kronblättern erscheinen von April bis Juni. Die Laubblätter sind dreizählig gefingert. Wald-Erdbeeren sind oftmals auch im Winter noch grün.

...?... Diese krautige Pflanze wird gewöhnlich bis zu 20 Zentimeter hoch. Sie bildet gefiederte Blätter, deren Unterseiten silbrig behaart sind. Sie kommt auf Wiesen, Äckern und an Wegrändern vor und kann hier stark wuchern. Es gibt Hinweise darauf, dass sie früher vor allem dort zu finden war, wo Gänse gehalten wurden.
Die gelben Blüten wachsen von Mai bis August.
Es wird dieser Pflanze eine heilende Wirkung nachgesagt. Sie soll vor allem krampflösend wirken, wenn man aus ihr einen Tee kocht oder die Blätter in Milch erwärmt.

4 Bestimme den Namen der rechts unten abgebildeten Pflanze. Nimm hierzu ein Bestimmungsbuch zu Hilfe.

5 Erkundige dich in einem Lexikon, einem Fachbuch oder im Internet über die Herstellung von Rosenwasser und Marzipan.

Pflanzengalerie: Familie Lippenblütengewächse

1 Weiße Taubnessel mit Blüte

Familiensteckbrief

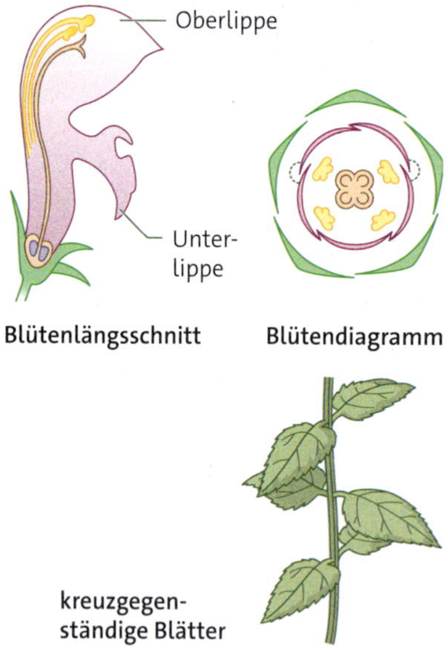

2 Blüten und Pflanze der Weißen Taubnessel

1. Stelle Vermutungen an, welchen Vorteil die Blattstellung für die Taubnessel haben könnte.

2. Die Unterlippe einer Lippenblüte stellt einen guten Landeplatz für Insekten dar. Stelle Vermutungen an, weshalb davon auch die Pflanzen profitieren.

3. Stelle Vermutungen zur biologischen Wirkung von Thymian an, den die Ägypter zum „Haltbarmachen“ von Mumien verwendeten.

Familiengeschichten Weltweit gibt es etwa 5600 **Lippenblütengewächse**, besonders viele im Mittelmeerraum. Die bei uns vorkommenden Exemplare bilden Kräuter und kleine Sträucher. An den Lippenblüten, dem meist vierkantigen Stängel und der speziellen Blattstellung kann man sie recht gut erkennen. Wärmeliebende Lippenblütler wie Lavendel, Majoran, Zitronenmelisse, Basilikum, Rosmarin und Echter Salbei kommen bei uns nur als Gartenpflanzen vor. Auch Echten Thymian und Pfefferminze findet man in Gärten. Wegen ihrer Duft-, Aroma- und anderen Inhaltsstoffe werden diese Lippenblütengewächse seit jeher vielfältig genutzt. Thymian beispielsweise wurde von den Ägyptern beim Einbalsamieren von Leichen genutzt. Heute verwenden wir ihn unter anderem als Pizzagewürz. Viele Vertreter der Lippenblütengewächse wurden bei uns jahrhundertelang von Mönchen in Klostergärten angebaut, um die notwendigen Rohstoffe für die Klosterapotheke zu gewinnen.
Heimische, wildwachsende Lippenblütengewächse sind zum Beispiel Weiße Taubnessel, Wiesensalbei, Dost und Katzenminze, die als Zuchtform auch eine beliebte Gartenpflanze ist.

NACHGEHAKT

Salvia officinalis ist der wissenschaftliche Name für den Echten Salbei. Das Wort Salvia kommt von lateinisch salvus: gesund. Der Zusatz officinalis weist immer darauf hin, dass die betreffende Pflanze für Heilzwecke genutzt wurde. Ocimum basilicum ist der Name für Basilikum. Basilicum bedeutet königlich (von griechisch basileus: König). Vom gleichen Wort leitet sich auch Basilisk ab. Basilisken waren im Mittelalter Fabelwesen aus Hahn und Schlange. Gegen ihr Gift sollte das Kraut Basilikum helfen.

Feld-Thymian Auf trockenen Wiesen, an Böschungen und Felsen wächst der Feld-Thymian, den man auch Quendel nennt. Er ist in fast ganz Europa verbreitet. Der Feld-Thymian kann bis zu 20 Zentimeter hoch werden und regelrechte Pflanzenpolster bilden. Seine hellroten kleinen Blüten bilden köpfchenförmige Blütenstände. Sie blühen von Juni bis September. Die kleinen eiförmigen Blätter duften aromatisch. Die getrockneten Zweige kann man zum Würzen von deftigen Speisen nutzen. Viel häufiger findet der Feld-Thymian aber als Arzneipflanze Verwendung. Vor allem bei Erkrankungen der Atemwege kommt diese Pflanze zum Einsatz. Der Feld-Thymian hilft aber auch bei Magenbeschwerden.

Melisse Die Melisse heißt wegen ihres intensiven zitronenartigen Duftes auch Zitronenmelisse. Sie kann bis zu 90 Zentimeter hoch werden. Die Stängel sind typischerweise verzweigt.
Die gestielten, eiförmigen Blätter enthalten viele wertvolle Inhaltsstoffe. Deswegen wird diese Pflanze schon seit Jahrhunderten vom Menschen genutzt. Frisch gepflückt kann man die Blätter zum Würzen von Salaten und Saucen nutzen. Ihre hauptsächliche Verwendung finden die Blätter aber als Heilmittel. Die Bestandteile wirken beruhigend und entspannend.
Die hellgelben Blüten sitzen in den Blattachseln und locken von Juni bis August viele Insekten an.

4 Bestimme den Namen der rechts unten abgebildeten Pflanze. Nimm hierzu ein Bestimmungsbuch zu Hilfe.

Lavendel An seinen schmalen, fast nadelförmigen Blättern ist der Lavendel sehr leicht zu erkennen. Seine vielen aufrecht stehenden Zweige bilden kleine Sträucher, die eine Höhe von bis zu 60 Zentimetern erreichen. Die blauvioletten Blüten stehen in Blütenständen an der Spitze der Stängel. Ursprünglich stammt der Lavendel aus den Küstenregionen des Mittelmeerraums. Lavendel ist vorwiegend eine Kulturpflanze, das heißt er wird von Menschen gezielt angebaut. Sein Nutzen ist vielfältig. Einerseits ist der Lavendel durch seinen Duft und seine Blütenfarbe eine begehrte Gartenpflanze. Lavendel eignet sich aber auch zum Würzen deftiger Gerichte und wird als beruhigende und entspannende Heilpflanze verwendet.

... ? ... Diese einjährige, krautige Pflanze wird ungefähr 30 Zentimeter hoch. Man findet sie häufig auf Äckern und am Wegesrand. Als Unkraut wächst sie in vielen Gärten. Von März bis September trägt sie purpurrote Blüten an den Enden des verzweigten Stängels. Interessanterweise kann diese Pflanze sogar bei leichtem Frost noch Blüten bilden. Darum zählt man sie auch zu den Winterblühern. Die Blätter sind kurz gestielt und eiförmig. Sie tragen weiche Haare. Im Gegensatz zu vielen anderen Lippenblütengewächsen riecht diese Pflanze unangenehm. Sie wird daher nicht im Garten gepflanzt. Jedoch lässt sich aus den Blüten ein Tee gegen Blasenleiden und Husten kochen.

5 Informiere dich in Pflanzenbüchern oder im Internet über die Verwendung von Majoran, Pfefferminze, Rosmarin und Echtem Salbei.

Pflanzengalerie: Familie Kreuzblütengewächse

1 Rapspflanze mit Blüten

Familiensteckbrief

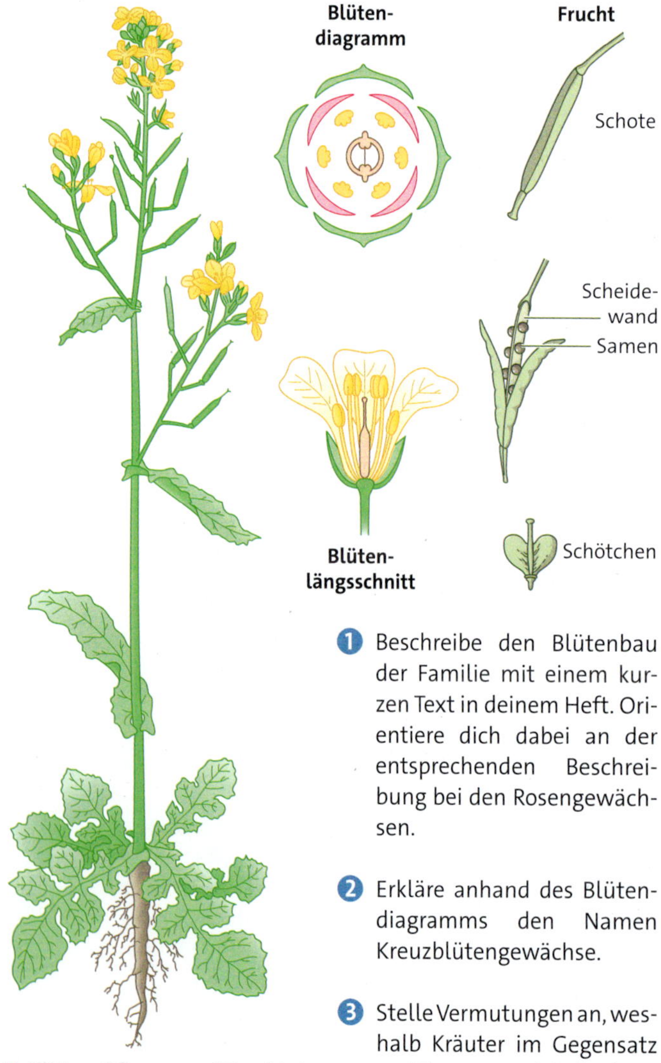

2 Blüten, Pflanze und Frucht des Raps

1 Beschreibe den Blütenbau der Familie mit einem kurzen Text in deinem Heft. Orientiere dich dabei an der entsprechenden Beschreibung bei den Rosengewächsen.

2 Erkläre anhand des Blütendiagramms den Namen Kreuzblütengewächse.

3 Stelle Vermutungen an, weshalb Kräuter im Gegensatz zu Bäumen und Sträuchern nur geringe Höhe erreichen.

Familiengeschichten Weltweit gibt es über 3200 verschiedene **Kreuzblütengewächse**. Sie kommen vor allem in den gemäßigten Zonen und im Mittelmeergebiet vor, in Mitteleuropa sind es über 100. Nur wenige Familienmitglieder wachsen als Sträucher, die meisten sind Kräuter, darunter viele einjährige. Am charakteristischen Bau der Blüten und Früchte (meist längliche Schoten oder kurze Schötchen) sind sie gut zu erkennen. Kreuzblütengewächse wurden und werden vom Menschen seit dem Altertum intensiv genutzt: Färberwaid als Farbstofflieferant für Jeansblau neben dem Indigo, bevor es chemisch hergestellte Farbstoffe gab; Radieschen, Rettich, Kohlrabi, Weißkohl, Blaukraut, Wirsing, Blumenkohl als vitaminreiche Gemüse; Senf und Meerrettich als Gewürzpflanzen; Raps als Ölpflanze und Produzent von umweltfreundlichem „Biodiesel"; Levkojen, Goldlack und Blaukissen als Zierpflanzen im Garten.

NACHGEHAKT

Scharf gewürzt

Viele Arten dieser Familie produzieren scharf riechende und beißend schmeckende Stoffe, um Fressfeinde abzuwehren. Für manche Insekten sind die Abwehrstoffe sogar tödlich. Spezialisten wie die Raupe des Kohlweißlings sind jedoch in der Lage, sie umzubauen und so unschädlich zu machen.
Menschen können kleine Mengen dieser Stoffe vertragen und verwenden sie in Form von Senf oder Meerrettich sogar zum Würzen von Speisen.

3 Meerrettich

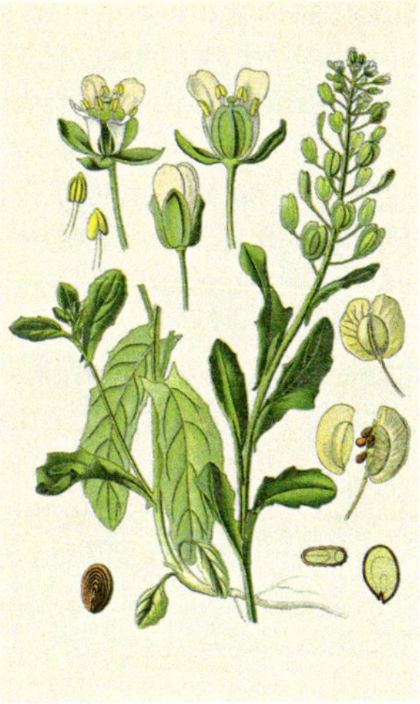

Ackerhellerkraut In ganz Europa kommt diese Pflanze sehr häufig als Unkraut vor. Sie ist gegen Pflanzenvernichtungsmittel recht unempfindlich. Das Ackerhellerkraut wächst auf Äckern und am Wegesrand und wird bis zu 40 Zentimeter hoch. Wenn man die Blätter zerreibt, vernimmt man einen lauchartigen Geruch. Ihre Blätter sind lanzettlich und leicht gezähnt. Die kleinen weißen Blüten stehen in Blütenständen an den Enden der Stängel. Sie blühen von April bis September. Die Früchte sind Schötchen mit breiten „Flügeln". Ihre Form erinnert an Münzen. Hiervon kommt auch der Name „Hellerkraut": Ein Heller war in Deutschland bis ins Jahr 1873 eine Münze, die den Wert eines halben Pfennigs hatte.

Knoblauchsrauke An schattigen Stellen, in Gebüschen, an Wegen und auf Schuttplätzen wächst die Knoblauchsrauke. Sie wird bis zu einem Meter hoch und ist in Europa weit verbreitet. Sie hat herzförmige, gezähnte Blätter, die beim Zerreiben deutlich nach Knoblauch riechen. Ihre weißen Blüten, die von April bis Juli erscheinen, stehen in endständigen Blütenständen. Die Früchte entwickeln sich zu dünnen Schoten, die bis zu sieben Zentimeter lang sind. Die rohen Blätter der Knoblauchsrauke kann man zum Würzen von Salaten und Gemüse verwenden. Im gekochten Zustand verflüchtigen sich die Inhaltsstoffe. Die Samen der Pflanze lassen sich wie Pfeffer verwenden.

4 Bestimme den Namen der rechts unten abgebildeten Pflanze. Nimm hierzu ein Bestimmungsbuch zu Hilfe.

Hirtentäschelkraut Als weit verbreitetes Unkraut findet man das Hirtentäschelkraut auf Äckern, in Gärten, an Wegen und auf Schuttplätzen. Die krautige Pflanze mit ihren aufrecht stehenden Stängeln wird bis zu 30 Zentimeter hoch. Ihre Blätter liegen fast alle als Rosette dem Boden an. Die unauffälligen weißen Blüten stehen in endständigen Blütenständen, wobei diese immer länger werden. Das Hirtentäschelkraut blüht von März bis Oktober. Die Früchte sind dreieckige Schötchen. Ihre Form erinnert an Taschen, wie sie früher Hirten benutzten.
Als Tee aufgebrüht sagt man dieser Pflanze blutstillende Wirkung nach. Sie soll bei Nasenbluten und leichten Hautverletzungen helfen.

...?... Diese Pflanze ist eines der häufigsten Ackerwildkräuter. Sie wird bis zu 60 Zentimeter hoch und wächst auch an Wegen und auf Brachland. Die Stängel haben vor allem unten raue Haare. Die Blätter sind gezähnt, die unteren bilden Stiele. Die intensiv gelben Blüten bilden endständige Blütenstände. Die Blüten erscheinen von Mai bis Oktober. Die Früchte sind bis zu vier Zentimeter lange Schoten mit schwarzen Samen.
Früher hat man die Samen dieser Pflanze zerrieben und daraus einen Hausmachersenf hergestellt. Heutzutage wird dafür meist nur noch der verwandte „Weiße Senf" genommen.

5 Finde mit dem Lexikon oder dem Internet heraus, welche Pflanzenteile man bei Grünkohl, Kohlrabi, Blumenkohl und Rosenkohl verwendet.

Pflanzengalerie: Familie Korbblütengewächse

1 Sonnenblumen

Familiengeschichten Die Familie der **Korbblütengewächse** ist weltweit verbreitet. Es gibt ungefähr 21000 verschiedene Korbblütler. An dem körbchenförmigen Blütenstand, der wie eine einzige große Blüte wirkt, sind die Vertreter dieser Familie meist gut zu erkennen. Fast alle Korbblütengewächse sind Kräuter, nur wenige wachsen als Sträucher oder Bäume. Manche der krautigen, wenig verholzten Pflanzen können aber eine beachtliche Höhe erreichen. Zum Beispiel wird die einjährige Sonnenblume bis zu zwei Meter hoch. Die Sonnenblume hat auch eine große wirtschaftliche Bedeutung. Aus ihren Samen wird Öl gewonnen. Astern, Dahlien und Margeriten sind Zierpflanzen. Als Nutzpflanzen dienen Chicorée und die nahverwandte Endivie, die im Winter vitaminreiche Salate liefern. Echte Kamille und Arnika dienen als Heilpflanzen.
Im Frühjahr sind viele Wiesen gelb von Löwenzahn, im Sommer und Herbst, wenn viele andere Pflanzen schon verblüht sind, stellen die Blüten von wildwachsenden Wegwarten, Margeriten und Rainfarnen, von Disteln, Flockenblumen und Habichtskräutern eine wichtige Nahrungsquelle für Bienen dar.

Familiensteckbrief

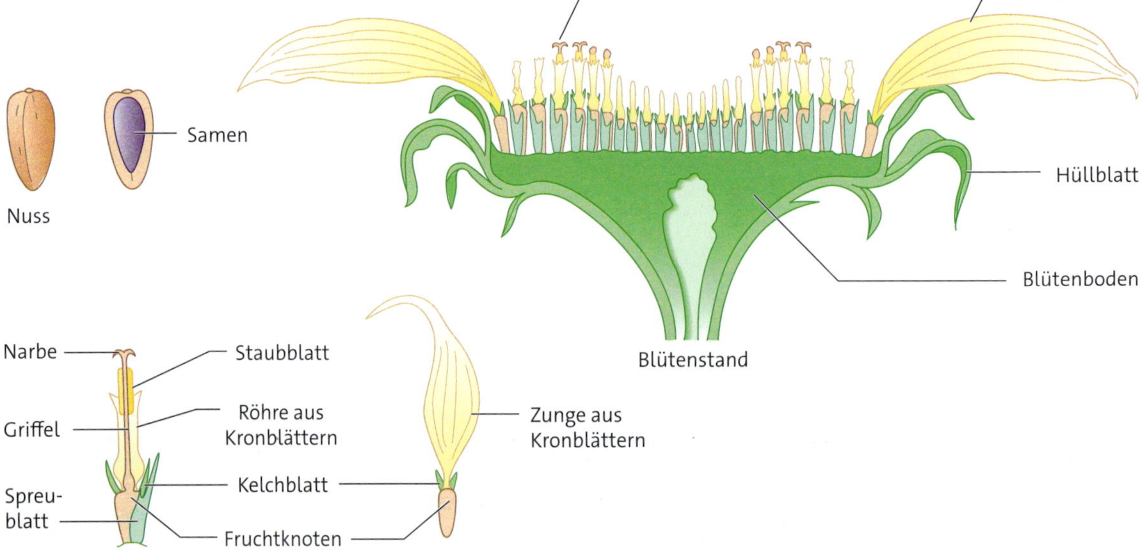

NACHGEHAKT

„Kaffee“ wächst auch in Deutschland

Anfang des 18. Jahrhunderts entdeckte man, dass sich aus den gerösteten Wurzeln der Wegwarte ein kaffeeähnliches Getränk herstellen ließ. Da echter Bohnenkaffee früher sehr teuer war, diente die „Zichorie“, wie man sie nannte, lange Zeit als vielgetrunkener Kaffeeersatz.

1. Beschreibe den Blütenbau der Sonnenblume mit einem kurzen Text. Verwende dabei auch die folgenden Begriffe: Einzelblüte, Blütenstand, Zungen- und Röhrenblüte.
2. Die Familie Korbblütengewächse wird wissenschaftlich Compositae genannt (von lateinisch compositum: zusammengesetzt). Erkläre den Familiennamen.
3. Stelle Vermutungen an, welchen Vorteil dieser Blütenbau haben könnte.

Echte Kamille Deutlich zu erkennen ist die Kamille an ihrem charakteristischen Geruch. Diese krautige Pflanze wird bis zu 40 Zentimeter hoch und ist auf Feldern, Wegen und Schuttplätzen häufig zu finden. Die Form der Blätter nennt man fiederspaltig. Letztlich sehen die Blätter aus, als wären sie stark zerschlitzt. Die gestielten Blütenstände tragen weiße Zungenblüten; die Röhrenblüten sind gelb. Die Blüten erscheinen von Mai bis September.
Die Inhaltsstoffe der Blütenstände werden schon seit Jahrhunderten zu medizinischen Zwecken eingesetzt. Besonders bei Infektionen im Magen-Darm-Bereich, im Mund oder auch bei Entzündungen der Haut helfen die heilenden Eigenschaften der Kamillenblüten.

Acker-Kratzdistel Wie der Name schon sagt findet man diese Pflanze häufig auf Äckern. Aber auch am Wegesrand und auf Schuttplätzen wächst sie. Sie wird bis zu 120 Zentimeter hoch und bildet Wurzeln aus, die mehr als zwei Meter tief in den Boden reichen. Auffällig sind ihre gezähnten und dornigen Blätter.
Die körbchenförmigen Blütenstände am Ende der Stängel werden von etwa 100 violetten Röhrenblüten gebildet.
Die Acker-Kratzdistel ist als Unkraut gefürchtet, weil sie nur schwer aus Feldern beseitigt werden kann. Sie ist in der Lage, auch aus winzigen abgetrennten Wurzelstücken wieder eine vollständige Pflanze zu bilden.

4 Bestimme den Namen der rechts unten abgebildeten Pflanze. Nimm hierzu ein Bestimmungsbuch zu Hilfe.

Wegwarte Mit bis zu 120 Zentimetern ist die Wegwarte ein recht hohes Kraut. Sie kommt an Weg- und Ackerrändern sehr häufig vor. An den langen behaarten Stängeln sind vergleichsweise wenige kleine Blätter mit lanzettlicher Form. Die Blätter erinnern an die des Löwenzahns. Die Blütenstände bestehen ausschließlich aus hellblauen Zungenblüten. Sie erscheinen von Juli bis September und blühen meist nur vormittags.
Auch als Heilpflanze findet die Wegwarte Verwendung. So hilft die Wurzel der Wegwarte als Tee bei Verdauungsproblemen. Aus ihren Blättern lassen sich Hausmittel gegen Entzündungen der Haut und sonstige Hauterkrankungen herstellen.

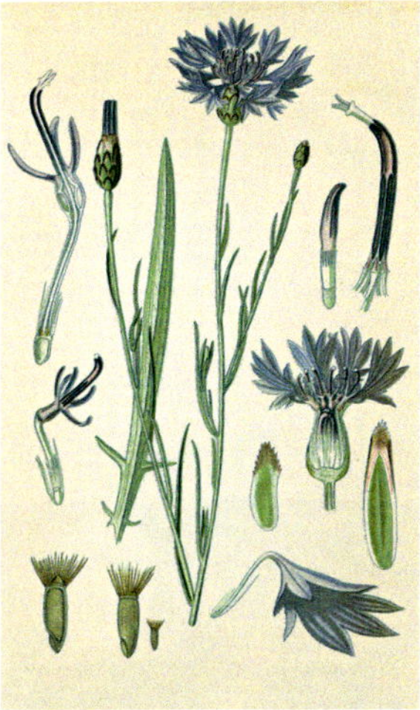

... ? ... Diese Pflanze ist durch chemische Unkrautbekämpfung inzwischen selten geworden. Lange Zeit war sie in nahezu jedem Getreidefeld zu finden. Heute wird sie vermehrt als Zierpflanze ausgesät. Sie wird bis zu 80 Zentimeter hoch. Die Stängel sind verzweigt und behaart. Die linealischen Blätter werden nur fünf Millimeter breit. Auffällig sind die blauen Blütenstände, die man von Juni bis September finden kann. Sie bestehen nur aus Röhrenblüten. Die randständigen Blüten sind dabei viel größer als die im Zentrum des Körbchens. Aufgrund des hohen Zuckergehalts ihres Nektars, wird sie von Imkern sehr geschätzt.

5 In Paraguay nutzt man seit Jahrhunderten die Blätter des Korbblütengewächses Stevia. Informiere dich im Lexikon oder Internet über den Nutzen der Stevia.

Fortpflanzung der Samenpflanzen

Aus einem Interview mit einem Botaniker: „...So ist die Wurzel einer Pflanze ein wichtiges Organ, das unter anderem zur Stoffaufnahme dient..."

1. Im Gegensatz zu der Aussage des Wissenschaftlers, verwendet man im Alltag den Begriff Organ nur bei Tieren und Menschen. Erkläre den Begriff Organ. Nimm hierzu die Seiten 15 und 18 zur Hilfe.

2. Erläutere, welche Eigenschaften eine Wurzel haben muss, damit sie nach der Erklärung aus der Aufgabe 1 ein Organ ist.

3. Neben der Wurzel hat eine Pflanze noch weitere Organe. Zeichne eine beschriftete Skizze einer Blütenpflanze mit allen Grundorganen.

4. Die Blüte wird von Laien manchmal als das Sexualorgan der Pflanze bezeichnet. Nenne Gründe, die aus deiner Sicht dafür sprechen.

5. Blüten bestehen aus vielen einzelnen Teilen. Als Naturwissenschaftler ist es wichtig diese zu kennen, um Blüten unterscheiden zu können. Ordne den Nummern aus Abbildung 1 die richtigen Fachbegriffe zu.

6. Einige Begriffe, die du in diesem Kapitel kennengelernt hast, konntest du in Aufgabe 5 nicht zuordnen. Beschreibe, wo du im Legebild der Abbildung 1 Folgendes findest: Pollen, Narbe, Samenanlage, Fruchtknoten, Griffel

7. Entwickle aus dem Legebild in Abbildung 1 ein Blütendiagramm.

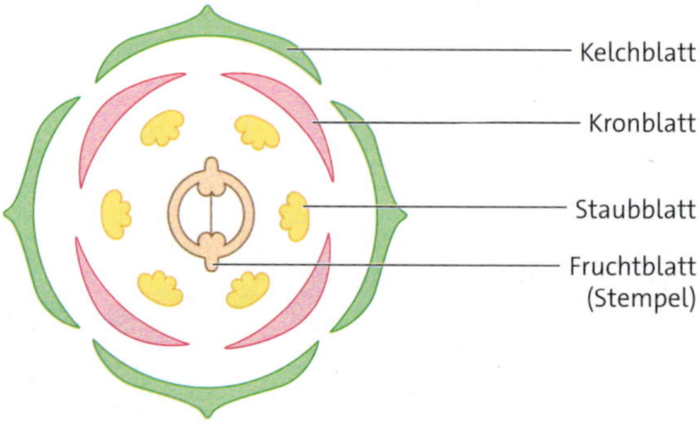

2 Blütendiagramm des Wiesenschaumkrauts

8. In der Abbildung 2 ist ein Blütendiagramm des Wiesenschaumkrauts zu sehen. Ordne die Pflanze einer Pflanzenfamilie zu und begründe deine Entscheidung anhand des Diagramms.

Naturforscher früher Zeiten staunten nicht schlecht, als sie erkannten, dass die Blüten einer tropischen Pflanze, der Paradiesfeige, von Fledermäusen bestäubt werden. Heute kennt man diese Pflanze unter einem anderen Namen: Banane (▶ 3)!

9. Erkläre, was allgemein bei der Bestäubung geschieht.

10. Die Banane wird in der Regel von Fledermäusen bestäubt. Stelle eine Vermutung an, welche Nachteile damit verbunden sein könnten.

11. Für Profis: Neben der Banane gibt es viele weitere Pflanzen, die nur von jeweils einer Tierart bestäubt werden. Beschreibe mögliche Vorteile, die damit verbunden sein könnten.

1 Legebild einer Kirschblüte

3 Blütenstand einer Banane

4 Eichhörnchen legt Wintervorrat an

12 Die Abbildung 4 stammt aus einem Zeitungsartikel mit der Überschrift: „Früchte machen Pflanzen beweglich." Begründe diese Aussage mithilfe der Abbildung 4.

13 Während einer Gruppenarbeit erklärt ein Mitschüler: „Also, im Fruchtfleisch einer Kirsche ist viel Zucker drin. Im Zucker ist ja viel Energie gespeichert. So hat die keimende Pflanze Energie zum Wachsen." Bewerte die Erklärung des Mitschülers.

In der nächsten Biologiestunde wollt ihr nach draußen auf die Wiese gehen, um Pflanzen für ein Herbar zu sammeln.

14 Notiere dir, welche Materialien du dafür unbedingt mitnehmen musst.

15 Um die Pflanzen bestimmen zu können, musst du bestimmte Merkmale erkennen. In den Abbildungen 5 und 6 ist die Wilde Möhre gezeigt. Beschreibe Blütenstandsform und Blattstellung, mit den richtigen Fachgegriffen. Wäge ab, welche Blattform und welche Blattspreitenform am ehesten zutrifft. Tipp: Schau dir noch einmal die Seiten 98 und 99 an.

16 In einem Botanikbuch wird die Blattform der Wilden Möhre als zweifach unpaarig gefiedert beschrieben. Erkläre, was damit gemeint ist.

17 An einer Weggabelung entdeckst du Zitronenmelisse, die du in dein Herbar aufnehmen willst. Beschreibe, was du jetzt machen musst, bevor die Pflanze gepresst wird.

18 Entscheide anhand der Blüte in Abbildung 7 zu welcher Pflanzenfamilie die Zitronenmelisse gehört. Nenne weitere Merkmale, die diese Familie aufweist.

5 Wilde Möhre

6 Blatt der Wilden Möhre

7 Blüten der Zitronenmelisse

Ökosystem Grünland

Eine Weide im Allgäu, eine feuchte Wiese, der Rasen eines Stadtparks, eine trockene und steinige Almwiese – alle diese Lebensräume fasst man unter dem Begriff Grünland zusammen. Sie sind für uns ein ganz selbstverständlicher Teil der Natur. Doch ohne das Zutun des Menschen würde es all diese Lebensräume nicht geben.

1. Auch auf einem Maisfeld wachsen grüne Pflanzen. Stelle Vermutungen an, warum es trotzdem nicht zum Grünland gezählt wird.

2. Stelle Vermutungen an, welche Veränderungen du an einer Weide beobachten könntest, wenn sie mehrere Jahre nicht beweidet werden würde.

3. Notiere in deinem Heft möglichst viele Beispiele, wie Wiesen in deiner Umgebung genutzt werden.

Das Grünland

1 Streuobstwiese

Das Grünland Eine bunte Blumenwiese und eine grüne Schafweide sind beides Formen des Grünlands. Im Gegensatz zu einem Maisfeld werden Grünlandflächen im Herbst nicht umgepflügt und treiben jedes Jahr ohne Zutun des Landwirts aufs Neue aus. Allerdings müssen sie regelmäßig gemäht oder beweidet werden. Ohne Bewirtschaftung durch den Menschen würden Büsche und Bäume wachsen, sodass sich die Wiese nach einigen Jahren in einen Wald verwandeln würde. Das Grünland ist also kein natürlicher, sondern ein naturnaher Lebensraum. Es dient zu allererst der Futtermittelproduktion für die Landwirtschaft. Eine uralte Kombination von Wiesen und Obstbäumen, die Mensch und Tier Nahrung liefern, ist die Streuobstwiese. Grünlandformen wie Streuobstwiesen sind für viele Landschaften prägend und können für uns Menschen auch Orte der Erholung sein.

Die Wiese als Lebensraum Mähwiesen haben den größten Anteil am Grünland. Je nachdem wie schnell die Pflanzen hochwachsen, werden sie zwischen zwei- und fünfmal im Jahr gemäht. Die **Beschaffenheit des Bodens** oder die Häufigkeit der Düngung bestimmt dabei mit, welche Pflanzenarten auf der Wiese zu finden sind, wie schnell diese wachsen oder wie eng sie beieinanderstehen. In artenreichen **Magerwiesen** findet man deshalb andere Pflanzenarten als in artenärmeren **Fettwiesen**, die auf Böden mit vielen Mineralstoffen wachsen. Auch die **Temperatur** prägt eine Wiese. Da das Wachstum von Pflanzen stark von der Temperatur der Umgebung abhängig ist, können Pflanzen im Hochgebirge nur in den Sommermonaten wachsen. **Feuchtwiesen** in Flussauen kennzeichnet ein häufiger Wasserhochstand. Auf diesen Wiesen wachsen nur Pflanzen, die besondere Angepasstheiten an die hohe Feuchtigkeit besitzen. Welche Pflanzen den **Lebensraum** Mähwiese besiedeln können, ist also abhängig von der Bodenbeschaffenheit, der Temperatur und der Feuchtigkeit.

Bewohner des Lebensraums Schon im Frühjahr beginnen **Frühblüher** wie die Schlüsselblumen aus ihren Erdsprossen auszutreiben und erste Blüten zu bilden. Im Lauf der folgenden Wochen blühen Wiesenschaumkraut, Fuchsschwanz, Löwenzahn, Weidelgras, Margerite und viele andere Kräuter. Bei der ersten **Mahd** im Juni werden diese abgeschnitten und meist als Viehfutter genutzt. Wiesenpflanzen sind an diesen starken Rückschnitt gut angepasst. Sie besitzen kriechende Sprosse, tiefliegende Blattrosetten oder Seitenknos-

2 Löwenzahn im Ökosystem Wiese

pen, aus denen sie nach dem Mähen schnell wieder austreiben können. Einige Pflanzen, wie die Wilde Möhre, blühen sogar erst nach dem ersten Schnitt.
Für Insekten, wie Bienen stellt der Nektar der Blütenpflanzen eine wichtige Nahrungsgrundlage dar. Andere Wiesenbewohner wie der Feldhase oder die Feldmaus finden in der stockwerkartig aufgebauten Wiese mit ihren verschiedenen Kräutern nicht nur abwechslungsreiche Nahrung, sondern auch Verstecke zur Aufzucht ihrer Jungen.
Die Feldmaus ernährt sich als **Pflanzenfresser** ausschließlich von pflanzlicher Nahrung. Das hohe Gras der Wiese bietet ihr auch Schutz vor **Fressfeinden** wie dem Bussard. Für diesen **Fleischfresser** stellt eine Wiese am Waldrand ein wichtiges Jagdrevier dar. Erbeutet ein Bussard eine Feldmaus, die wiederum ein Pflanzenfresser ist, spricht man von einer **Nahrungskette**. Nahrungsketten beginnen stets mit einer Pflanze, auf die dann ein bestimmter Pflanzenfresser folgt. Somit sind alle Lebewesen des Lebensraums Mähwiese, Tiere und Pflanzen, voneinander abhängig. Sie bilden eine **Lebensgemeinschaft**.

Ökosystem Lebewesen der Wiese sind den Einflüssen der Umwelt ausgesetzt. Der Lebensraum Wiese und die in der Wiese lebenden Tiere und Pflanzen bilden in ihrem Zusammenspiel eine Einheit, die man Ökosystem nennt. An ihren Grenzen geht sie in andere **Ökosysteme** über, wie zum Beispiel einen Bach, einen See oder einen Wald.

Die Weide Das durch den Menschen geschaffene Ökosystem Weide wird nicht durch Schnitt, sondern durch grasende Kühe, Schafe oder Ziegen erhalten.

Neben nahrhaften Gräsern bietet eine Weide den Tieren auch schmackhafte Kräuter wie verschiedene Kleearten. Besonders häufig kommt das Wiesenrispengras auf der Weide vor, da es sich rasch vom Tritt durch Weidetiere erholt. Eine besondere Form der Weidewirtschaft findet man auf Bergweiden in Höhen über 1300 Metern. Diese werden nur in den Sommermonaten beweidet. Da dort oft bis in den Frühsommer Schnee liegt und der Boden trockener und mineralstoffarm ist, sind die Pflanzen meist kleiner als in der Ebene.

1. Beschreibe, was man unter einem Lebensraum, einer Lebensgemeinschaft und einem Ökosystem versteht.

2. Nenne zwei verschiedene, möglichst lange Nahrungsketten aus der Wiese und notiere sie in deinem Heft. Nimm hierzu Abbildung 3 zu Hilfe.

3. Betrachte die Bilder auf Seite 111. Nenne die Bedingungen, die für Lebewesen in einem dieser Lebensräume von Bedeutung sein könnten. Nutze die blau und grün hinterlegten Begriffe in Abbildung 2.

⟶ dient als Nahrung

A Mäusebussard
B Grauammer
C Blindschleiche
D Feldhase
E Feldmaus
F Maulwurf
G Kleiner Feuerfalter
H Ackerhummel
I Wespenspinne
J Wiesenschaumzikade
K Feldheuschrecke
L Goldlaufkäfer
M Ackerschnecke
N Regenwurm
O Wiesenschnakenlarve

3 Nahrungsketten in einer Wiese

Ausgewählte Pflanzen des Grünlands

Der Wiesenfuchsschwanz

Das bis zu 1,2 Meter hohe Gras bildet zahlreiche Halme mit fuchsschwanzähnlichen Blütenständen. Biegt man diese leicht um, erkennt man, dass sie aus vielen kleinen Gruppen von Blüten bestehen. Diese Ährchen sitzen auf kurzen verzweigten Seitenästen des Sprosses. Der Wiesenfuchsschwanz ist mehrjährig und winterhart. Durch die frühe Blüte ab April kann er die kurze Vegetationszeit im Gebirge gut ausnutzen. Der Landwirt schätzt das Gras mit seinen gerillten, teilweise eingerollten Blättern als eine ertragreiche, schmackhafte und nährstoffreiche Futterpflanze für sein Vieh.

Der Hornklee

Am kantigen Stängel der Pflanze sitzen dreizählig gefingerte Blätter mit zwei Nebenblättern, die sich nahe am Spross befinden. Drei bis sechs gelbe, manchmal rötliche Blüten stehen in einem Blütenkopf zusammen. Zwischen Juni und August blühen die Schmetterlingsblüten. Die entstehenden Samen reifen in hornförmig gebogenen Hülsen, die der Pflanze ihren Namen geben. Mit seinen tiefreichenden, bis zu einem Meter langen Wurzeln, die aus seinem Wurzelstock treiben, kann der Hornklee vor allem trockene Standorte besiedeln.

Das Gewöhnliche Knäuelgras

Beim Gewöhnlichen Knäuelgras stehen viele bodennah verzweigte Triebe eng beieinander. An den langen, dicken Seitenästen der Rispe sitzen die Ährchen in Knäueln dicht zusammen. Sie geben dem Gras den Namen. Da das Knäuelgras während der Blütezeit eine große Menge an Pollen produziert, der durch den Wind verbreitet wird, ist es eines der Gräser, die am häufigsten Allergien auslösen. Vor allem die Blätter des Grases gelten als nährstoffreiches Viehfutter. Bei stark gedüngten Wiesen verdrängt es viele andere Pflanzen.

Der Weißklee

Der Weißklee bildet kriechende Stängel, die dreilappige Blätter oder Blütenstände tragen. Nach einer Mahd können sie erneut austreiben. Die kugeligen Blütenköpfe bestehen aus bis zu 80 weißen Blüten. Diese bieten den ganzen Sommer Nektar als Nahrung für Bienen und viele andere Insekten. Da der Weißklee trittunempfindlich ist, findet man ihn oft in Parks und auf Weiden. Dort ist er eine geschätzte Futterpflanze. Er ist auch in der Lage, Mineralstoffe für andere Pflanzen herzustellen, und dient deshalb als natürlicher Dünger.

Das Wiesenschaumkraut

Das Wiesenschaumkraut findet man vor allem an feuchten Standorten. Im Frühjahr wächst der Stängel, der mit gefiederten Laubblättern besetzt ist. Zwischen April und Juni bilden sich weiß-violette Blüten mit jeweils vier Kron- und Kelchblättern. Für Bienen und Falter ist der Nektar eine wichtige Nahrungsquelle. Wenn der Samen reif ist, platzen die länglichen Schoten explosionsartig auf und schleudern die Samen bis zu 2,4 Meter weit. Die Larve der Schaumzikade, die an der Pflanze saugt, umgibt sich mit einem Schaum, der der Pflanze vermutlich den Namen gab.

Die Margerite

In ganz Europa findet man die Margerite mit ihren tiefen Wurzeln auf sonnigen Wiesen. Am kantigen Stängel sind die gezähnten, länglichen Blätter wechselständig angeordnet. Zwischen Mai und September erkennt man den körbchenförmigen Blütenstand, der wie eine einzige Blüte wirkt. Er besteht außen aus weißen Zungenblüten, innen aus bis zu 400 gelben Röhrenblüten, die der Fortpflanzung dienen. Der Boden des Blütenkorbs ist, im Gegensatz zu dem der kleineren Kamille, nicht aufgewölbt. Die Margerite liefert schlechtes Heu und gilt daher auf Mähwiesen als Unkraut.

Der Scharfe Hahnenfuß

Am runden und kahlen Stängel sitzen die gestielten, fünffach gelappten und tief eingeschnittenen Blätter. Zwischen Mai und Oktober bildet die Pflanze gelbe Blüten mit fünf glänzenden Blütenblättern, die Nektardrüsen besitzen. Die Früchte breiten sich als Segelflieger aus. Sie können aber auch von Rindern mit dem Heu gefressen und durch die Ausscheidungen verbreitet werden. Ein scharf schmeckendes Gift gibt der Pflanze ihren Namen. Es verhindert, das sie abgeweidet wird, zersetzt sich aber im getrockneten Heu.

Die Gewöhnliche Schafgarbe

Im Frühjahr treiben mehrere behaarte Stängel mit vielen länglichen, fein zerschlitzten Blättern aus. Die doldenartig angeordneten Blütenkörbchen tragen außen weiße bis rosa Zungenblüten, innen gelbliche Röhrenblüten. Zur Blütezeit zwischen Juni und Oktober verströmen sie einen aromatischen Duft. Rinder mögen das schmackhafte Kraut, das die Milchproduktion erhöht. Die altbekannte Heilpflanze soll bei blutenden Wunden und Verdauungsstörungen helfen, darf aber nicht in zu großer Menge verzehrt werden.

Untersuchungen im Grünland

Geht man im Sommer über eine Blumenwiese, wird man in Staunen versetzt. Blüten in den unterschiedlichsten Farben locken hunderte von Insekten an. Überall summt und brummt es. Naturwissenschaftler sehen die gleiche Blumenwiese jedoch mit anderen Augen. Sie stellen sich Fragen und wollen mit Experimenten herausfinden, wie die Dinge funktionieren und zusammenhängen. Das kannst du auch! Dazu verwandeln wir die Wiese bei eurem Schulgelände in ein großes Experimentierlabor.

A Welche Blüten sucht die Biene auf?

Durchführung: Eine Biene auf einer Blüte hat bestimmt jeder schon einmal gesehen. Aber hast du schon einmal beobachtet welche Blüten sie besucht? Hat sie einen „Plan" oder fliegt sie immer zu nächstbesten Blüte?
Um dies herauszufinden gehst du über die Wiese und suchst eine Blüte, die gerade von einer Biene besucht wird. Störe die Bienen möglichst nicht!

1. Beobachte diese Biene nun für die nächsten Blütenbesuche. Achtung: Manchmal finden sich an einer Pflanze gleich mehrere Bienen. Versuche deine Biene nicht aus den Augen zu lassen.

2. Notiere über eine Strichliste wie oft die Biene eine bestimmte Pflanzenart besucht. Lege dazu eine Tabelle nach folgendem Muster an.

Arten	Wiesensalbei	Gänseblümchen	...
Biene 1	IIIII	II	...
Biene 2	...	...	...
...	...	...	...

2 Von den Bienen besuchte Pflanzen

3. Werte die Tabelle aus. Beschreibe hierbei die Zusammenhänge, die du erkennen kannst.

B Gut dokumentiert ist halb verstanden

Machen Wissenschaftler ein Experiment, ist es wichtig, dass sie dabei alles genau aufschreiben. So kann das Experiment wiederholt werden und andere Wissenschaftler können die Ergebnisse nachvollziehen. Wie ein typisches Versuchsprotokoll aufgebaut ist, zeigt dir Abbildung 1.

4. Vervollständige das Protokoll in der Abbildung 1 mithilfe deiner eigenen Messwerte.

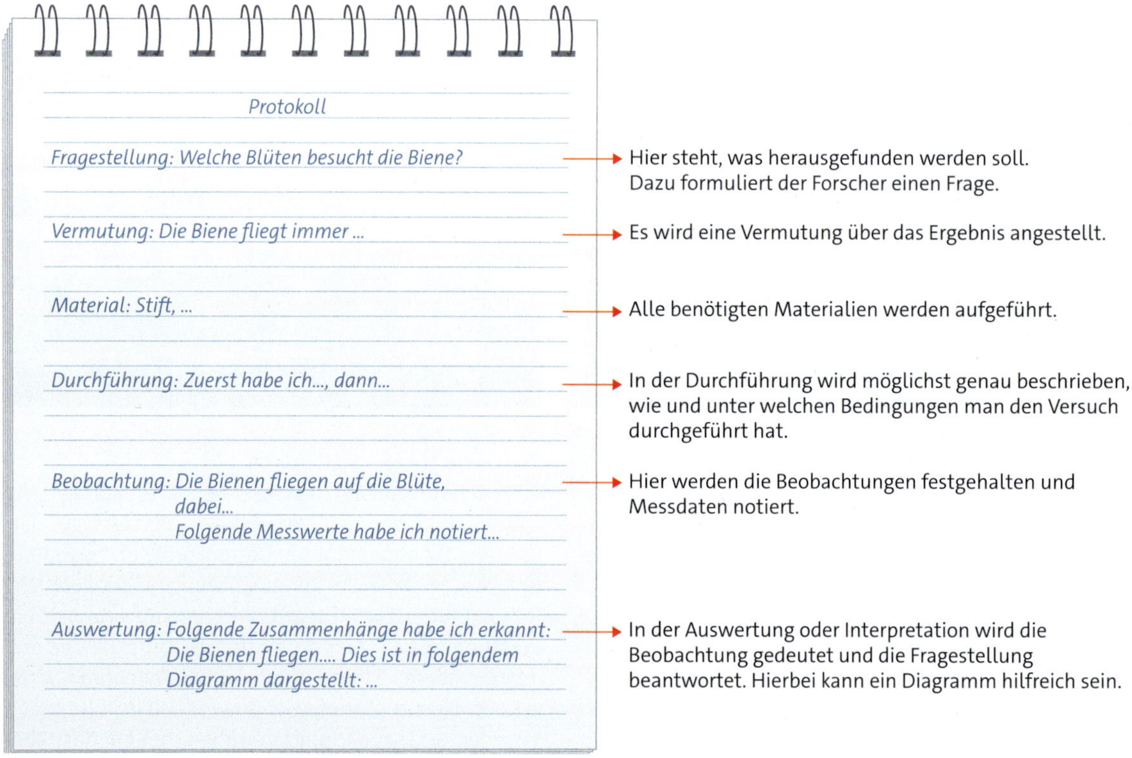

1 Schritte zum Erstellen eines Versuchsprotokolls

C Unterscheidet sich die Zusammensetzung des Bodens an verschiedenen Orten?

Material: Zeitungspapier, Plastiktüten, kleine Gartenschaufel, Filzstift, Pinzette, Lupe, Schälchen (zum Beispiel Pflanzenuntersetzer)

Durchführung: Eine Schülergruppe nimmt mit der Gartenschaufel Bodenproben von unterschiedlichen Standorten. Zum Beispiel von einer Wiese, unter einem Baum, in einem Feld oder auf einem Fußballplatz. Die Proben werden jeweils in einer Plastiktüte verpackt und beschriftet. Zur Untersuchung wird jede Probe auf einen Zeitungspapierbogen gegeben und mithilfe von Lupe und Pinzette in folgende Bestandteile getrennt: Laub, Steine, weitere Pflanzenteile, Tiere. Gehe behutsam mit Tieren um.

Zum Sammeln der Bestandteile benutzt man kleine Schälchen, zum Beispiel Pflanzenuntersetzter.

5 Beschreibe die Zusammensetzung deiner Bodenprobe.

Auswertung: Um die Fragestellung zu beantworten, müssen die Bestandteile der Proben miteinander verglichen werden. Dazu sortiert ihr die einzelnen Schälchen der verschiedenen Proben wie in Abbildung 4 gezeigt. Auf diese Weise erhält man einen besseren Überblick.

6 Schätze die Menge der Bestandteile jeder Probe ab. Lege dazu eine Tabelle wie in Abbildung 5 gezeigt an und nutze zum Abschätzen die folgende Einteilung:
nichts (–), wenig (0), viel (+), sehr viel (++).

7 Entwickle aus der Tabelle ein Säulendiagramm.

8 Beschreibe die Zusammenhänge, die du darin erkennen kannst.

9 Schreibe ein Protokoll über den gesamten Versuch. Orientierte dich hierbei an Abbildung 1.

Das Abschätzen von Mengen ist eine in der Wissenschaft verbreitete Methode, die schnell durchzuführen ist, aber keine sehr genauen Ergebnisse liefert.

10 Erläutere, welche Probleme du beim Ausfüllen der Tabelle aus Aufgabe 6 hattest.

11 Formuliere Überlegungen, wie man bei der Untersuchung vorgehen müsste, um genauere Ergebnisse zu bekommen.

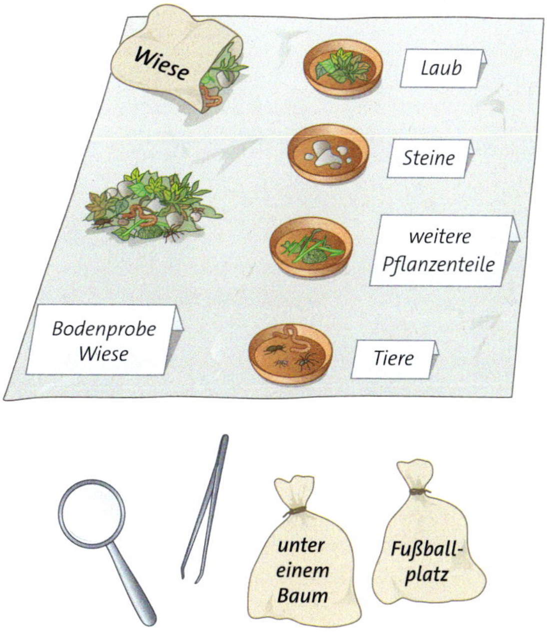

3 Bodenuntersuchung an verschiedenen Standorten

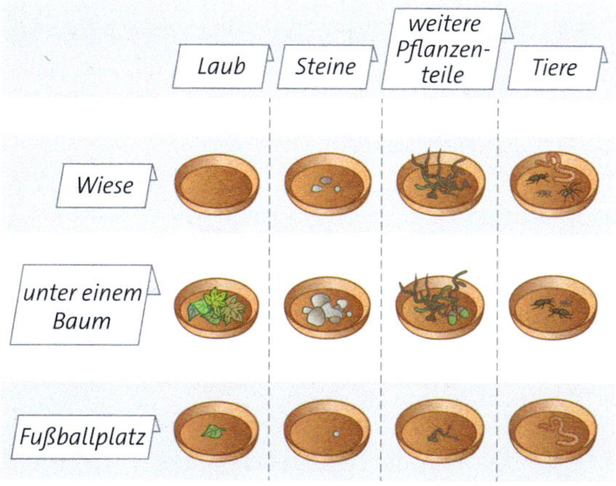

4 Vergleich der einzelnen Proben

Probe	Laub	Steine	weitere Pflanzenteile	Tiere
Wiese	–	+	++	+
Baum	...	...	...	...
Fußball	...	...	...	...

5 Tabelle mit abgeschätzten Mengenangaben

Bewirtschaftungsformen

1 Intensive Grünlandwirtschaft

Intensive Bewirtschaftung Die Klasse 5c aus Rosenheim besucht mit ihrem Biologielehrer den Landwirt Herrn Moser. Herr Moser begrüßt die Klasse auf seinem Bauernhof.

Herr Moser: „Grüß Gott liebe 5c. Ich bin der Herr Moser. Schön, dass ihr gekommen seid. Fangen wir gleich mit der Führung an. Wir stehen hier vor der Lagergrube für das Futter meiner Kühe."

Paul: „Das sind ja riesige Mengen."

Herr Moser: „Ich habe über 200 Tiere. Eine Kuh trinkt am Tag ungefähr 80 Liter Wasser und frisst ungefähr 12 Kilogramm Mais, 25 Kilogramm Gras und etwas Heu."

Anna: „Oh, das ist ja wirklich viel. Da brauchen Sie ja eine Menge Gras oder Heu für den Winter?"

Herr Moser: „Nein, nein. Meine Tiere bekommen kein Frischfutter oder Heu. In meiner Lagergrube, dem **Silo**, wird das klein geschnittene und gehäckselte Gras gelagert und mit Folien luftdicht abgeschlossen. Dabei entsteht das haltbare **Silagefutter**. Das funktioniert so, wie wenn aus Weißkraut Sauerkraut hergestellt wird. Durch die Lagerung im Silo habe ich heute immer Futter auf Vorrat."

Max: „Wie oft mähen Sie dann das Gras?"

Herr Moser: „Als mein Großvater diesen Bauernhof bewirtschaftet hat, hat er meistens nur zweimal im Jahr gemäht. Ich betreibe auf meinen Wiesen heute **intensive Grünlandwirtschaft**. Das heißt, ich kann auf unseren Böden in dem Klima bis zu fünfmal im Jahr mähen. Nach jeder Mahd entziehen die nachwachsenden Pflanzen dem Boden erneut Mineralstoffe. Diese müssen natürlich ersetzt werden. Deshalb dünge ich regelmäßig mit Gülle. Das ist eine Mischung aus Urin und Mist."

Paul: „Viele Bauern in dieser Gegend bauen Mais an. Warum machen Sie das auf ihrem Land eigentlich nicht?"

Herr Moser: „Das darf ich nicht. Grünlandflächen sind durch das Gesetz geschützt. Wenn ich eine Wiese umpflüge, um zum Beispiel Mais anzusäen, muss ich ein gleich großes Stück Ackerland in eine Wiese umwandeln. Das muss ich mir aber erst von dem Landwirtschaftsamt in der Stadt genehmigen lassen. Allerdings würde es viele Jahre dauern, bis sich auf einer neu angesäten Wiese ein ähnliches Ökosystem wie auf einer bestehenden Wiese ausbildet."

Max: „Warum sind gerade Grünlandflächen durch das Gesetz geschützt?"

Herr Moser: „Naja, eine Wiese ist ein Lebensraum für viele verschiedene Lebewesen. Beispielsweise ... ? ...
Auf einem Acker soll dagegen nur eine bestimmte Pflanzenart wachsen. Die muss vor Schädlingen geschützt werden, weshalb oft Gifte ausgebracht werden müssen.
Grünlandflächen übernehmen auch wichtige Aufgaben zum Schutz des Bodens. Wenn es regnet, halten die Gräser im Grünland den Boden mit den wertvollen Mineralstoffen fest. So wird er nicht weggeschwemmt oder bei Trockenheit vom Wind davon getragen.
Manche Mineralstoffe, die durch Düngung in großen Mengen auf Wiesen oder Äckern ausgebracht werden, dürfen beispielsweise nicht in das Grundwasser gelangen. So erfüllt das Grünland auch einen wichtigen Beitrag zum Grundwasserschutz.
Und natürlich ist so eine Wiese im Herbst und im Frühjahr wesentlich schöner anzusehen als ein abgeernteter oder umgepflügter Maisacker. Da kann man sich bei einer Wanderung oder einem Picknick doch viel besser entspannen!"

Max: „Da haben Sie recht! Vielen Dank, dass wir Sie besuchen durften."

2 Hochlandrind weidet auf einer Streuobstwiese

Extensive Bewirtschaftung Die Klasse 5e aus Bamberg macht am Wandertag gerade Rast neben einer Rinderweide, als der Besitzer der Tiere vorbeikommt. Die Schüler haben viele Fragen.

Leo: „Sind das Ihre Tiere? Die sehen ja komisch aus!“

Landwirt: „Grüß Gott, ich bin übrigens der Herr Welsch. Und die komischen Tiere sind meine Hochlandrinder.“

Leo: „Geben die auch Milch?“

Welsch: „Nein, es sind keine Milchkühe. Ich halte sie, um sie an den Metzger zu verkaufen. Da ich von diesem kleinen landwirtschaftlichen Betrieb mit 18 Rindern alleine nicht leben könnte, mache ich das, neben meinem eigentlichen Beruf als Handwerker.“

Elisa: „Haben die Tiere auch einen Stall?“

Herr Welsch: „Nein, meine Rinder stehen das ganze Jahr im Freien und weiden. Mit ihrem langen Fell fühlen sie sich besonders in der kalten Jahreszeit wohl. Wenn diese kleine Weide abgeweidet ist, treibe ich sie auf die nächste. Der mineralstoffarme und ziemlich trockene Boden kann als Weide nur wenige Tiere versorgen.“

Marie: „Warum düngen Sie die Weide dann nicht?“

Herr Welsch: „Da wir uns hier in einem Naturschutzgebiet befinden, darf ich die Weide nicht künstlich düngen. Der mineralstoffreiche Kot der Rinder ist allerdings ein natürlicher Dünger. Dafür, dass ich auf das künstliche Düngen verzichte, erhalte ich aber etwas Unterstützung vom Landwirtschaftsamt. Bei der **extensiven Grünlandwirtschaft**, wie ich sie betreibe, hält man nur eine kleine Anzahl von Rindern auf der Weide. Man versucht außerdem den Einsatz schwerer Maschinen einzuschränken und legt auch nicht die kleinen, voneinander abgegrenzten Wiesen zu einer großen zusammen.“

Leo: „Lohnt sich denn das überhaupt?“

Herr Welsch: „Viel Geld verdienen kann ich damit nicht. Aber ich mach das sehr gerne! Es ist ein schönes Gefühl, hier ein kleines Stück Natur zu erhalten. Auf meinen extensiv bewirtschafteten Flächen wachsen viele Pflanzen, die unter Naturschutz stehen.“

Elisa: „Wäre es für Sie nicht einfacher, die Tiere im Stall zu halten, dann müssten Sie nicht jeden Tag hierher fahren?“

Herr Welsch: „Ganz im Gegenteil, ich schau nur regelmäßig nach den Tieren. Im Gegensatz zu Rindern, die nur im Stall stehen, holen sich meine Tiere das Futter selbst. Nur im Winter füttere ich etwas Heu oder Grassilage zu. Teures Zusatzfutter brauche ich nicht. Die Tiere übernehmen für mich die Landschaftspflege, ohne Benzin zu verbrauchen oder mit einem schweren Traktor den Boden zu schädigen.“

Marie: „Dann sind diese Rinder hier richtige Naturschützer!“

Herr Welsch: „Da hast du recht! Auf so kleinen und mineralstoffarmen Flächen würde sich eine intensive Grünlandwirtschaft oder gar Ackerbau gar nicht lohnen. Durch die extensive Beweidung können Hecken und Bäume zwischen Wiesen erhalten werden. Diese bieten vielen Lebewesen Schutz und Nahrung. Aber auch diese kleinen Weideflächen hier müssen regelmäßig gepflegt werden, da **... ? ...**

Marie: „Vielen Dank, Herr Welsch! Aber eine Frage habe ich noch. Sie meinten vorhin, dass im Kot ihrer Rinder Mineralstoffe sind. Wird der Boden dadurch dann nicht immer mineralstoffreicher?“

Welsch: „Haha, nein mein Kind. Es ist nämlich so, dass ...“

1 Formuliere die Antwort von Herrn Welsch.

2 Ergänze die Antworten der Landwirte, an den mit „**... ? ...**“ gekennzeichneten Stellen.

Ökosystem Grünland

Aus einem Schülerprotokoll eines Besuches bei einem landwirtschaftlichen Betrieb: „Also Grünland, das ist zum Beispiel eine Wiese. Die wird dann gemäht. Und es gibt da viele Lebewesen. Aber auch wenn Kühe auf der Wiese stehen, zählt das zum Grünland."

1. Verbessere das Protokoll mithilfe des Wortgeländers.
   Grünland – Lebensraum – einheimische Pflanzen – Mensch – bewirtschaften
   Wiesen – mähen – produzieren von – Tierfutter
   Herbst – umpflügen – werden nicht – sprechen von – naturnaher Lebensraum
   Mähwiesen – Weiden – Grünland – zählen zu
   Weidetiere – Rinder – Schafe – grasen auf – ersetzen Mähen

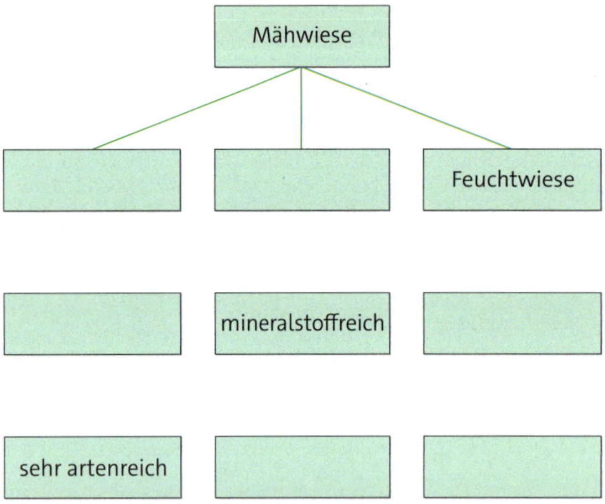

1 Überblick über die verschiedenen Mähwiesen

2. Übernimm das Strukturdiagramm in dein Heft und ergänze die fehlenden Begriffe.

2 Löwenzahnpflanzen an unterschiedlichen Standorten

Durch eine Spalte im Asphalt des Schulhofs ist eine Löwenzahnpflanze gewachsen. Auch auf der Wiese gegenüber gibt es viele solcher Pflanzen. Wie du in Abbildung 2 sehen kannst, unterscheiden sich die Planzen deutlich, obwohl es sich um die gleiche Art handelt.

3. Nenne die Ursachen, mit denen sich die Unterschiede erklären lassen.

4. Die in Aufgabe 3 gefundenen Ursachen sollen in verschiedenen Experimenten überprüft werden. Für eines dieser Experimente hast du folgende Fragestellung formuliert: Bei welcher Wassermenge wächst Löwenzahn am besten? Entwickle zu dieser Frage eine Versuchsdurchführung.

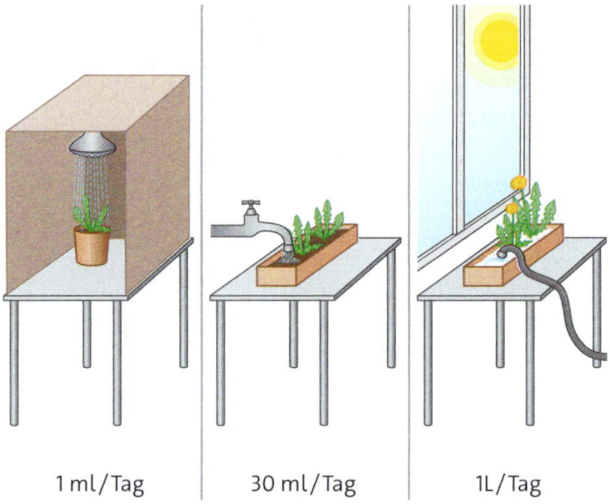

3 Skizze eines Wachstumsexperiments

5. Einer deiner Klassenkameraden hat in Abbildung 3 eine Skizze seines Experiments gezeichnet. Bewerte, ob mit diesem Experiment die Frage beantworten werden kann.

6. Nach einer Versuchsreihe zur Fragestellung aus Aufgabe 4 hast du folgende Daten erhoben.

Wasser am Tag pro Pflanze (ml)	1	2	3	4	5	6	7	8
Höhe nach 1 Monat (cm)	5	8	16	24	18	16	14	9

4 Daten zur Versuchsreihe

7. Stelle die Daten in einem Säulendiagramm dar und beantworte anhand des Diagramms die Fragestellung aus Aufgabe 4.

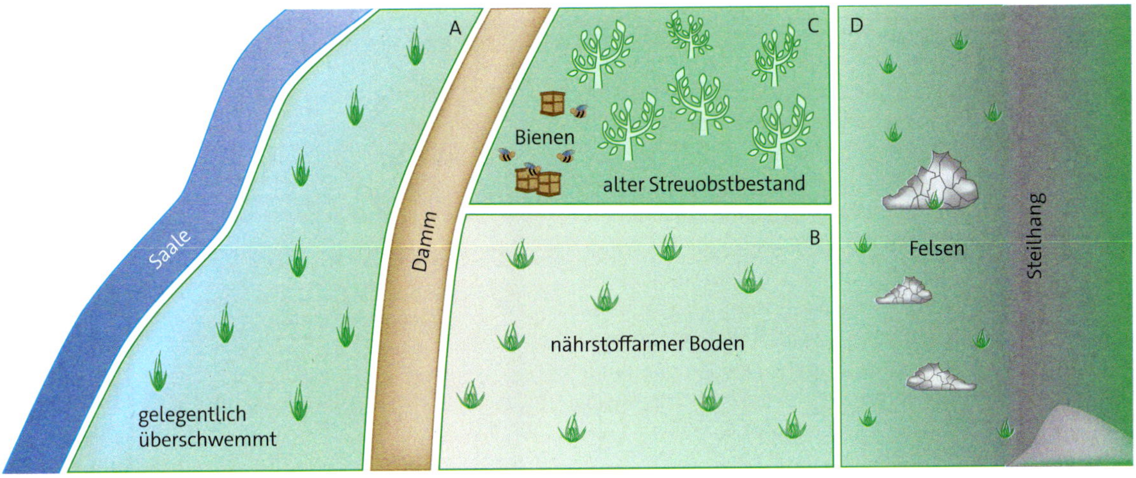

5 Planskizze einer naturnahen Landschaftsgestaltung

In der Rhön soll eine zuvor industriell genutzte Fläche zu einem naturnahen Lebensraum umgestaltet werden. Hierzu haben Landwirte, Umweltschützer und Vertreter der Gemeinden zusammen einen Plan entwickelt, der in Abbildung 5 zu sehen ist.

8 Bevor es soweit war, gab es viel Diskussionsbedarf. Formuliere die Interessen, die Landwirte, Umweltschützer und Gemeindevertreter wahrscheinlich verfolgten. Tipp: Die Gegend ist zum Beispiel bei Mountainbikefahrern sehr beliebt.

9 Die Skizze zeigt vier verschiedene Flächen (A bis D). Erläutere, zu welcher Art von Grünland die Flächen sinnvollerweise umgestaltet werden sollten.

10 Wähle aus dem Lexikon auf Seite 114 und 115 Pflanzen, die im Bereich A, und solche, die im Bereich B gepflanzt werden sollten. Begründe deine Entscheidung.

11 Einigkeit zwischen Landwirten und Umweltschützern bestand bei der Idee, Bienen anzusiedeln. Stelle Vermutungen auf, welche Vorteile sich Landwirte und Umweltschützer davon versprechen.

12 Für Profis: Ziel der Umgestaltung ist es auch, eine möglichst hohe Artenvielfalt zu erreichen. Aus diesem Grund sollen die Wiesen nur einmal im Jahr gemäht werden. Erkläre, weshalb dadurch die Artenvielfalt steigt. Interpretiere hierzu das Diagramm in Abbildung 6. Beachte dabei die Blühzeiten und die Brutzeiten aus den Tabellen 7 und 8.

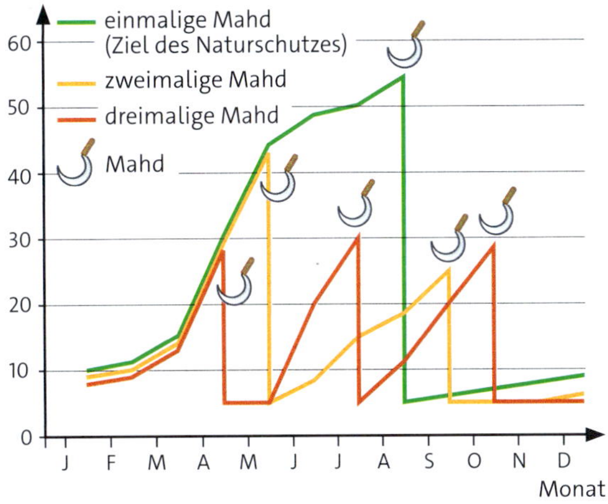

6 Auswirkungen der Mahd auf das Ökosystem

Wachtelkönig	Kiebitz	Wiesenpieper	Grauammer	Braunkehlchen
Mai bis August	April bis Juni	April bis Mai	Juni bis August	Mai bis August

7 Brutzeiten einiger Wiesenbrüter

Rotklee	Hornklee	Glockenblume	Wiesenknopf	Flockenblume
Mai bis Oktober	Juni bis August	Ende Mai bis Juli	Mai bis August	Juni bis September

8 Blühzeiten einiger Wiesenpflanzen

Gefahrensymbole

Hast du schon einmal aufmerksam die Etiketten von Haushaltsmitteln, wie Kloreiniger, Putzmittel oder Desinfektionsspray, genauer betrachtet? Dabei ist dir sicher aufgefallen, dass viele der Flaschen ein besonderes, auffälliges Symbol haben. Das Symbol weist darauf hin, dass sogenannte Gefahrenstoffe enthalten sind. Das sind Stoffe, die gefährlich für deine Gesundheit sind. Aus diesem Grund hat man weltweit für jeden Gefahrenstoff festgelegt, welche Gefahren von diesem ausgehen und wie man mit diesem umgehen muss. Ersteres beschreiben die H-Sätze. Das H steht für englisch „hazard“ und bedeutet Gefahr. Den Umgang mit den Gefahrenstoffen regeln die P-Sätze, abgeleitet von englisch „precautionary“. Das bedeutet so viel wie Vorsicht.
Es gibt neun verschiedene Gefahrensymbole. Die Wichtigsten für dich findest du in der folgenden Darstellung.

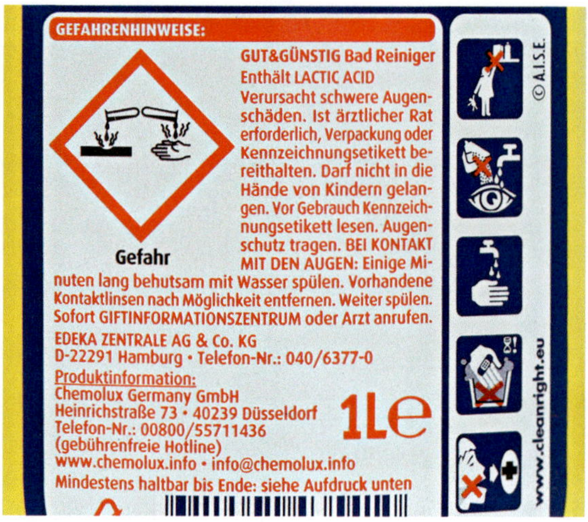

1 Etikett eines Putzmittels

Diese Stoffe sind leicht entzündlich und brennbar.

Diese Stoffe führen bei Kontakt mit Haut oder Augen zu Verätzungen.

Diese Stoffe sind gesundheitsgefährdend.

Diese Stoffe sind sehr giftig und daher lebensbedrohlich.

Diese Stoffe führen zu Schäden in der Umwelt.

Diese Stoffe stellen eine Gefahr für die Gesundheit dar.

Gefährlich sind die Stoffe aber nur, wenn man ungeschützt und falsch mit Ihnen umgeht. Aus diesem Grund findest du in diesem Buch bei Versuchen, bei denen Gefahrenstoffe verwendet werden, besondere Symbole.

Wie bei blauen Verkehrsschildern weisen sie darauf hin, welche Schutzmaßnahmen ergriffen werden müssen, damit die eigene Person oder andere Personen keinen Schaden nehmen. Die Bedeutung wird neben den Symbolen kurz erläutert.

Schutzbrille tragen!

(Schutz-)Handschuhe tragen!

Grundwissen

Biologie

Biologie Naturwissenschaft von den Lebewesen. Sie beschäftigt sich mit Bakterien, Pflanzen, Pilzen und Tieren wie dem Menschen, mit ihrem Aufbau aus ▸ Zellen, all ihren Fähigkeiten und den Beziehungen zwischen Lebewesen und ihrer Umwelt.

biologische Arbeitsmethoden zum Beispiel Beobachten, Sammeln, Untersuchen, Experimentieren, Messen und Vergleichen.

Fähigkeiten von Lebewesen die gemeinsamen Merkmale aller Lebewesen:
- Aufbau aus Zellen,
- Wachstum,
- aktive Bewegung,
- Stoffwechsel,
- Informationsaufnahme und -verarbeitung, Reaktion auf Information; Speicherung und Weitergabe von Information,
- Fortpflanzung,
- Entwicklung.

Gewebe gleichartige ▸ Zellen mit derselben Aufgabe im Körper vielzelliger Lebewesen, zum Beispiel Sinnesgewebe, Nervengewebe, Muskelgewebe.

Zelle kleinste allein lebensfähige Einheit, „Baustein" aller Lebewesen. Sie besteht aus der Zellmembran (Abgrenzung der Zelle nach außen), dem Zellplasma (flüssiges Innere der Zelle), dem Zellkern (enthält den Bauplan des Lebewesens und alle Informationen, um die Lebensvorgänge der Zelle zu steuern) und verschiedenen kleineren Bestandteilen.
Pflanzenzellen besitzen zusätzlich eine Vakuole, eine feste Zellwand und Chloroplasten, in denen sie mithilfe des Sonnenlichts aus Kohlenstoffdioxidmolekülen und Wassermolekülen Zuckermoleküle herstellen.

Der Mensch als Lebewesen

Atmung Aufnahme von Sauerstoffmolekülen und Abgabe von Kohlenstoffdioxidmolekülen über die Lungen. Die Aufnahme von Sauerstoffmolekülen dient dazu, in den Körperzellen aus Nährstoffbausteinen, vor allem aus Traubenzuckermolekülen, die für die Lebensvorgänge nötige ▸ Energie frei zu setzen. Dabei entstehen neben Wassermolekülen auch Kohlenstoffdioxidmoleküle, die über die Lungen ausgeatmet werden.

Atome kleinste Bausteine aller Stoffe. Atome können größere Bausteine, Moleküle, bilden, die sich wiederum zu Riesenmolekülen verbinden können. Aus Molekülen und Riesenmolekülen sind auch die Zellen unseres Körpers aufgebaut.

Ballaststoffe Nahrungsbestandteile, die von unserem Körper nicht verwertet werden können, aber die Verdauung fördern, zum Beispiel das Kohlenhydrat Zellulose aus den Zellwänden pflanzlicher Zellen, für dessen Verdauung uns das passende ▸ Enzym fehlt.

Befruchtung Verschmelzung der Zellkerne von Spermienzelle und Eizelle.

Blut flüssiges Organ, das aus ▸ Blutplasma, ▸ roten und ▸ weißen Blutkörperchen und ▸ Blutplättchen besteht.

Blutgefäße röhrenförmige Gefäße, in denen das Blut durch den Körper strömt, angetrieben durch das Herz. In Arterien fließt das Blut vom Herzen weg, Venen bringen es zum Herzen zurück. Die feinsten Blutgefäße zwischen Arterien und Venen heißen Kapillaren.

Blutkreislauf ständiger Blutstrom durch den Körper. Man unterscheidet den Lungenkreislauf, bei dem das Blut vom Herzen durch die Lunge und zum Herzen zurückfließt, und den Körperkreislauf, bei dem das Blut vom Herzen durch den Körper und zum Herzen zurückfließt. Beide Kreisläufe zusammen ergeben einen doppelten Blutkreislauf.

Blutplasma flüssiger Bestandteil des Bluts. Besteht hauptsächlich aus Wasser, in dem Nährstoff-, Mineral stoff- und Abfallstoffmoleküle sowie andere Teilchen, wie Hormonmoleküle transportiert werden. Es verteilt auch die Wärme im Körper.

Blutplättchen feste Bestandteile des Bluts, die für den Verschluss von Wunden sorgen.

Einnistung Einlagerung des Keims in die Schleimhaut der Gebärmutter.

Eizelle weibliche Keimzelle. Etwa alle vier Wochen reift eine Eizelle in einem der beiden Eierstöcke heran.

Embryo So nennt man den in der Gebärmutter heranwachsenden Menschen zwischen seiner Einnistung und der achten Lebenswoche.

Energie „Antrieb" für alle Vorgänge in der Technik und in Lebewesen. Es gibt verschiedene Formen von Energie, zum Beispiel Licht, chemische Energie, Wärme, Bewegungsenergie. Sie können ineinander umgewandelt werden.
Tiere und Menschen beziehen ihre Energie als chemische Energie aus Nährstoffen. Zur Energieumwandlung in den Zellen benötigen sie zusätzlich Sauerstoffmoleküle, die über die ▸ Atmung in den Körper gelangen. Als Abfallprodukte entstehen Kohlenstoffdioxid- und Wassermoleküle, die wieder abgegeben werden.

Energieträger Stoffe, die viel chemische Energie enthalten, zum Beispiel Benzin, Fette, Kohlenhydrate.

Enzyme Spezielle Moleküle, die andere Moleküle umbauen, abbauen oder aufbauen können und dadurch die Lebensvorgänge einer Zelle in Gang halten.

Fette Nährstoffgruppe, die überwiegend als Energieträger dient. Im Körper werden Fettmoleküle zum Beispiel in den Fettzellen der Unterhaut gespeichert.

Fetus So nennt man den in der Gebärmutter heranwachsenden Menschen, wenn er älter als acht Wochen ist. Alle Organe sind bereits angelegt.

Gehirn Informationszentrale unseres Körpers, besteht vor allem aus einer Ansammlung von Nervenzellen. Das Gehirn hat über die Ausläufer der ▸ Nervenzellen mit allen ▸ Sinneszellen und den ▸ Muskeln Verbindung. Die von den Sinneszellen stammenden Informationen werden im Gehirn ausgewertet und gegebenenfalls in „Handlungsbefehle" an die Muskeln umgesetzt.

Geschlechtsorgane alle Organe, die der Fortpflanzung dienen. Beim Jungen und Mann sind das Hoden, Nebenhoden, Hodensack, Spermienleiter, bestimmte Drüsen und Penis (Glied). Beim Mädchen und der Frau sind das Eierstock, Eileiter, Gebärmutter, Scheide, Schamlippen und Kitzler.

Haut unser größtes Organ. Hat Schutzfunktion, ist aber auch Sinnesorgan (Tastsinn, Schmerzsinn, Temperaturwahrnehmung) und wichtig für die Temperaturregulation.

Herz Hohlmuskel, der sich rhythmisch zusammenzieht und so das Blut in die Arterien pumpt. Besteht aus zwei Hälften, die jeweils in Vorhof und Hauptkammer unterteilt sind. Im Vorhof sammelt sich das Blut aus den Venen, von der Hauptkammer wird das Blut in die Arterien gepumpt. Die rechte Herzhälfte treibt den Lungenkreislauf, die linke Herzhälfte den Körperkreislauf an.

Hormone Moleküle, die von Drüsenzellen in winzigen Mengen gebildet und mit dem Blut im Körper verteilt werden. Hormone lösen an bestimmten Stellen des Körpers Veränderungen aus (zum Beispiel das Wachstum der Brüste oder des Penis). Sie werden auch als Botenstoffe bezeichnet.

Kohlenhydrate Nährstoffgruppe, die überwiegend als Energieträger dient. Stärke und Zucker sind für uns wichtige Kohlenhydrate. Im Darm werden Zucker- und Stärkemoleküle durch Enzyme zu Traubenzuckermolekülen abgebaut. Diese werde von allen Zellen zur Energieumwandlung benötigt.

Menstruation Vorgang, bei dem die unbefruchtete Eizelle zusammen mit der Gebärmutterschleimhaut und etwas Blut abgestoßen wird. Sie tritt etwa alle vier Wochen auf.

Mineralstoffe Teilchen wie Calcium, Magnesium oder Eisen, die der Körper in sehr kleinen Mengen benötigt (zum Beispiel Calcium und Magnesium zum Aufbau der Knochen) und mit der Nahrung aufnehmen muss.

Muskeln Organe, die vor allem aus Proteinmolekülen bestehen, die sich zusammenziehen können. Um sich wieder zu dehnen, brauchen sie einen Gegenspieler, das ist oft ein anderer Muskel. Wenn sich der Muskel zusammenzieht, arbeitet er und benötigt ▸ Energie. Die Skelettmuskeln erzeugen die Kraft für aktive Bewegung.

Nährstoffe Hauptbestandteil unserer Nahrung; nach ihrer chemischen Zusammensetzung unterscheidet man drei Gruppen von Nährstoffen ▸ Kohlenhydrate, ▸ Fette und ▸ Proteine (Eiweiße).

Nerven Nervenzellen können mit langen Ausläufern Informationen vom Gehirn an die Muskeln oder von den Sinnesorganen an das Gehirn übertragen.

Nervensystem Organsystem aus Nervenzellen, die das ▸ Gehirn, das Rückenmark und alle anderen Nervenverbindungen im Körper bilden.

Oberflächenvergrößerung biologisches Bauprinzip, das sich auch in unserem Körper überall dort findet, wo Teilchen schnell und in größerer Menge durch eine „Trennwand" gelangen müssen. Beispiele Lungenbläschen, Falten des Dünndarms.

Plazenta gut durchblutetes Gewebe in der Gebärmutter, über das der in der Gebärmutter heranwachsende Mensch versorgt wird.

Proteine (Eiweiße) Proteinmoleküle bestehen aus kleineren Bausteinen, den Aminosäuremolekülen. Aus den in der Nahrung enthaltenen Aminosäuremolekülen bauen die Zellen körpereigene Proteinmoleküle auf.

Pubertät Zeitraum, in dem sich Kinder körperlich und geistig zu Jugendlichen entwickeln und geschlechtsreif werden. Das Einsetzen der Pubertät wird durch ▸ Hormone ausgelöst.

Reiz Information aus der Umwelt (oder aus dem Kör per), die von einem Lebewesen aufgenommen wird, meist über ▸ Sinneszellen, die auf eine bestimmte Reizart spezialisiert sind.

rote Blutkörperchen feste Bestandteile des Bluts (Zellen), die den roten Blutfarbstoff enthalten. Sie sind auf den Transport von Sauerstoffmolekülen spezialisiert und enthalten Eisenteilchen.

Sinn Fähigkeit, bestimmte ▸ Reize aufzunehmen (Reiz: Schall, Sinn Gehörsinn).

Sinneszellen besondere ▸ Zellen, die auf eine bestimmte Reizart mit einem schwachen elektrischen Signal reagieren.

Sinnesorgan Organ mit speziellen Sinneszellen zur Aufnahme von Reizen. Zusätzlich können weitere Bestandteile zum Schutz, zur Versorgung oder zur Verbesserung der Leistungsfähigkeit vorhanden sein.

Skelett Organsystem aus Knochen und Knorpeln, das unseren Körper stützt, zusammen mit den ▸ Muskeln die Grundlage für Bewegung bildet und die inneren Organe schützt. Die Knochen sind die Ansatzstellen für die Skelettmuskeln und über Gelenke beweglich miteinander verbunden.

Spermienzellen männliche Keimzelle. Spermienzellen werden in den Hoden gebildet.

Stoffwechsel alle Aufbau-, Abbau- und Umbauvorgänge von Molekülen in Lebewesen.

Teilchenidee gut begründete Auffassung der Naturwissenschaftler, dass alle Stoffe aus kleinsten, nicht weiter teilbaren Teilchen, den Atomen, aufgebaut sind.

Verdauung die Zerkleinerung der aufgenommenen Nahrung in einfache chemische Bausteine (kleine Moleküle) und deren Aufnahme durch die Darmwand ins Körperinnere. Die Zerkleinerung erfolgt vor allem durch verschiedene ▸ Enzyme.

Verdauungsorgane Magen, Leber, Bauchspeicheldrüse, Dünndarm und Dickdarm sind die wichtigsten Verdauungsorgane des Menschen.

Vitamine Moleküle aus Pflanzen oder Tieren, die unser Körper nur in sehr kleinen Mengen zu seiner Gesunderhaltung benötigt (zum Beispiel als Bestandteil von Enzymmolekülen), aber nicht selbst herstellen kann.

Wasser Hauptbestandteil unseres Körpers, dient als Lösemittel zum Beispiel für Traubenzuckermoleküle, Transportmittel (zum Beispiel für ▸ rote Blutkörperchen im Blut) und zur Temperaturregulation (beim Schwitzen). Da der Körper mit Schweiß, Urin und Kot ständig Wasser verliert, muss der Verlust durch reichliches Trinken ausgeglichen werden.

weiße Blutkörperchen feste Bestandteile des Bluts (Zellen), die auf die Bekämpfung von Krankheitserregern und Fremdkörpern spezialisiert sind.

Samenpflanzen als Lebewesen

Bestäubung Übertragung von ▸ Pollenkörnern mittels Wind oder Insekten auf die ▸ Narbe oder direkt auf die ▸ Samenanlage.

Blatt ▸ Organ der ▸ Blütenpflanzen, das vor allem der Fotosynthese dient, aber auch in verschiedener Weise abgewandelt sein kann und dann andere Aufgaben übernimmt (Blattdornen, Blattranken, Staubblatt).

Blüte Teil des ▸ Sprosses von ▸ Blütenpflanzen, der ihnen die geschlechtliche Fortpflanzung auf dem Land ermöglicht. Blüten enthalten in der ▸ Samenanlage ▸ Eizellen, in den ▸ Staubblättern ▸ Pollenkörner, in denen sich (nach der ▸ Bestäubung) männliche Keimzellen entwickeln. Farbige Blütenblätter und Nektar dienen zum Anlocken von Insekten für den Pollentransport.

Blütendiagramm schematische Darstellung des Aufbaus einer Blüte (im Querschnitt).

Blütenpflanzen (Samenpflanzen) alle Pflanzen, die in Wurzel, Sprossachse (Stängel) und Blätter gegliedert sind und die durch Samen verbreitet werden.

Frucht Die Frucht geht aus dem ▸ Fruchtknoten hervor (manchmal unter Beteiligung des Blütenbodens) und umschließt den Samen. Oft sorgen die Früchte mit dafür, dass Samen weit verbreitet werden (Beispiel Lockfrüchte).

Fruchtknoten zusätzliche Hülle um die ▸ Samenanlage. Nimmt bei der ▸ Bestäubung über die ▸ Narbe die ▸ Pollenkörner auf.

Frühblüher Pflanzen, die sehr zeitig im Jahr blühen (noch vor oder gleichzeitig mit dem Austreiben der Blätter).

Korbblütengewächse Familie der Blütenpflanzen, bei der viele kleine Einzelblüten einen wie eine Einzelblüte wirkenden Blütenstand („Korb") bilden. Die Familie enthält viele Zier- (Beispiel Margerite) und Nutzpflanzen (Beispiel Sonnenblume).

Kreuzblütengewächse Familie der Blütenpflanzen mit je vier kreuzförmig angeordneten Blüten- und Kelchblättern. Zu der Familie gehören viele wichtige Nutzpflanzenarten wie Kohl und Raps.

Lippenblütengewächse Familie der Blütenpflanzen mit meist vierkantigem Stängel und kreuzgegenständiger Blattstellung. Von den teilweise miteinander verwachsenen Blütenblättern bilden die beiden unteren eine Art Lippe als Landeplatz für Insekten. Die Familie enthält viele Gewürzpflanzen wie Salbei und Thymian.

Narbe klebriger oder fiedriger Bereich oberhalb des ▸ Fruchtknotens, der bei der ▸ Bestäubung die ▸ Pollenkörner aufnimmt.

Pollenkörner In den ▸ Staubbeuteln gebildete, mikroskopisch kleine Behälter, in denen die männliche Erbinformation mittels Wind oder Insekten sicher von einer Pflanze zu anderen transportiert werden kann.

Rosengewächse Familie der Blütenpflanzen mit fünf Blütenblättern, fünf Kelchblättern und vielen ▸ Staubblättern, zu der wichtige Zier- und Nutzpflanzenarten gehören. Beispiele Süßkirsche, Himbeere, Heckenrose.

Samen Einheit aus dem Embryo der ▸ Blütenpflanzen (Samenpflanzen), dem Nährgewebe und der Samenschale. Geht aus der ▸ Samenanlage der Blüte hervor und ermöglicht die Verbreitung und die Vermehrung. Bis zur Keimung verbleibt der Embryo in einem Ruhezustand.

Samenanlage Bestandteil der Blüte, in dem sich die Eizellen befinden; durch eine Hülle (▸ Fruchtknoten) geschützt oder frei zugänglich.

Spross Die ▸ Sprossachse (Stängel) zusammen mit den Blättern nennt man Spross.

Sprossachse (Stängel) ▸ Organ der ▸ Blütenpflanzen, das die (Laub-)Blätter trägt und zwei Röhrensysteme für den ▸ Stofftransport enthält. Bildet bei Bäumen und Sträuchern das Stützmaterial Holz.

Staubblatt Bestandteil der Blüte, der aus einem dünnen Stiel (Staubfaden) und dem Staubbeutel besteht. Im Staubbeutel werden die ▸ Pollenkörner gebildet.

Wurzel Organ der ▸ Blütenpflanzen, das den ▸ Spross im Boden verankert und Wasser und Mineralstoffe aufnimmt.

Ökosystem

Grünland naturnaher Lebensraum, der regelmäßig gemäht oder beweidet wird und durch Wiesen geprägt ist. Ohne die Bewirtschaftung durch den Menschen würden aus Grünlandflächen Wälder entstehen.

Lebensgemeinschaft Gemeinschaft aller Lebewesen, die einen Lebensraum bewohnen und durch Nahrungsketten, Konkurrenz und sonstige Interaktionen miteinander in Beziehung stehen.

Lebensraum durch Einflüsse aus der unbelebten Natur wie Feuchtigkeit, Temperatur und Bodenbeschaffenheit gekennzeichnetes Gebiet, das von Lebewesen bewohnt wird.

Mineralstoffe entstehen unter anderem durch Verwitterung von Gesteinen und werden von Lebewesen in kleinen Mengen zum Aufbau körpereigener Stoffe benötigt. Sie enthalten zum Beispiel Calciumteilchen (zum Aufbau von Knochen) oder Stickstoffteilchen (zum Aufbau von Proteinen). ▸ Blütenpflanzen nehmen die benötigten Mineralstoffteilchen zusammen mit Wassermolekülen über die ▸ Wurzel auf.

Nahrungskette Reihenfolge von Fressen und Gefressenwerden. Am Anfang jeder Nahrungskette stehen immer Pflanzen.

Ökosystem im Zusammenspiel gebildete Einheit aus Lebensraum und darin lebenden Lebewesen.

Lösungen wichtiger Zuordnungsaufgaben

Biologie – die Wissenschaft von den Lebewesen

▸ Seite 18, Aufgabe 1: Die Organe des Menschen

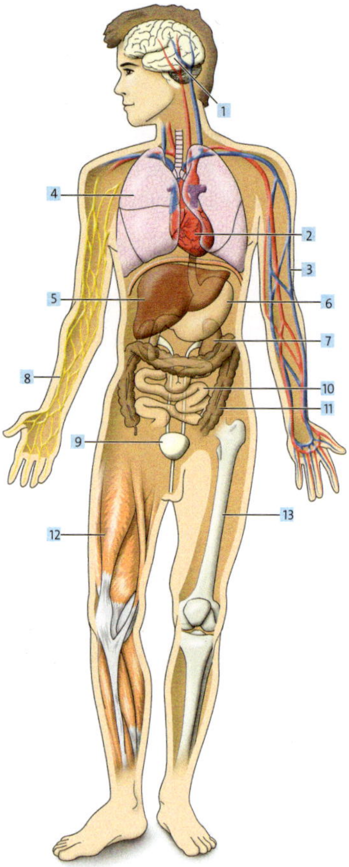

1 Gehirn
2 Herz
3 Blutgefäß
4 Lunge
5 Leber
6 Magen
7 Niere
8 Nerv
9 Blase
10 Dünndarm
11 Dickdarm
12 Muskel
13 Knochen

Informationsaufnahme, Informationsverarbeitung und Reaktion

▸ Seite 29, Aufgabe 5: Reizverarbeitung

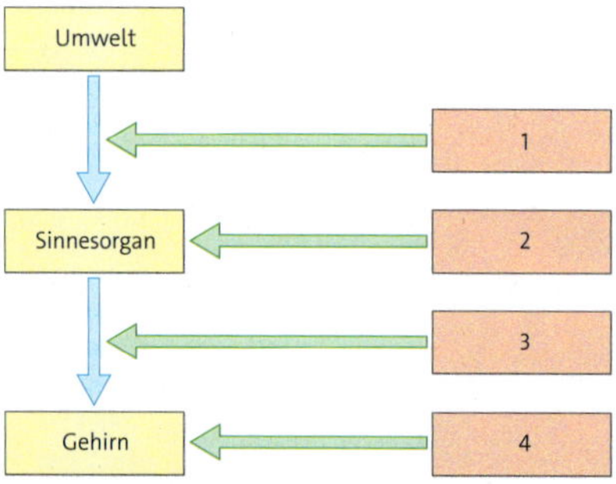

1 Reiz
2 Umwandlung in elektrisches Signal
3 Weiterleitung als elektrische Signale
4 Wahrnehmung und Verarbeitung

Aktive Bewegung

▸ Seite 32, Aufgabe 1: Das Skelett des Menschen

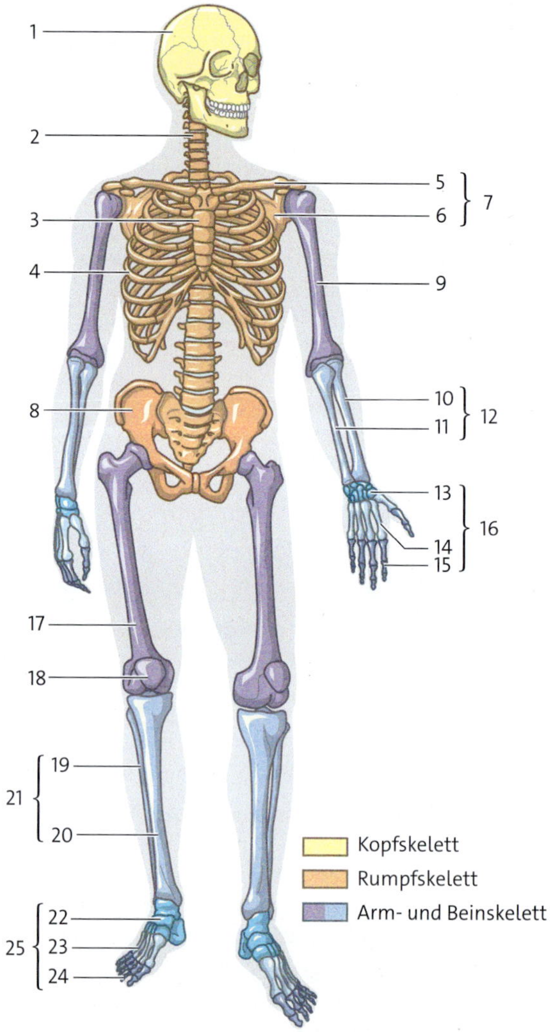

1 Kopfskelett
2 Wirbelsäule
3 Brustbein
4 Rippen
5 Schlüsselbein
6 Schulterblatt
7 Schultergürtel
8 Hüftknochen
9 Oberarmknochen
10 Speiche
11 Elle
12 Unterarmknochen
13 Handwurzelknochen
14 Mittelhandknochen
15 Fingerknochen
16 Handskelett
17 Oberschenkelknochen
18 Kniescheibe
19 Wadenbein
20 Schienbein
21 Unterschenkelknochen
22 Fußwurzelknochen
23 Mittelfußknochen
24 Zehenknochen
25 Fußskelett

▸ Seite 34, Aufgabe 4: Aufbau eines Gelenks

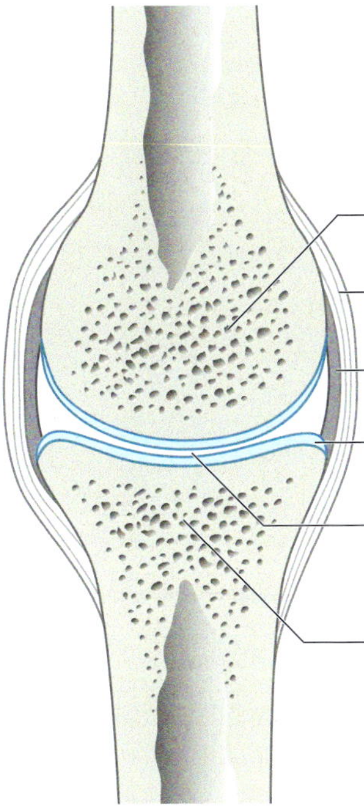

1 Gelenkkopf
2 elastische Bänder
3 Gelenkkapsel
4 elastische Knorpelschicht
5 Gelenkspalt
6 Gelenkflüssigkeit
7 Gelenkpfanne

▸ Seite 35, Aufgabe 8 a): Knochen des Schultergelenks

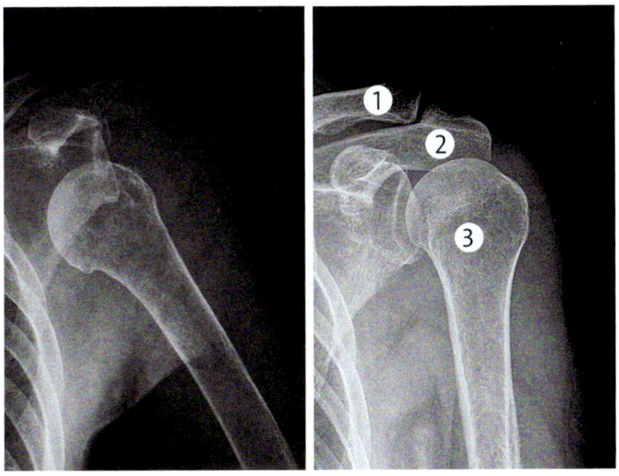

1 Schlüsselbein
2 Schulterblatt
3 Oberarmknochen

▸ Seite 36, Aufgabe 1: Bestandteile der Wirbelsäule

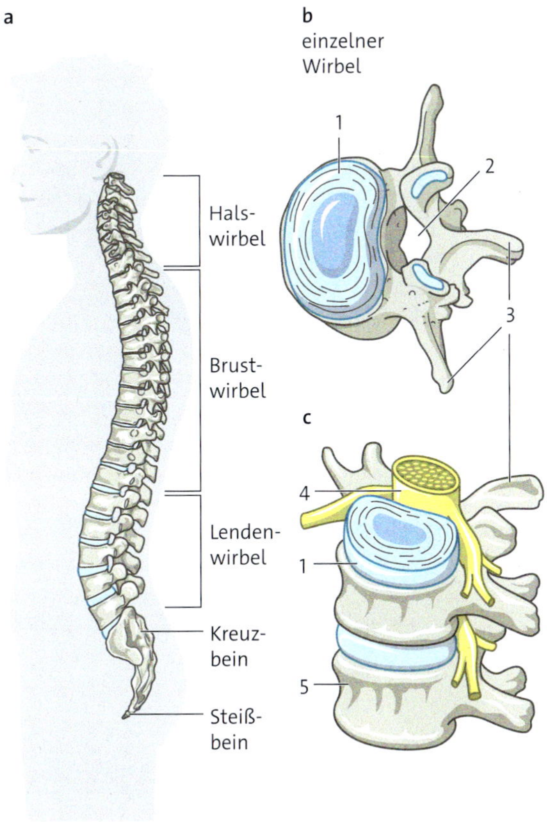

1 Bandscheibe
2 Wirbelkanal
3 Wirbelfortsatz
4 Rückenmark
5 Wirbelkörper

▸ Seite 42, Aufgabe 6: Gelenktypen

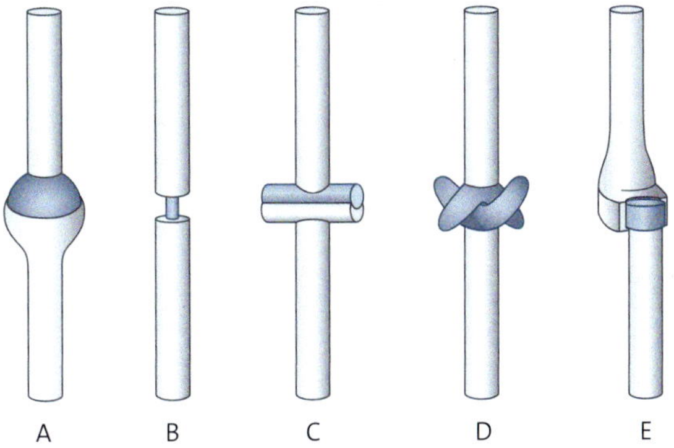

A Kugelgelenk
B Drehgelenk
C Scharniergelenk
D Sattelgelenk

▸ Seite 42, Aufgabe 9: Gelenke des menschlichen Körpers

1 Sattelgelenk
2 Scharniergelenk
3 Kugelgelenk
4 Scharniergelenk
5 Scharniergelenk

▸ Seite 43, Aufgabe 15: günstige und ungünstige Bewegungen

ungünstige Bewegung	günstige Alternative
a	f
b	g
d	h
e	c

Stoffwechsel: Stoff- und Energieumwandlung

▸ Seite 48, Aufgabe 2: Energiebedarf

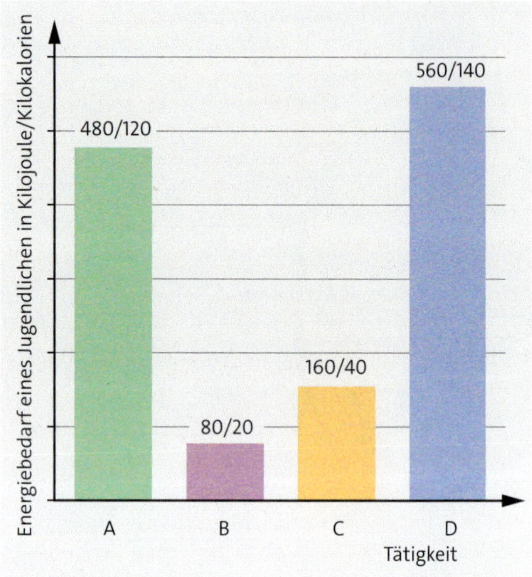

A Treppensteigen
B Schlafen
C Hausaufgaben machen
D Hanteltraining

▸ Seite 61, Aufgabe 1: Die Atemwege

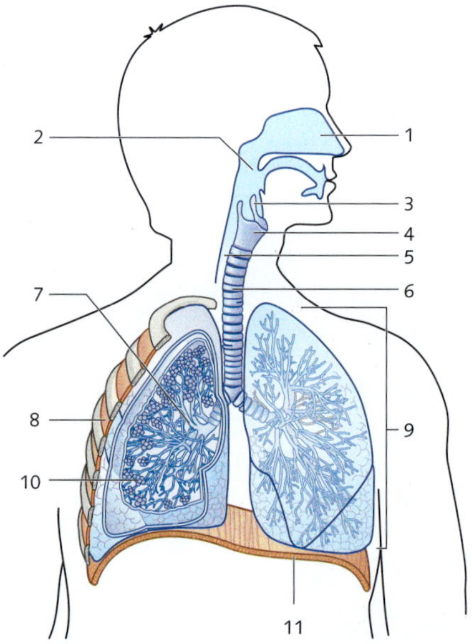

1 Nasenhöhle
2 Rachen
3 Kehldeckel
4 Kehlkopf
5 Speiseröhre
6 Luftröhre
7 Bronchien
8 Rippenmuskeln
9 Lungenflügel
10 Lungenbläschen
11 Zwerchfell

▸ Seite 66, Aufgabe 1: Der Blutkreislauf

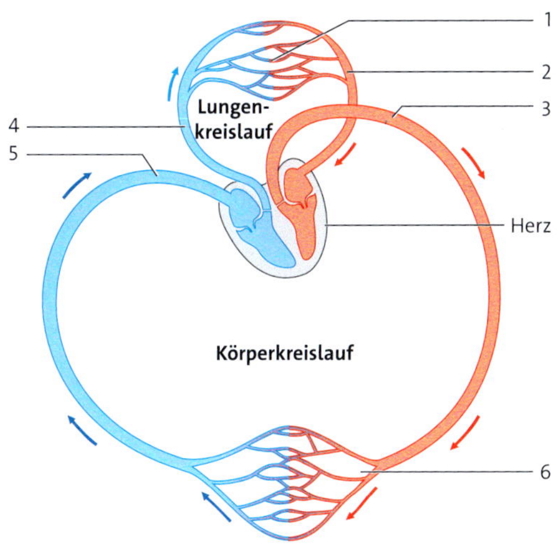

1 Kapillargefäße der Lunge
2 Lungenvene
3 Körperarterie
4 Lungenarterie
5 Körpervene
6 Kapillargefäße des Körpers

▸ Seite 67, Aufgabe 1: Bau des Herzens

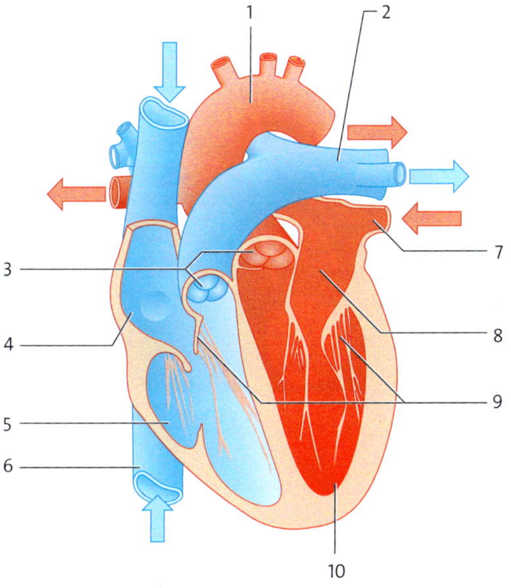

1 Körperarterie
2 Lungenarterie
3 Taschenklappen
4 rechte Vorkammer
5 rechte Hauptkammer
6 Körpervene
7 Lungenvene
8 linke Vorkammer
9 Segelklappen
10 linke Hauptkammer

▸ Seite 73, Aufgabe 13: Schema der Atmung

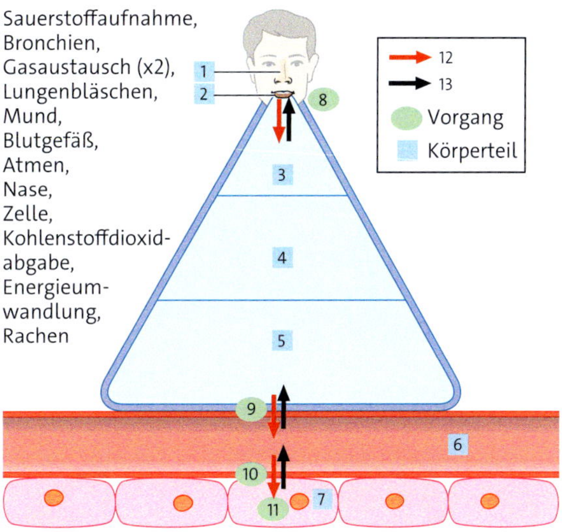

1 Nase
2 Mund
3 Rachen
4 Bronchien
5 Lungenbläschen
6 Blutgefäß
7 Zelle
8 Atmen
9, 10 Gasaustausch
11 Energieumwandlung
12 Sauerstoffaufnahme
13 Kohlenstoffdioxid-abgabe

Fortpflanzung der Samenpflanzen

▸ Seite 93, Aufgabe 1: von der Blüte zur Frucht

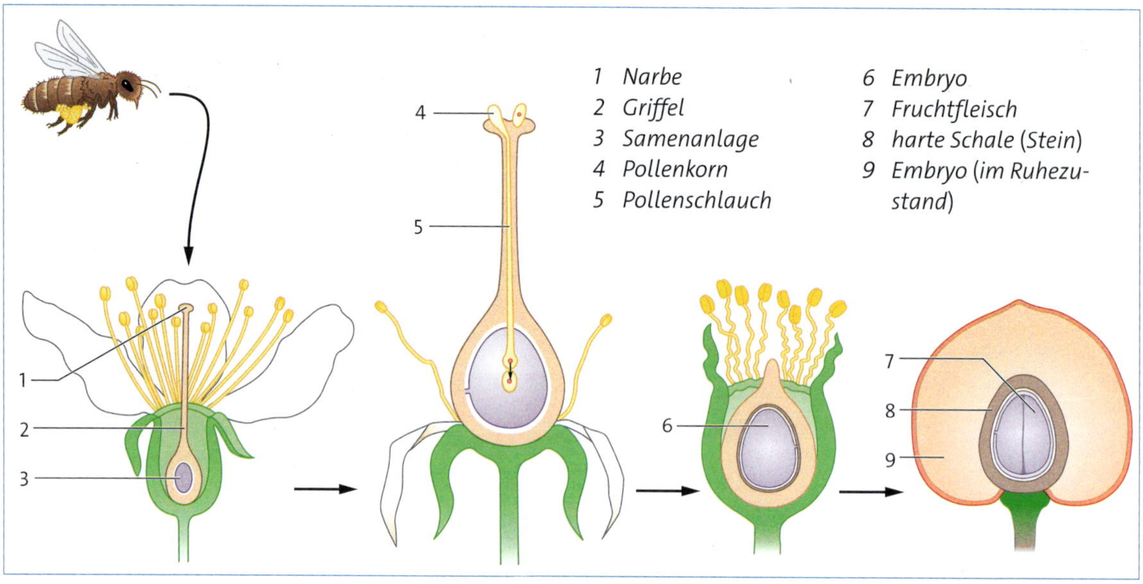

▸ Seite 100, Aufgabe 2: Blüten und Früchte der Rosengewächse

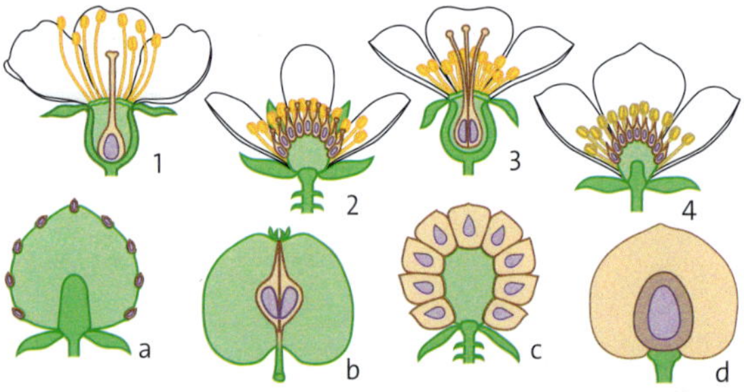

1d, 2c, 3b, 4a

▸ Seite 108, Aufgabe 5: Legebild einer Kirschblüte

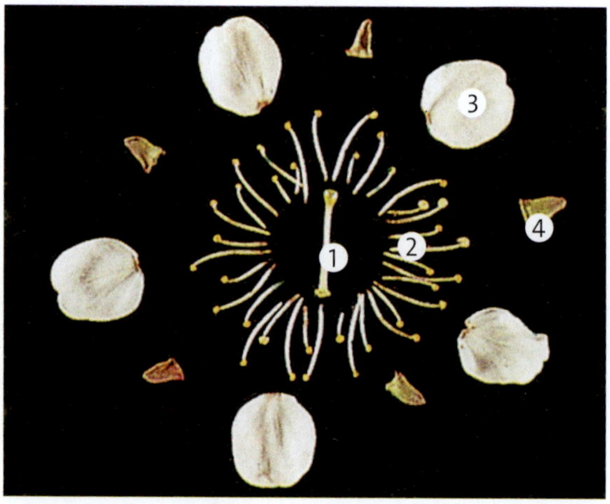

1 Stempel
2 Staubblatt
3 Kronblatt
4 Kelchblatt

Lösungen der Für Profis-Aufgaben

Biologie – die Wissenschaft von den Lebewesen

▶ Seite 17, Aufgabe 1: In der Schemazeichnung befinden sich die Chloroplasten ausschließlich am Rand der Zellen. In den echten Zellen dagegen kommen sie sowohl am Rand als auch mitten in den Zellen vor. Die Chloroplasten liegen anscheinend immer am äußeren Rand der Zellen. Da eine Zelle dreidimensional ist, sieht man durch das Mikroskop sowohl die Chloroplasten, die oben liegen, als auch die am Rand. Die Schemazeichnung würde dies sehr unübersichtlich machen. Daher sind die Chloroplasten hier nur am Rand zu sehen, so als ob man die Zelle mit einem Messer angeschnitten hätte.

▶ Seite 19, Aufgabe 3: individuelle Lösung der Aufgabe Beispiellösung: Ich setzte ein Maßband direkt am Boden neben der Pflanze an. Anschließend suche ich den Bereich der Pflanze, der am höchsten gewachsen ist. Hier lese ich den Wert am Maßband ab. In mein Notizbuch schreibe ich den Messwert und die dazugehörige Pflanze auf.

Informationsaufnahme, Informationsverarbeitung und Reaktion

▶ Seite 23, Aufgabe 3: Wasserstoff ist ein geschmacks-, geruch- und farbloses Gas. Da es explosiv ist, stellt die Anwesenheit von Wasserstoff eine große Gefahr in einem Labor dar. Deshalb muss ein technischer Fühler auf diese Gefahr hinweisen, da unsere Sinnesorgane dazu nicht in der Lage sind.

Aktive Bewegung

▶ Seite 37, Aufgabe 3: In Hannas Modell wird das Rückenmark, das durch den Wirbelkanal verläuft, nicht dargestellt. Das Kabel würde sich als Modell für das Rückenmark gut eignen, da es wie das Rückenmark flexibel ist und elektrische Signale weiterleiten kann.

Stoffwechsel: Stoff- und Energieumwandlung

▶ Seite 64, Aufgabe 5: Das Erlöschen der Kerzenflamme zeigt einen Mangel an Sauerstoff an. Es besteht dann Erstickungsgefahr für die Bergleute im Stollen.

▶ Seite 69, Aufgabe 8: Die kleinen Blutplättchen sorgen dafür, dass ein dichtes Netz aus feinen Fasern entsteht, in dem sich die roten Blutkörperchen verfangen und einen Pfropfen bilden (▶ 1).

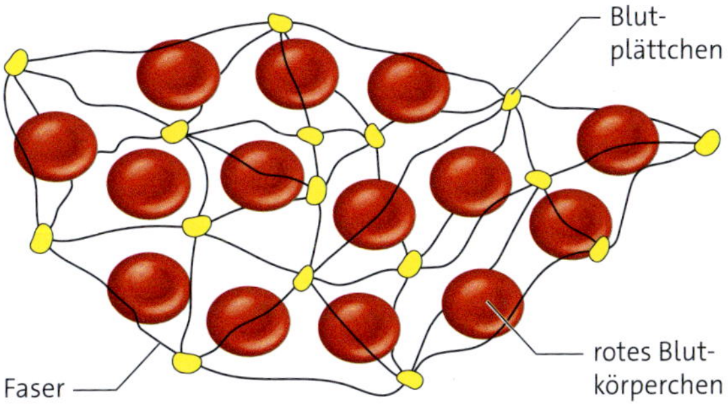

1 Skizze der Blutgerinnung

▶ Seite 69, Aufgabe 9: Im Hochland enthält die Luft weniger Sauerstoff als im Flachland, also nimmt man auch weniger auf. Man benötigt aber weiterhin genauso viel Sauerstoff wie im Flachland, deshalb fühlt man sich schlapp. Nach einigen Tagen produziert der Körper zusätzliche rote Blutkörperchen. Jetzt kann der Körper vermehrt Sauerstoffmoleküle aufnehmen, sodass der Bedarf wieder vollständig gedeckt werden kann.

▶ Seite 72, Aufgabe 8: Beim Auto wird, wie beim Menschen, chemische Energie in Bewegungsenergie umgewandelt. Der Mensch wandelt die chemische Energie noch in andere Energieformen um. Auch reagieren andere Stoffe miteinander (Benzin statt Traubenzucker).

Fortpflanzung der Samenpflanzen

▶ Seite 91, Aufgabe 4: Die Abkürzung A2+4 steht für 2 kurze und 4 lange Staubblätter.

▶ Seite 108, Aufgabe 11: Ein Vorteil könnte sein, dass die Pflanze auf ihren Bestäuber spezialisiert ist. So ist die Gestalt der Blüte an den Bestäuber angepasst. Daher fliegen die Bestäuber bevorzugt Bananenblüten an.

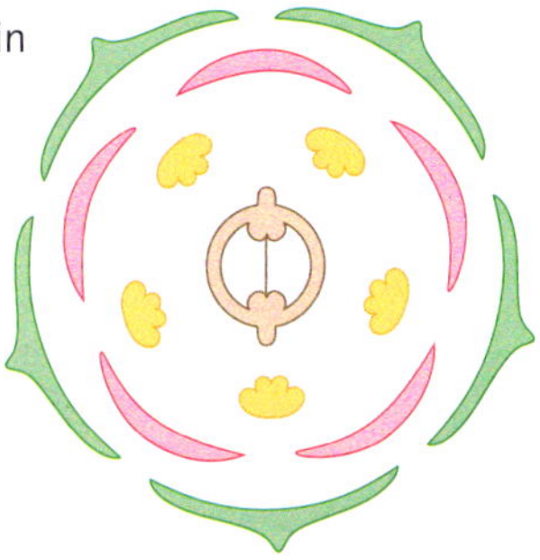

Dadurch wird die Übertragung der Pollenkörner zwischen den verschiedenen Bananenpflanzen verbessert. Vergleiche dazu das Beispiel des Wiesensalbeis und der Hummel (▶ S. 94).

Ökosystem Grünland

▶ Seite 121, Aufgabe 12: Wiesenbrüter benötigen eine ungemähte Wiese um ihr Nest darin zu bauen. Mäht man nur einmal Ende August (grüne Linie), können alle in der Tabelle gezeigten Vögel brüten. Auch können sich Pflanzen nur dann fortpflanzen, wenn sie nicht schon vor dem Blühen abgemäht werden. Mäht man nur einmal, können sich auch Arten wie der Hornklee oder die Flockenblume vermehren.

Register

f. = folgende Seite,
ff. = die folgenden Seiten

Bildquellenverzeichnis

2011 3B Scientific, Hamburg: 7 o. 1/A, 37/1A; blickwinkel/F. Hecker: 3/o., 6/o.l., 8, McPhotos/INSADCO/Yuri Arcurs: 4/M., 74; Clip Dealer/kirillov: 64/u.r.; Corbis /Science Photo Library/Keith Wheeler: 88/o., Biosphoto/Michel Rauch: 94/1, Dennis Kunkel Microscopy, Inc./Visuals Unlimited, Inc.: 78/2, Scientifica: 88/M., Visuals Unlimited/Carolina Biological: 75/o.l.; Cornelsen Verlag: 58/1, 60/3, 64/2, Biernacki, Roland, Nüdlingen/OT Haard: 73/5, Döring, Volker, Hohen Neuendorf: 10/1, 75/M., 123/l., Kraus, Wolf, Schwaig: 62/2, Lange, Marek, Profil Fotografie, Berlin: 81/5, Mahler, H., Fotograf, Berlin: 46/2 M.; Peter, Bernhard, Pattensen: 231, Röhl, Stephan: 122/1, Schneider, Claudia, Nürnberg: 41/4; F1online: 68/2, 91/1 (2), Gg/AGE: 12/3. Reihe r.; Fotolia/ anatmari: 12/2. Reihe 1.v.l., 12 2. Reihe 3.v.l., 12 2. Reihe 2.v.l., Africa Studio: 45/M.l., Andreas Franke: 27/o.l., Andreas P: 3/M., 20 , Andrey Starostin: 31/u., Angelika Alber: 115/o.l., Anna Kucherova: 93/3, AP: 6/o.r., 9/u.r., Axel Gutjahr: 7/u.l., 7 u.l., Axel Gutjahr: 114/u.r., 114/o.r., blende11.photo: 62/1, Bramsiepe: 6/u.r., 104/1, Brian Jackson: 87/u.l., bst2012: 21/u.r., Carola Schubbel: 95/3 l., chatsimo: 21/M.l., choucashoot: 85/3, Christian Pedant: 4/u., 86 , closeupimages: 70/1b, coco: 87/M.r., doris oberfrank-list: 87/M.l., eyetronic: 70/1a, fedsax: 102/r.u., Frank: 109/4, gewitterkind: 21/o.l., George Dolgikh: 13/u.r., Grafvision: 39/1 l., grinchh: 81/4 (Gurke), gudkovandrey: 12/2. Reihe 4.v.l., Helmut Seisenberger: 111/u.l., Hetizia: 6/u.r., 104/3, iordani: 42/u.l., izafolio: 13/2. Reihe r., Jeka84: 81/3 u., julaszka: 45/o., juliedeshaies: 81/4 (Kürbis), Jürgen Fälchle: 119/2, Kathriba: 12/3. Reihe l., lculig: 29/3, Ljupco Smokovski: 4/o., 44, M. Schuppich: 115/u.l.; mahey: 87/o.r., Manfred Ruckszio: 95/3 r., Mark Herreid: 98/3, Martine Wagner: 19/2, Mashiki: 75/u.r., mates: 52/1, Maxim Boldyrev: 106/1, Michael Jung: 13/1. Reihe l., Mikkel Bigandt: 40/1, noobiel 12/3. Reihe r., patila: 12/4. Reihe M., Pavel_A: 81/4 (Zucchini), peterepting: 12/1. Reihe l., Rebel: 95/5 r., Rido: 31/r., Robert Schneider: 118/1, Sergii Figurnyi: 81/5 (Mais), Shaiith: 12/1. Reihe l., sinuswelle/Marek Brandt: 90/1, Stephan von Mikusch: 31/l., Svenja98: 12/4. Reihe l., svetamart: 39/1 r., Szasz-Fabian Jozsef: 80/1, Tseytlin: 59/1, tsfoto55: 81/4 (Karotte), unpict: 99/8, Valentyn Volkov: 87/u.r., Valeriy Velikov: 45/M.r., W. Heiber Fotostudio: 48/1.v.l., whiteaster: 13/3. Reihe l., YakobchukOlena: 21/u.l., Yomka: 81/4 (Ingwer); Gattermann, Thomas, Berlin: 32/2; imago/blickwinkel: 7/u.l., 114 o.l.; chromorange: 94/2, Eibner: 29/2; Ingmar Stelzig, Trebur: 6/o.r., 9/u.l., 96/1; Interfoto/ Science & Society: 14/1; iStockphoto/Steve McCabe: 24/1; Juniors Bildarchiv: 6/M.r., 9/M.; laif/Christian Kaiser: 112/1, 127; living4media/Mrowiec, Michal: 120/2 l.; LOOK-foto/Stefan Eisend: 3/u., 30; mauritius images: 46/2 r., Science Source/Omikron 14/2 l., Alamy: 19/3 u.l., DK Images: 19/3 u.r., Flowerphotos: 109/7, imagebroker/FLPA/Tidman: 95/4, imagebroker/Karl F. Schöfmann: 22/1, pepperprint: 11/1, Photonenstop: 19/3 o.l. , Phototake: 88/u., Phototake/KunkelD: 83/o.r., Minkus, Volker, Isernhagen: 25, 28/1, 28/2; Nature & Science, Vaduz: 6/u.l., 89/3; OKAPIA/ Science Source/Garry DeLong 14/2b , Hans Reinhard: 87/o.l., imagebroker/Siegfried Kuttig: 6/o.r., 9/o.r., Martyn f. Chillmaid: 46/2 l.; Panthermedia/ACPIX/Andreas Taske: 19/3 o.r, Arne Trautmann: 21/M.r., Chalermchai Chamnanyon: 108/3; Photoshot: 120/2 r., NHPA: 7/u.l., 114/u.l.; picture-alliance/ dpa: 77/1, dpa/Wolfgang Weihs: 13/1. Reihe r.; Schlüter Biologie: 7/o. 1 B, 7/o. 1 C, 37/1 B, 37/1 C; Shutterstock/13Smile: 115/u.r., altanaka: 42/u.l., BergelmLicht: 98/1, bikeriderlondon: 27/u.r., BillionPhotos: 13/4. Reihe r., bjonesphotography: 92/1, Dario Sabljak: 13/2. Reihe l., Denis and Yulia Pogostins: 6/u.l., 89/1, 126, Denis Radovanovic: 60/1, Dennis W. Donohue: 31/M., Deyan Georgiev: 22 (Zunge), dtopal: 6/o.r., 9/o.l., DW labs Incorporated: 111/M., Elena Elisseeva: 81/2 1. Reihe l., Pan Xunbin: 14/3, 17/1, 17/2, 92/2, Feng Yu: 106/l.u., Filip Fuxa: 46/1, Filipe B. Varela: 10/2, Firma V: 48/3.v.l., wavebreakmedia 21/o.r., greatstockimages: 81/2 2. Reihe l., Ian 2010: 81/2 1. Reihe r., Ilya Zlatyev: 81/3 o., Ines Behrens-Kunkel: 112/2, Jiang Hongyan: 109/6, kitty: 83/1, Kochneva Tetyana: 57/6, Kzenon: 27/o.r., leoks: 111/o.l., Lucky Business: 45/u.r., MNStudio: 48/2.v.l., 48/4.v.l., Monkey Business Images: 82/2, Nadezda Cruzova: 75/o.r., Nataliia Melnychuk: 98/2, Nixx Photography: 69/3, NRT: 22 (Nase), Oleg Mikhaylov: 27/u.l., optimarc: 81/4 (Rettich), Ozerov Alexander: 12/4. Reihe r., PanicAttack: 22 (Haut), Peter Zijlstra: 81/2 2. Reihe r., picturepartners: 109/5, Pressmaster: 22 (Auge), pyzata: 111/u.r., R. Gino Santa Maria: 7/r.u., 42/4, 130, Racheal Grazias: 29/1, Radka1: 100/1, Ralf Neumann: 115/o.r., rangizzz: 49/1, Rich Carey: 45/u.l., Roel Meijer: 102/1, schankz: 22 (Ohr), Sitti: 81/2 2. Reihe M., Suttha Burawonk: 35/5 l., 129/l., image Source/Rick Becker-Leckrone: 54/1, 123/r., thailoei92: 35/5 r., 129/r., Tiger Images: 81/2 1. Reihe M., Vasilyev Alexandr: 84/3, Vojta Herout: 13/3. Reihe r., TopicMedia: 5/o., 100/r.u. 110 , Martin Siepmann: 96/3; Universität Ulm, Abteilung Anatomie und Zellbiologie: 68/1; F1 Online: Titelfoto, Cover, 5/u.; Wildlife/Harms, D.: 96/2, 111/o.r., N.Benvie: 95/5 l.; Wirtz, Peter, 76/1, 76/2; Your Photo Today/A1PIX: 36/2